# 中国人绰号故事

张壮年
高乐雅
编著

齐鲁书社

**图书在版编目（CIP）数据**

中国人绰号故事 / 张壮年，高乐雅编著. -- 济南：
齐鲁书社，2020.6
（中外故事书系. 名称故事丛书）
ISBN 978-7-5333-4263-0

Ⅰ.①中… Ⅱ.①张… ②高… Ⅲ.①名人－别称－
中国－通俗读物 Ⅳ.①K82-49

中国版本图书馆CIP数据核字(2020)第014955号


**中国人绰号故事**

ZHONGGUOREN CHUOHAO GUSHI

张壮年 高乐雅 编著

| | |
|---|---|
| **主管单位** | 山东出版传媒股份有限公司 |
| **出版发行** | 齐鲁书社 |
| **社　　址** | 济南市英雄山路189号 |
| **邮　　编** | 250002 |
| **网　　址** | www.qlss.com.cn |
| **电子邮箱** | qilupress@126.com |
| **营销中心** | （0531）82098521　82098519 |
| **印　　刷** | 山东临沂新华印刷物流集团有限责任公司 |
| **开　　本** | 710mm×1000mm　1/16 |
| **印　　张** | 17.5 |
| **字　　数** | 240千 |
| **版　　次** | 2020年6月第1版 |
| **印　　次** | 2020年6月第1次印刷 |
| **印　　数** | 1－3000 |
| **标准书号** | ISBN 978-7-5333-4263-0 |
| **定　　价** | 56.00元 |

# 目　录

## 古代清官廉吏、贤相名将的绰号

## 古代贪官污吏、奸臣昏君的绰号

## 古代名人绰号

## 近现代政界名人绰号

# 近现代文化名人绰号

## 科技、文体名人的绰号

古代清官廉吏、贤相名将的绰号

## 受人尊崇的"半鸭知县"于成龙

于成龙是我国历史上著名的清官之一，康熙皇帝曾称他为"清官第一"。

于成龙于 45 岁时，出任广西柳州府罗城知县。当时罗城刚隶属清朝统治不到两年，城中一片荒芜，居民只剩零星的几家。于成龙到任后，立即着手安定社会秩序，恢复生产。他亲自深入到田间、房舍与民交谈，鼓励人民积极生产、共渡难关，使罗城的状况迅速得到改观。

于成龙刚到罗城时，县衙是三间破败的草房，连大门都没有，更没有办公的桌椅，于成龙便"插棘为门""罗土为几"。他来罗城时，随他而来的仆从，有的饿死了，有的逃跑了，最后只剩他孤独一人。罗城人民既感激他，又同情他，有时就凑点钱送给他，但于成龙从来不收，总是笑着说："我一个人不需要这些，你们可用它买点好吃的东西送给自己的父母，这也等于是我收了。"罗城人民无不为之感动。于成龙在罗城待了几年后，儿子千里迢迢从山西赶来看望他。儿子离去时，他没有东西给儿子，就把自己仅有的一只咸鸭割下一半给儿子，作为他归途的路菜。于是人们便给他起了一个"半鸭知县"的绰号。这个绰号寄托了人们对他的无限崇敬和赞美。后来有人作诗赞叹道："半鸭知县古来殊，为政清廉举世无。徜使官员皆若是，黎民安泰乐斯乎。"

七年之后，于成龙因政绩卓越，升任四川合州知州，离任时，罗城的人们"遮道呼号，追送数百里"。送行中，有一盲人不愿离去，愿与

他同行，于成龙问他原因，盲人说，我估计你带的路费会不够用，我会预测占卜，到时能帮助你渡过难关。于成龙很感动，就留下了他，果然走到中途，路费用完了，多亏盲人沿途为人占卜，得到钱，才使他到达合州。

于成龙后来又升任武昌知府，在那里也是政绩卓著，又升任福建按察使，赴任时，他派人买了很多萝卜，以便自己沿途食用。

当年于成龙晋升两江总督，赴任时，他和小儿子各带了数十文钱，租了一辆驴车前行。一路上自投旅舍安歇，从不烦扰沿途公馆。到达江宁时，官员出城恭迎，而此时于成龙早已单车入府了。于成龙虽身为高官，但对自己要求极为严格，生活极为俭朴。据史料记载，于成龙在任江南总督时，仍是每日吃着粗糙的饭食、一般的青菜，遇到饥荒之年，便以杂米、糠屑共煮为粥食之，一家人都吃这些，就是来了客人也是这样吃。他说，自己这样做，可以将余下来的米赈济饥民。当时流传有"要得清廉分数足，唯学于公食糠粥"的民谣赞扬他的美德。由于他每日只吃青菜，很少吃荤腥，江南人民便给他起了一个"于青菜"的绰号。

于成龙为官清廉，刚正不阿。他常微服私访，先后审理了许多疑案错案，平反了许多冤假错案，有"于青天"之美名。蒲松龄在《聊斋志异》的《于中丞》中就写了他两件破案的故事。于成龙病逝时，人们在他的住处看到，除了床头竹箱中有一件绨袍，瓦瓮中有些粗米盐豉，别无他物。

江宁的老百姓得知他去世的消息后，罢市聚哭，许多人在家中挂上他的画像，焚香祭祀。

康熙得知他病逝的消息后，十分痛惜，赐祭葬，赐谥号"清端"，还专门为他的祠堂题写了"高行清粹"的匾额。

于成龙为官二十多年，始终廉洁自律、勤政爱民、两袖清风，堪为楷模，深受百姓爱戴。从人们给他起的两个绰号"半鸭知县"和"于青菜"，可感受到人民对他的敬仰之情，这也使他清官的美名千古流传。电视剧《一代廉吏于成龙》的播放，更引起人们对这位天下第一清官的怀念，也有着深刻的现实教育意义。

## 千古留芳的"一钱太守"刘宠

"一钱太守"是东汉时期刘宠的绰号。这个绰号传颂了近两千年，至今仍受人喜爱。

刘宠，字祖荣，今山东烟台牟平区人，是我国历史上著名的清官。他在任会稽郡（今浙江绍兴）太守时，为官清廉，关爱百姓，政绩卓著，深受人民爱戴，后提任赴京城做官。离任时，会稽郡的百姓纷纷前来送行，几位长者代表全郡百姓，每人带来一百钱让他路上买酒喝，刘宠不收，几位老人坚持要他收下，说这是全郡人民的心意，最后，刘宠从每位长者手中拿了一枚钱。待送行的人离去后，他又悄悄地将这几枚钱放进江中。后来，人们知道了这件事，十分感动，便给他起了一个"一钱太守"的绰号，还将他投钱的江改名为"钱清江"。人们说，自刘宠将这几枚钱投入江中后，江水变得更清了。人们还在江边建了一座"一钱亭"，盖了一座"一钱太守庙"，用来纪念他。"一钱太守"这个绰号也从此深入人心，流芳千古。清朝监察御史杨维乔曾写诗赞叹道："居官莫道一钱轻，尽是苍生血作成。向使持来抛海底，莒波赢得有清名。"元朝的王叔能也曾写过一首赞美他的诗："刘宠清名举世传，至今遗庙在江边。近来仕路多能者，也学先生拣大钱。"在褒奖刘宠的同时，还讽刺了当时元朝官员的贪腐行为。

刘宠的事迹对后世影响很大，他也成为清官的楷模。明朝有位清官叫黄绾，曾在绍兴任知府，就是当年刘宠任职的地方。在任时，他为百姓办了许多好事，在他离任时，绍兴人民舍不得，哭声震野，争相赠送财物，黄绾拒不收受，人们坚持要送，最后，他只收了每人两个铜钱。这与刘宠十分相似，于是，人们便称他是"刘宠之后"。清朝时，湖南慈利县令刘继圣为官廉洁自律，关爱百姓，离任时，百姓也是自发地前

来送行，赠送财物，刘继圣也是一概拒收，后来推辞不掉，也是只收了每人一文钱。当时人们称他是"今之刘宠"。

刘宠的一文钱精神，至今仍有深刻的现实教育意义。2009年，绍兴越剧团将刘宠的事迹改编为越剧《一钱太守》公开演出，受到欢迎。到北京演出时，许多国家领导人前去观看，并接见主要演创人员，赞扬这是一部很有教育意义的好戏。

## 心底无私的"二不尚书"范景文

范景文，明朝末年的一位知名清官，进士出身，诗词书画皆精，尤其是绘画，他所作的《五大夫松图》，一直为后人所推崇。

范景文虽是文人出身，却文武双全。崇祯二年（1629），皇太极领兵南侵，京城危急，多支部队进京助王。范景文也率八千兵士进京勤王，在所有进京勤王的队伍中，范景文所率的队伍进京最快，纪律也最好。范景文爱护兵士。他率军进京勤王时，一路供应不足，生活艰难，在进军涿州的途中，有人给他送来了香茶。范景文接过香茶，没有饮用，而是恭恭敬敬地将香茶倒在了地上，说将士们在冰雪风霜之中奔走，来赴国难，冻裂了嘴唇，冻伤了指头，一勺水都喝不到，我怎么能在这里喝香茶呢？感谢您的好意，我把这香茶祭献给大地吧！战士们听了，感动得流泪。范景文关爱士兵，善于用兵。他的好友、著名画家董其昌曾为他画过一幅肖像，并在肖像上题诗道："青鬓朱颜报主身，文人队里画麒麟。指挥能事回天地，训练强兵动鬼神。"赞叹他的带兵能力。

范景文在政治上很有主见。当时魏忠贤和东林党的势力影响很大，但他既不依附魏忠贤，也不倒向东林党，他认为"天地人才，当为天地惜之。朝廷名器，当为朝廷守之。天下万世是非公论，当与天下万世共之"。

范景文为官廉正，虽历任兵部侍郎、工部尚书、内阁大学士等高官要职，却能严以律己，不谋私利。当时，有许多人带着礼物登门相求，这其中有许多是他的亲朋好友，但他都拒收礼品，并一一回绝。后来，他专门写了"不受嘱，不受馈"六个大字贴在门上，以明心迹。对此，人们交口称赞，深感敬佩，并尊称他为"二不公"或"二不尚书"。他的同僚中的正直之士，有感于老百姓对他的

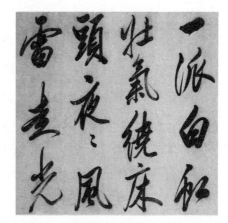

范景文书法长卷《宝剑行》（局部）

尊敬与爱戴，为他起了"二不尚书"这么一个流芳千古的绰号，特撰联赞叹道："不受嘱，不受馈，心底无私可放手；勤为国，勤为民，衙前有鼓便知情。"

范景文一生忠烈，为国为民。崇祯十七年（1644），李自成的起义军逼近京城，许多大臣劝崇祯皇帝南下避难，范景文却劝崇祯皇帝"固结人心，坚守待援"。后崇祯皇帝自缢，范景文得知后，也写下遗书，投入双塔寺旁的一口古井自杀了。

范景文廉洁自律的精神一直为人们所称赞，他那"二不尚书"的绰号，至今仍被人们广泛传颂。

## "三风太守"——吴绮

吴绮，江都人，清朝著名的词人。他的词清丽委婉，情感细腻，很受推崇，尤其是他那首《醉花间·春闺》，更是广为流传，风靡朝野。词中的"把酒祝东风，种出双红豆"，被人视为赞美爱恋、相思之情的绝妙名句。有一位叫顾贞立的女词人看到这首词后，惊叹不已，爱不释手，日夕咏诵，并将"把酒祝东风，种出双红豆"的句子写满了自己房

间的四壁。人们也因此给吴绮起了一个"红豆词人"的绰号。

吴绮不仅有"红豆词人"的绰号，还有一个"三风太守"的绰号。

吴绮曾奉诏谱《椒山乐府》。椒山是明朝名臣杨继盛的号。杨曾任兵部武选司员外郎，因奏劾奸相严嵩，遭迫害，被下狱，受尽折磨，不屈而死。《椒山乐府》是他的诗集。当时清朝政府为笼络汉族知识分子，采用了为明朝有影响的大臣名流歌功颂德、树碑立传的办法以示关怀。为杨继盛的《椒山乐府》作谱就是这个目的。吴绮出色地完成了这个任务，受到朝廷的特殊奖励。朝廷给了他一个与当年杨继盛一样的官位，这是一种罕见的特殊荣誉。

后来，吴绮调任湖州知府。在任期间，他勤政爱民，多惠政，颇受人民爱戴，人称他为"三风太守"。三风是谓多风力、尚风节、饶风雅。"风力"是指办事有魄力，不畏艰险，敢说敢干。吴绮在湖州锄强挟弱。当地有一"大猾"作恶多端，吴绮在探得他的住处后，驾着一条船亲自去将他抓来处死，为民除害。这是他多风力的一个例证。"风节"是指为人有骨气有节操。吴绮为官刚正清廉，不畏强权，不受请托，也因此得罪了上司，最后，被上司找了个借口罢了官。吴绮为官廉洁，被罢官之后，竟连生活都发生了困难，多亏他的女婿为他盖了间房子，才有了一个住处。后来又有朋友赠钱为他购买了一个荒废的园子，在这陋室之中，他的心态依然很平静，过着宁静淡泊的生活。他没有钱买花木布置园子，就让向他求诗文的人以花木代润笔，时间长了，他的园子里竟然也花木成林了。因此，他为自己的园子起名为"种字林"。这种品格情操，可谓"尚风节"。"风雅"是指其文才，这从他"红豆词人"的绰号便可得知。吴绮还很好客，他在湖州为知府时，四方名流经过湖州，他都要邀之赋诗游宴，一派儒雅学士的风度。所以，称他为"三风太守"还是很贴切的。

# 煮不出官味来的"三汤巡抚"汤斌

汤斌是清代著名的清官,他生活在康熙年间,历任内阁学士、江宁巡抚、工部尚书等职。汤斌为官清廉,勤政爱民,刚正不阿,不畏权贵,且生活极为节俭,深受人民爱戴。

关于他为政廉洁、生活节俭,有许多动人的故事。

1656年,朝廷授予汤斌陕西潼关道副使之职。他去赴任时,没有坐车摆威风,而是自己掏钱买了三头骡子,他和仆从各骑一头,另一头驮着两套旧被褥、一个书箱,看上去就像一个赶考的穷书生。来到潼关,汤斌向守关的官员说明自己的身份。这位官员看汤斌主仆二人的寒酸样,摇着头说道:"就是把你放到锅里煮,也煮不出个官味来。""煮不出官味来"也便成了汤斌的绰号。而就是这个煮不出官味的道员,仅仅用了三年的时间,就将原本田园荒芜、盗贼蜂拥的潼关治理得社会安宁、粮食丰足,百姓安居乐业。所以,当地的百姓送他一个"汤青天"的绰号。

汤斌在任江苏巡抚时,更是勤政为民,政绩卓著,为老百姓办了许多好事,人们把他比作西周名臣周公、召公再世,主动集资为他在苏州城建了一座生祠,以示永世不忘其恩德。

汤斌心中时刻想着百姓,对自己要求却极为严格,生活极为俭朴。他身为高官重臣,却每日只吃青菜、豆腐汤。有一次,他儿子买了只鸡,煮了孝敬母亲,他得知后,大怒,令儿子跪诵《朱子家训》,并教育儿子说:"哪有读书人不能咬得菜根而可以成大事的。"最后,为这事将儿子撵回了老家睢州。人们有感于他的这种品德和精神,以他的姓,给他起了一个"三汤巡抚"的绰号。意思是说,他为政像豆腐汤那样清,生活像黄连汤那样苦,于世道人心像人参汤那样补。这是对一个清官的最形象生动的比喻。汤斌在京为尚书时,冬天上朝总是外披一件羊皮袄,所以,他还有一个"羊裘尚书"的绰号。

汤斌清正不阿,仗义执言,得罪了一些权臣,遭到了他们的忌恨和

诬陷，最后抑郁而死。

汤斌死后，家中只有8两银子，用于殡殓都不够，还是他的朋友送来了20两银子，才使他入土为安，安葬在宁陵县己吾城。己吾城的汤氏后裔主动轮流为他守墓，几百年来从没间断。

汤斌死后，人们想起他的高风亮节、丰功伟绩，越发敬仰他。许多人家中挂上了他的肖像，到他的祠堂去祭拜的人更是络绎不绝。朝廷对他的赐封也越来越多。雍正皇帝时，让其入祀贤良祠，乾隆皇帝时，追谥他为"文正公"，文正公是封建社会较高的谥号。在清朝两百多年的历史中，得此谥号的总共只有8人。道光皇帝时，诏令将他的像从祀孔子庙，享此殊荣的，在整个清朝只有3人。

## 被视为清官楷模的"四知先生"杨震

杨震是我国东汉时期著名的经学大师，也是我国历史上有名的清官，因此，他获得了两个千古流芳的绰号："关西孔子"和"四知先生"。

杨震字伯起，弘农华阴（今陕西渭南华阴市）人，他的父亲是一位博学多识的传习《欧阳尚书》的隐居教授。杨震继承了父亲的学术传统，自幼刻苦好学，"明经博览，无不穷究"。他长期隐居湖城，潜心研究学问。经过几十年的努力，他在经学方面取得了很大的成就，名声很高，深受推崇。杨震学识渊博，且道德情操高尚，他隐居数十年，州郡多次礼聘，他都加以拒绝，直到年近五十才出仕于州郡，人们称之为"晚暮"。为官时，杨震又以清廉刚直闻名。故有人将他与圣人孔子相比，称他为"关西孔子"。当时函谷关以西称关西，杨震是华阴人，华阴正处在函谷关以西，"关西孔子"是人们对他学识和道德品质的最高评价。

杨震"四知先生"的绰号缘于他与学生的一次相见。

在杨震赴任东莱太守时，途经昌邑县，县令王密正是他当年提拔的学生。王密听说恩师来了，便在一个夜晚赶到驿馆谒见。见面后，王密感谢老师的教导和提拔，并取出十斤黄金馈赠老师，杨震看到后，对王密说："我是了解你的，你怎么不了解我呢？"这实际上是在婉转地批评王密，可王密还没意识到自己的错误，反倒进一步说："夜深人静不会有人知道这件事的。"这次杨震真的生气了，反问道："天知、神知、我知、你知，怎么能说无人知道呢？"王密见状，大为惭愧，也更加敬仰自己的老师了。后来，人们根据此事给杨震起了一个"四知先生"的美名，还在昌邑建了一座"四知台"纪念他。

杨震的"四知"故事，影响深远，人们将他视为清官的楷模。"四知先生"的绰号更是千古流传，明朝诗人薛瑄曾赋诗赞美他："人间无处不天公，却笑黄金馈夜中。千载四知台下过，马头犹自起清风。"

杨震始终以"清白吏"为座右铭，不仅自己为官清廉，对子孙要求也十分严格。他的子孙都与平民百姓一样，生活十分俭朴，亲朋好友劝他为子孙后代置办些产业，杨震坚决不肯，他说："让后世人都称他们为'清白吏'子孙，这样的遗产，难道不丰厚吗？"

杨震正直忠烈，敢于直谏，晚年遭奸臣诬陷，被昏庸的汉安帝下诏遣回原籍。杨震悲愤激昂，恨奸臣祸国而不能诛杀，便在回归故里的途中服毒自杀了。死前还专门嘱咐儿子，待他死后，用杂木做棺材，用粗布做寿衣，既不要送他回祖茔，也不要设祠祭祀。

杨震去世后一年，汉顺帝即位，为清廉刚正的杨震平了反，并以隆重的礼仪改葬杨震于华阴潼亭。如今，杨震墓地所在的村子已被改名为"四知村"。当地政府还于1909年建了一座杨震公祠，以示纪念。

## "五羖大夫"——百里奚

春秋时期，有一个叫百里奚的，他是虞国人。百里奚很有才干和抱负，一心想干一番大事业，但很不得志，一直没找到理想的主人。一开始，他去为周王喂牛，周王喜欢斗牛，他想借喂牛之机，接近周王，得

到重用，然后施展自己的才能。后来他发现周王没有大志，也不重用人才，于是就离开了周王。后经宫之奇推荐在虞国做了大夫。

虞国的国君昏聩无能，爱占小便宜。当时的虞国与另一个小国虢国处在秦国和晋国两个大国之间。本来虞国和虢国关系很好，是盟国。公元前 655 年，晋国想攻打虢国，提出要借道虞国，表示如果虞国同意，晋国将给予宝玉和骏马表示感谢。宫之奇和百里奚听说后，极力劝谏虞公万万不能答应，指出虢国灭亡了，虞国也就危险了。但虞公不以为然，认为这是友好于晋，将来还能受到晋这个大国的帮助呢。结果晋国灭掉了虢国后，顺便又将虞国灭掉了。虞公和诸大臣都成了晋国的俘虏，其中包括百里奚。百里奚被俘后，不肯投降，晋国便让他做了奴隶。

秦国的秦穆公见晋国灭掉了虢国和虞国，意识到晋国已对秦国构成了威胁。但此时，晋国势力正盛，尚不可与之交战。于是，秦穆公向晋国提出和亲，以求暂时的和睦。晋此时也不愿与秦交战，便答应了秦穆公的请求。晋献公决定将自己的大女儿伯姬嫁给秦穆公。

古时诸侯女儿出嫁都有丰厚的陪嫁，不仅有财物，还要有仆人。仆人中有的就由奴隶来充当。在挑选陪嫁仆人时，有大臣向晋献公建议，说百里奚不肯投降，留在晋国也没用，不如把他作为陪嫁奴仆打发到秦国去，晋献公觉得有理。于是，百里奚成了陪嫁奴隶。百里奚不堪忍受这样屈辱的身份，便在迎亲的路上逃跑了。不料逃到楚国时，又被人抓住，抓他的人得知他会喂牛，便让他喂牛去了。楚国的成王得知他牛喂得好，便又召他到南海去牧马。

再说秦穆公迎来了晋献公的女儿，很高兴，在查看礼单时，发现少了一个陪嫁奴仆百里奚。当秦穆公得知百里奚很贤能时，便想将他找回来。秦穆公原想用重金到楚国把百里奚赎回来，但有人告诉他，不能用重金去赎，这样等于告诉楚成王，百里奚是个难得的人才，秦穆公恍然大悟。于是，他派人拿着晋国陪嫁的礼单，依照当时一般奴隶的价钱，拿了五张黑羊皮去见楚成王。去的人对楚成王说："我们的一个陪嫁奴隶百里奚逃到了贵国，我们愿用五张黑羊皮将他赎回，行吗？"楚成王不知百里奚是个人才，就答应了，把百里奚交给了秦国。这时百里奚已七十多岁。百里奚回到秦国，秦穆公亲自迎接，并向他请教治国之道。百里奚辞谢说，我是个亡国的臣子，有什么值得问的呢？秦穆公说，虞国灭亡是因为虞公不听你的建议，这不是你的罪过。百里奚被秦穆公的真诚感动，便和他交谈起来，两人越谈越投机，一直谈了三天三夜。秦穆公深感百里奚是个难得的人才，很感慨地说："我得到百里奚，就像齐桓公得到管仲。"秦穆公封百里奚为大夫，命他掌管国家大政。因百里奚当初是用五张黑羊皮从楚国换回来的，所以，人们就戏称他为"五羖大夫"。"羖"读 gǔ，是指黑色的公羊。

百里奚做了大夫之后，为秦国的发展做了很多实事，最终使秦国走上了称霸之路，成了一个强国。他的"五羖大夫"的绰号也作为美名传颂下来了。

## "五代清郎"——袁聿修

北朝时期，有一位著名的清官叫袁聿修。

袁聿修，字叔德，陈郡阳夏人，他的父亲袁翻是北魏的中书令。袁聿修虽出身于士族高门，却能严以律己，不似一般的纨绔子弟。他性格深沉而有见识，办事认真，为人清净寡欲、平和温润，与世无争。当时的名士都很赏识他，赞美他的风采和见识。

袁聿修为政清静，廉洁谨慎，关爱百姓。他在信州任刺史时，政绩突出，深受人民的爱戴和上司的信任。当时，御史奉旨巡视各州，在与信州接壤的梁、郑、兖、豫等州都发现了有不法行为的官员，但御史不去信州巡视，因为他相信袁聿修，相信他和他治理下的官员决不会出问题。袁聿修任满解职还京时，全州的百姓包括僧人都赶来送行。有人带着酒肉，哭泣着，依依不舍地送了一程又一程。当时正是盛夏，袁聿修

怕热坏了百姓，就多次下马，劝大家赶快回去，并喝了一杯酒，表示接受了大家的盛情。袁聿修回到京城后，信州百姓七百多人连名请求为他立碑，并托中书侍郎李德林为之撰写碑文，赞美他的功德。

袁聿修为官极为清廉。当时的北朝，社会动荡，官场上送礼行贿之风很盛，而袁聿修为尚书十年，没有接受过别人的任何馈赠。尚书邢邵和他关系很好，对他的品格非常敬仰，赞誉他为"清郎"。有一次，袁聿修以太常少卿的身份出使巡察，并受命考核官员的功过。他经过兖州时，正值邢邵在那里担任刺史。两人相见，甚是高兴。袁聿修离去时，邢邵派人给他送去了白绸和信。袁聿修让来人将白绸带回，并给邢邵写了一封回信，信中写道："今日经过你处，与平日出行不同，瓜田李下，必须避嫌。古人对此是十分重视的。人言可畏，应像防御水患一样。愿你体会此心，不至于重责。"邢邵看了很感动，马上回了一封信，写道："先前的赠送，过于轻率，未加考虑，老夫匆忙之间，没有想到这个问题，敬承来信之意，我并无不快，弟昔日为清郎，今日复做清卿了。"袁聿修这种洁身自好、为官清廉的高尚品德，确实令人敬佩。

袁聿修为官五十多年，历经北魏、东魏、北齐、北周、隋五个朝代，曾任尚书郎、太常少卿、信州刺史、都官尚书等要职，却能做到始终如一、兢兢业业，以清廉为本，从未受过他人一升酒、一束帛，人们因此称他为"五代清郎"。有一副对联这样写道："一辈子认认真真做人，修成一身正气；五十年兢兢业业理政，换得五代清郎。"这是对他一生的精辟总结，也是对他高尚品德的衷心赞美。

## "天下第一清官"——张伯行

清朝康熙年间，有一位名闻朝野的清官张伯行，深受人们的敬仰和爱戴，康熙皇帝赞誉他"操守为天下第一"。

张伯行，河南仪封（今兰考）人，进士出身。他为官的时间很晚，41岁时才正式步入仕途。为官期间，他始终忠于职守，勤政爱民，清廉刚直，不畏权贵，爱民如子。

康熙四十二年，张伯行出任山东济宁道，当时正值灾荒，百姓饥寒交迫，流离失所。张伯行到任后，一面让家人将自己家中的粮食分发给百姓，一面开仓赈济，使灾民渡过了难关。谁料，竟有人指控他擅动仓谷，他险些被问罪。但张伯行认为"仓谷为轻，民命为重"，就是被问罪也值得。

三年后，张伯行升任为江苏按察使。按察使是巡抚的属下，按当时官场的风气，新到任的官员必须要给巡抚、总督等上级送礼，而且数目还不能少。张伯行秉性耿直，对此腐败之风深恶痛绝。他说："我为官，誓不取民一钱，安能办此。"坚决不向上级送礼。为此，他受到巡抚和总督的忌恨。在第二年康熙南巡到达江苏要巡抚和总督举荐贤能官员时，巡抚和总督故意不举荐他。康熙皇帝见举荐名单中没有张伯行，知是巡抚、总督所为，便申斥他们道："朕听说张伯行居官清廉，是个难得的国家栋梁之才，你们却不举荐！"说完，又转向张伯行："朕很了解你，他们不举荐你，朕举荐你。将来你要做出些政绩来，天下人就会知道朕是明君，善识英才。如果贪赃枉法，天下人便会笑朕不识善恶。"康熙当场破格升张伯行为福建巡抚。

张伯行在福建巡抚任上为百姓做了许多好事，解决了长期以来因人多地少而造成的吃粮难问题，使百姓得以安居乐业。在他的治理下，福建的风气大变，官清民乐，社会安定，经济繁荣。张伯行也因此深受百姓爱戴。当得知他要调任江苏巡抚时，福建的百姓痛哭相送，如失青天。

张伯行到任江苏巡抚后，为了杜绝官场行贿受贿的腐败之风，下了一道《禁止馈送檄》，檄文中写道："一丝一粒，我之名节；一厘一毫，民之脂膏。宽一分，民受赐不止一分；取一文，我为人不值一文。虽云交际之常，廉耻实伤；倘非不义之财，此物何来？"要求属下廉洁自律，

15

做个好官。张伯行的这道檄文在当时影响很大，很受人们推崇，对改变当时官场的腐败之风起了重要作用，具有深刻的教育意义。

张伯行曾因参与处理江苏乡试作弊案，受到噶礼的诬蔑陷害。扬州百姓得知后，罢市抗议，哭声震动了扬州。后来，康熙皇帝纠正了这一错案，江苏的官民争相庆祝，纷纷写红幅贴在门旁："天子圣明，还我天下第一清官。"更有上万人进京，到畅春园跪谢皇恩，上疏表示愿每人都减一岁，以便让圣上活到万万岁。福建的百姓也在家中供奉张伯行的画像，焚香祈祷。足见张伯行这位清官受人爱戴之深。

张伯行奉旨参加康熙皇帝举办的千叟宴时，康熙还夸赞他是"真能以百姓为心者"。张伯行去世后，被赐予"清恪"的谥号，意思是为官清廉，恪勤职守，这两个字很准确地概括了他的一生。

## "飞将军"——李广

李广是西汉的名将，陇西成纪人。其先祖李信是秦朝的名将。李广作为名将之后，武艺高超，作战勇敢，胆略过人。

一次，李广带兵去山中狩猎，发现远处卧有一虎。他随即张弓搭箭，一箭射去，却发现那虎纹丝不动。走近一看，原来是一块巨石，而那箭镞竟深入石中。其武艺之高超，可见一斑了。

西汉初期，边境常受匈奴侵扰，战争经常发生，李广作为将军，几乎参加了所有抗击匈奴的战争。在战争中，他总是率军冲锋在前，出生入死，匈奴对他畏之如虎，称他为"战神"。

有一次，李广在与匈奴的交战中，不幸被俘。匈奴将他兜于两马之间，李广卧在兜中佯装死去。当他发现身边有一匈奴兵骑着一匹良马时，瞅准时机，一跃而起，跳到匈奴兵的马上，将那匈奴兵推下，纵马而去。数百匈奴兵拼命追捕，竟没有追上。匈奴兵对此极为惊叹，视为神奇，称他为"飞将军"。"飞将军"之名从此威震四方。匈奴只要听说是"飞将军"率军前来，无不胆战心惊，望风而逃。

李广不仅作战勇猛，而且爱兵如子。在战场上，有水，士兵不喝，他不靠近；有饭，士兵不吃饱，他不尝一口。因此，他很受士兵的爱戴。

李广为人清正廉洁，不善言语，虽一生功勋卓著，却始终得不到提拔重用。李广最后是死于自杀。那是他最后一次出征，因途中迷路，没有及时与卫青的大军会合，按当时的法律，要受审。李广不愿受辱，遂拔剑自刎。

人们敬仰李广的人品和功绩，视他为"军神"和英雄。历史也从没忘记过这位为抗击匈奴、保卫边疆做出杰出贡献的西汉名将，尤其是他"飞将军"的美名，更是千古流传。直到唐朝，著名诗人王昌龄还在《出塞》一诗中赞叹他的英勇和功绩。诗中写道："秦时明月汉时关，万里长征人未还。但使龙城飞将在，不教胡马度阴山。""龙城飞将"就是当年驻军卢龙城的飞将军李广。

司马迁写《史记》时，专门为李广写了传记。传记中高度赞扬了李广的功绩和品格，并运用了"桃李不言，下自成蹊"的谚语，比喻他高尚的人品所受到的尊敬和景仰。

## "强项令"——董宣

董宣，字少平，陈留圉（今河南杞县南）人，是东汉初年一位著名的刚正不阿、敢于向权贵挑战的官吏。

董宣博学多识，为官清廉，不畏权贵，执法如山，深得光武帝刘秀的赏识。他曾任洛阳令。洛阳作为东京，居住着不少皇亲国戚、贵族权要，也聚集着许多无赖子弟，很难治理。董宣做洛阳令时，光武帝的姐姐湖阳公主的管家白天杀人，衙役准备将他抓起来治罪，但因他躲在公主家中，衙役不好去抓。董宣便在公主出行时，到夏门亭等待，拦住了公主的车驾，以刀画地，大声指责公主的过错，喝令管家下车，

将其绳之以法。湖阳公主非常恼怒，回宫之后，向光武帝诉说她当众受辱的情况。光武帝大怒，立即召董宣入殿，准备将其杀了，为湖阳公主出气。董宣慷慨陈词，说服了光武帝。光武帝让董宣给湖阳公主磕个头认个错就算了，可董宣宁死也不给公主磕头认错。内侍把他的头往下按，他用手使劲地撑住地，挺着脖子，就是不低头。公主看到这种情景，愤愤地对光武帝说："你没当皇帝前，也曾藏过逃亡和犯了死罪的人，那时没有衙役敢上门去抓。现在你做了天子，你的威严还对付不了一个小县令吗？"光武帝笑着说："天子和百姓不一样啊。"最后下令将董宣带了出去，不仅没治他的罪，还赏给他三十万钱。于是人们便给董宣起了一个"强项令"的绰号，"项"是脖子，"强项"就是硬脖子，硬挺着脖子，不向权贵低头，这就是"强项令"典故的由来。这个典故广为流传，并记入了史册，千百年来一直为人们所传颂。

董宣不畏权势、敢于抗旨的做法，令他名声大震，也使京师的豪强为之颤栗。他们将其视为身边的一只虎，再也不敢胡作乱为，还给他起了一个"卧虎"的绰号。

董宣还是一位清官。他去世后，皇帝派使者到其家视察，看到他的尸体被布被覆盖，家中只有大麦数斛、敝车一乘。皇帝听说后，很伤感地说："董宣廉洁，死乃知之。"

## "廉石太守"——陆绩

陆绩是三国时期吴郡人，其父陆康曾任庐江太守，与袁术关系很好。陆绩自幼聪明过人，知礼节，懂孝悌，尊重长辈，孝敬父母。他6岁时，于九江拜见袁术，袁术很喜欢他，拿出橘子给他吃，陆绩吃的时候，偷偷地藏了三个于袖中。等到告别时，他向袁术躬身施礼，没想到橘子从袖中掉了出来。袁术笑着说，你来我这里做了小客人，怎么还藏了橘子？陆绩跪地说道，我母亲喜欢吃橘子，我想带几个回去给母亲品尝。袁术听了大为惊奇和感动。后来此事被传为佳话，元代时，郭居敬将其编入《二十四孝》之中。

这是一幅表现陆绩怀橘孝母的画作

陆绩成年后，博学多识，通晓天文、历算，曾作《浑天图》，注《易经》，撰写《太玄经注》，后被孙权派任为郁林郡太守。

郁林郡地处偏僻，位于岭南，这里气候炎热，痢疾流行，环境恶劣，生活十分艰苦。陆绩到任后，处处为百姓着想，积极设法改善人民的生活环境。他发动大家建房凿井，改变饮水条件，减轻疫病传播，当地百姓感激他，便将所凿之井称作"陆公井"。后来，人们有感他怀橘孝母的孝道，便在井边种了一棵橘树，从此，"陆公井"又有了"橘井"之名。当地老百姓更是直接称此井为"怀橘井"，还将"怀橘井"所在的地方称作"怀橘坊"。

陆绩关心热爱郁林郡的人民，他下决心要将郁林郡治理好，为此，他将他在任内所生的女儿取名"郁生"。任职期满后，陆绩经由海道坐

船返回故里。由于他在任上廉洁奉公，两袖清风，告老还乡时无物随行。船夫怕船太轻，经不住海上风浪的颠簸，于是，陆绩便让船夫从岸上搬来一块巨石压在船中。

陆绩回到故里后，有感这块巨石为其旅途安全所做的贡献，便请人将此巨石搬到自己故里的宅院中，并书写了"郁林石"三字刻在上面，以纪念其在郁林清正廉洁的为官生涯。后来，陆绩为官廉正的美名与此巨石的故事一起传扬出去，受到了人们的赞誉。

到了明朝，有一位名叫樊祉的监察御史到苏州视察，听到当地老百姓传颂有关陆绩"郁林石"的故事，非常感动，认为这是为官清廉的一个生动教材，便下令将这块"郁林石"移置到苏州府察院场，并建亭立碑予以保护，还亲自题写了"廉石"两字镌刻其上，以表达对陆绩的崇敬。后来，人们由此给陆绩起了一个"廉石太守"的美名。

## "大树将军"和"瘦羊博士"

东汉光武帝时期，有两位很有名的为人谦让、品德高尚的人：一个是武将冯异，人称"大树将军"；一个是文官甄宇，人称"瘦羊博士"。

冯异，字公孙，颍川父城（今河南宝丰）人，自幼好读书。刘秀起兵之后，他投奔了刘秀，成为刘秀身边的一员大将。冯异文武双全，具有儒将风度。他为刘秀平定天下出谋划策，驰骋疆场，立下了赫赫功勋，是刘秀二十八位开国元勋中贡献最大的一人。

冯异虽为军中统帅，名声显赫，但为人十分谦逊，从不居功自傲。在行军途中，如与其他诸将相遇，总是主动地引车避道。每当打了胜仗，诸将军并坐论功的时候，他很少参加，总喜欢倚靠在一棵大树之下，凝思远眺，不炫耀，不争功。时间久了，人们看到他倚树的次数多了，便给他起了一个"大树将军"的绰号。

冯异很受刘秀的信任和尊重，成语"失之东隅，收之桑榆"和"披荆斩棘"就源自刘秀对冯异的赞誉。

有一次，冯异与赤眉军作战时，先是在回溪的交战中战败，冯异重振旗鼓，接着在崤底获得大胜。刘秀称赞冯异的这次战斗"可谓失之东隅，收之桑榆"。后来，"失之东隅，收之桑榆"便成了一句成语，用来比喻开始遭到损失，以后得到补偿。

冯异功勋卓著，攻占关中地区后，他在关中三年，威信很高。有人借此向刘秀进言，说冯异在关中权势过重，恐对朝廷不利。刘秀对此不仅不信，反而将此人的奏文送给冯异看。冯异进京时，刘秀亲自走下金殿，挽着冯异的手对大臣们说："是我起兵时主簿也。为吾披荆棘，定关中。"冯异也越发受人尊敬和爱戴，"披荆斩棘"的成语便是由此而来的。

甄宇是光武帝刘秀时期的一名博士。任博士的人，都是很有学问、精通并能讲述"五经"的人。甄宇为人忠厚，做事谦让，很有克己让人的风格。当时，每到年终祭神之后，皇帝都会按例下诏赐博士们每人一头羊。但羊有大有小，有肥有瘦，很难分得均匀，于是，有人提议杀羊分肉，有人提议抓阄，以求公平。甄宇以此为耻，便主动取了一头最小最瘦的羊，众人看了，再也不好意思争了，便各自随便取了一头走了。光武帝刘秀听说此事后，很有感触，有一次朝会时，他以赞叹的口气问道："'瘦羊博士'何在？"此话一出，甄宇"瘦羊博士"的绰号便在京城迅速传开了，成了他的美名，他也因此成了品德高尚的名人。

## "悬鱼太守"和"悬丝尚书"

羊续是东汉时期的一位著名清官。他出身于官宦世家，祖先七代都是朝中的大官，他也因是忠臣的子孙而官拜郎中，后来做了庐江太守。羊续在做庐江太守时，正遇黄巾军攻打舒城，放火烧城。羊续果敢行事，

召集青壮年男子，发给武器，让他们上阵抗敌；召集老幼体弱者，让他们担水灭火。大家齐心协力，最终大败黄巾军，使庐江郡界内得以太平。后羊续调任南阳太守。上任时，他化装成平民，只带一名随侍童子，一路明察细访，情况了然。上任之后，根据所了解的情况惩恶扬善，郡中人为之震惊，无不敬佩。

羊续为官清正廉洁，生活俭朴。他在任南阳太守时，妻子带着儿子来找他，羊续却将他们劝了回去，他对儿子说，我这里只有几件破旧的布衣、盐和数斛麦子，怎么养活你们呢？

羊续因政绩卓著，汉灵帝有意提升他为太尉，当时拜任这个职位的，必须要交纳礼钱上千万，此事由宦官督办，督办此事的宦官常常趁机索贿。当督办此事的宦官来到羊续家中时，羊续却让其坐在单席上，举起旧棉絮做的袍子对他说："臣下的家产，仅有这件袍子而已。"羊续也因此没有升任太尉。羊续去世时，留下遗言要薄葬，不接受朝廷赐赠。按当时规定，他这一级的官员去世，朝廷要赠钱一百万办丧事，灵帝得知他的遗言后，也很感动，专门下诏让当地官府将此办丧事的钱转赠给羊续的家人。

画家笔下的一幅描写羊续的《悬鱼太守图》

羊续 廉政拒

贿最有影响的是悬鱼一事。此事发生在他初任南阳太守之时。当时，他属下的一位府丞给他送来一条当地有名的白河鲤鱼，羊续拒收，推让再三，但这位府丞执意要羊续收下。羊续无奈，只好收了下来，但没有食用，而是将此鱼悬挂到了屋外的柱子上。过了一段时间，这位府丞又送来一条更大的白河鲤鱼，羊续没有当面拒绝，而是将他领到了屋外的柱子前，指着悬在柱上已经风干的鱼说："你上次送的鱼还挂着，已成鱼干了，请你一起拿回去吧。"府丞很羞愧，悄悄把鱼收回去了。此事传开后，人们无不称赞羊续的美德，并给他起了一个"悬鱼太守"的绰号。此事对后世影响很大，羊续被视为清官的楷模。明朝的于谦有感于此事，曾赋诗曰："剩喜门前无贺客，绝胜厨内有悬鱼。清风一枕南窗下，闲阅床头几卷书。"《聊斋志异》的作者蒲松龄也曾感慨道："不见裴宽瘗鹿，且看羊续悬鱼。"可见"悬鱼太守"这个故事所具有的深刻教育意义。

羊续拒贿悬鱼受人尊敬，被人称作"悬鱼太守"。还有一位同样受人尊敬、拒贿悬丝、被人称作"悬丝尚书"的山涛。他在历史上也很有名。

山涛是魏晋时著名的"竹林七贤"之一。魏晋时期，社会动荡，官场腐败，山涛在这种环境中为官三十余年，官职做到吏部尚书，可谓位高权重，但他从不借此谋取私利，始终保持清醒的头脑，洁身自好，独善其身。有一次，县令袁毅暗地给他送了真丝百斤就走了，山涛让家人将这些真丝原封不动地悬于梁上。后来，袁毅劣迹败露，朝廷派人到山涛府上查询袁毅送真丝之事，山涛讲述了事情经过，并领来人去看那些真丝，只见真丝仍悬于梁上，上面布满了尘土，有的已被虫蛀，封印仍完好如初。人们深为感动，并因此给他起了一个"悬丝尚书"的绰号。

山涛始终将名利看得很淡泊，平时晋武帝赏赐给山涛的东西也总是不多。谢安曾就此问过他的晚辈谢玄，谢玄回答说，大概是山涛想要的不多，所以给的人就给他少了。

同是"竹林七贤"之一的王戎对山涛的才华和品格十分敬佩，说他

就像未经雕琢的玉石、未经提炼的矿石，人们都喜爱其珍贵，却不能估量其真实价值，认为他极具修养，才华横溢，却又不露锋芒。

## "解事仆射" 和 "不解事仆射"

唐高宗时，左仆射刘仁轨和右仆射戴至德都有绰号，刘仁轨的绰号叫 "解事仆射"，而戴至德的绰号则与之相反，叫 "非解事仆射"。仆射，职位很高，相当于宰相。解事，就是晓事、懂事、能办事。那么，同为仆射的刘仁轨和戴至德截然相反的绰号又是怎样得来的呢？

刘仁轨本是一名武官，因武功显赫，被拜为尚书左仆射。刘仁轨虽是武将出身，但并非一介武夫，他自少年时，就恭谨好学，博涉文史，很有学识。刘仁轨在任仆射时，每遇因受冤而未能升官者，总是能好言安慰之，并许言为之办理。久而久之，人们认为他是一个能为人办事的仆射，便给他起了一个 "解事仆射" 的绰号。而戴至德每遇到这种情况，总是先要认真严肃地询问一番，问清情况，同时也不立即表态，而是将情况密奏皇上，由皇上来决定。这样，人们便认为他不好办事，冷酷不近人情。所以，便给他起了一个与刘仁轨相反的绰号 "不解事仆射"。当时流传有这样一个小故事：有一天，一位老妇人拿着状子去告状，戴至德接到状子正准备下笔评判时，老妇人问左右的人，这位大人是刘仆射还是戴仆射？人告诉他，是戴仆射，老妇人听后说，这是 "不解事仆射"，不找他，于是将状子要了回来。戴至德也不恼怒。可见，当时刘仁轨 "解事仆射" 的美名是广为流传的。

其实，戴至德并非是 "不解事仆射"，只是他的处事方法与刘仁轨不同而已。戴至德办事认真，讲原则，不轻意许诺，是将权力荣誉归于皇上。所以，高宗对他非常信任，常常赞美他。在他去世时，高宗还专门辍朝三日，以示哀悼，还令百官依次去他府第哭丧。高宗叹息说："自吾丧至德，无所复闻。当其在时，事有不是者，未尝放我过。"可见，

"不解事仆射"并不是一个完全贬低戴至德的绰号，而刘仁轨的"解事仆射"也并非是一个完全褒奖的绰号。

## "山中宰相"——陶弘景

陶弘景，南朝梁时丹阳秣陵（今江苏南京）人，是我国著名的医学家、文学家。

陶弘景自幼聪明异常，四五岁时，便以荻杆为笔，在灰中学写字。10岁时，就开始昼夜研读葛洪的《神仙传》。15岁时便写出了文辞优美的诗赋《寻山志》。陶弘景博学多识，琴棋书画，样样皆精。不到20岁，便做了齐高帝诸王的侍读。后来，他借故辞官去了句曲山隐居。陶弘景既习道家的神仙之说，热衷于炼丹之术，又信儒家和佛家学说，主张道、儒、佛三家合一。他性爱山水，每经涧谷，必坐卧其间吟咏。他还特爱松风，庭院皆植松，每闻其响，欣然为乐。有时他独自一人在山泉之间游览，人们远远望去，视他为仙人。

然而，这位仙气十足的深山隐士有一个"山中宰相"的绰号。为什么他会有这么一个看似与他的身份相去甚远的绰号呢？如果看看他的经历，就不会觉得奇怪了。陶弘景虽隐居深山，可仍关心时局，精于谋划。他知识渊博，天文、地理、医药、算数、典章礼仪、典故传说，无所不知，朝廷有事多向他询问。陶弘景与梁武帝萧衍交往颇深，在萧衍称帝之前两人便关系亲近。萧衍起兵夺权时，陶弘景积极为他出谋划策，并运用道教学说，为其制造舆论。萧衍夺权

这是一幅颇具仙家风度的陶弘景画像

成功做了梁武帝之后，对陶弘景更加敬重，曾多次召他出山为官，陶弘景都予以拒绝。萧衍曾问他为何不愿出山为官。陶弘景画了一张画给萧衍，画中画了两头牛，一头在自在地吃草，一头带着金笼头，被拿着鞭子的人牵着走。萧衍看后，知其心意，再也没去逼他，但时时与他联系，每遇朝廷吉凶征讨大事，无不前往找其咨询。萧衍把他的话视为神明，对其言听计从。每次接到他从山中捎来的书札，都要焚香虔受。陶弘景虽隐居深山，不是朝中官宦，但其影响和作用胜似宰相。所以，人们称其为"山中宰相"。

## "有脚阳春"——宋璟

唐玄宗时，有两位名相，一是姚崇，一是宋璟。史学家把他俩与唐太宗时的名相房玄龄、杜如晦相提并论，称"前有房杜，后有姚宋"。

宋璟，邢州南和人，博学多识，很有文采，能写一手绮丽富艳的好文章，很受推崇。宋璟为人耿直刚正，不畏权贵，敢于直言。武则天宠幸张易之、张昌宗兄弟，两人仗势横行，朝中官吏都敢怒而不敢言，魏元忠得罪了他们，张易之就在武则天面前诬告他有不尊皇上的言行，并胁迫凤阁舍人张说做伪证，张说惶恐不已。此时，宋璟毫无畏惧地站出来，开导张说，要他主持正义，说实话；并表示如遇问题，必将鼎力相救，且愿与之共生死。张说被宋璟所感动，在朝廷说了实话，救了魏元忠。

宋璟为官时，关心百姓疾苦，为百姓办实事。他任广州都督时，发现当地老百姓都用竹子、茅草盖房子，竹茅易燃，常常发生火灾，而且一烧就连片，老百姓为此苦不堪言。宋璟为了帮助百姓改变这种状况，就亲自教百姓烧砖制瓦、改造房屋，从此之后，不再有"延烧之患"，百姓对他非常感激。

宋璟有着一颗爱人之心。有一次，唐玄宗出巡东都洛阳，途经崤谷时，由于驰道狭窄、车骑拥挤，致使负责保卫的河南尹李朝隐和另一位官员王怡与守卫部队失去了联系，玄宗认为这是严重失职，下令削了两人的官职。宋璟很同情两人的遭遇，便入奏玄宗说，你将来还要经常到各地巡视，因为道路隘狭就使两位臣子获罪，我担心以后还会有更多的人因这种事而获罪。玄宗听后，觉得宋璟讲得有道理，就撤销了前令。

宋璟办案，总是避免让无辜者受牵连。对胁从者或受牵连者，多是甄别之后释放之。

由于宋璟为官行政时能时时将百姓放在心上，所到之处总是想方设法为百姓办实事，给百姓带来实惠。所以，人们送给他一个"有脚阳春"的绰号。意思是说，他所到之处，犹如和煦的春光普照万物，给人带来温暖和幸福。

## 忧国忧民的"范履霜"范仲淹

范仲淹是北宋著名的政治家和文学家。他的《岳阳楼记》是人们熟知的名篇，"先天下之忧而忧，后天下之乐而乐"的名句更是千古流传。范仲淹被人奉为高尚情操的典范。

范仲淹出身贫寒，2岁丧父。他在僧舍读书时，每天只吃两顿饭。他把饭盛在容器中，分成四块，早晚各吃两块，吃完继续苦读。此事后来传为佳话，并由此衍生了一个成语"断齑画粥"。范仲淹成了朝廷大臣之后，仍过着俭朴的生活。家中如果没有客人来，饭桌上从不出现两种荤菜，他妻子的衣食也只刚刚够用而已。范仲淹平时在家中，没有什么享乐与嗜好，唯一的爱好就是弹琴。与众不同的是，他弹琴只弹《履霜》这首曲子，其他曲子一概不弹。为此，人们给他起了个绰号叫"范履霜"。

为什么范仲淹对《履霜》曲子情有独钟呢？这还要从这首曲子的来历和范仲淹一生的经历说起。

《履霜》这首曲子，相传是周朝尹吉甫的儿子伯奇作的。伯奇是一

个品行高尚的孩子，却遭后母的谗言被赶出了家门，过着流浪的生活。有一天早晨，伯奇走在布满严霜的路上，联想到自己的遭遇，感到很悲伤，于是操琴弹了起来。琴曲的词意是："履朝霜兮采晨寒，考（父）不明其心兮听谗言。孤恩别离兮摧肺肝，何辜皇天兮遭斯愆（罪）。痛殁不同兮恩有偏，谁说（悦）顾我兮知我冤。"伯奇弹完这首自编的《履霜》琴曲后，便投河自杀了。伯奇死了，但这首琴曲流传了下来，并且成为人们喜爱的一首琴曲。

古人视弹琴为高雅，他们弹琴并非完全为了娱乐，而是借弹琴培养自己的情操，表达自己的心声。

范仲淹是一位忧国忧民的大臣，他看到当时的北宋，虽表面一片升平，实际上已是危机四伏。为此，他不断地向朝廷提出挽救危机的主张，并积极参与改革，但他这一番忠诚屡遭小人诬陷，三次被贬。范仲淹的好友敬佩他的忠心和斗争精神，在他三次被贬为他送行时，分别说过"此行极其光耀""此行愈觉光耀""此行尤光耀"的赞美的话语。为此，范仲淹有了一个"三光"的雅称。在他第三次被贬后，他的诗友梅尧臣写了一首《灵乌赋》寄给他。诗意是说，他在朝中屡次直言都被当作乌鸦不祥的叫声，希望他以后能缄默不语，少管闲事，这样才能保平安、荫妻子。范仲淹收到这诗后，立即回了一首《灵乌赋》，说不管人们怎样讨厌乌鸦的哑哑之声，他却"宁鸣而死，不默而生"，表达了自己不屈的斗争精神。

范仲淹一生的经历与伯奇《履霜》琴曲所诉多有相似之处，这或许就是他独弹此曲的原因。范仲淹独弹此曲，既是对自己人格操守的激励，也是对国事民生的关心忧虑，是他心声的表达。

范仲淹为官清廉，施政有方，多有建树。他在陕西为官时，号令严明，很有威严，西夏人不敢进犯。当时他的官职是龙图阁直学士，为此，羌人称他"龙图老子"，西夏人称他"小范老子"。当时民间也流传有"朝廷无忧有范君，京师无事有希文"的歌谣。"希文"是范仲淹的字。

范仲淹镇守边塞时，写过多首记述边镇之劳苦的词《渔家傲》，这些词的首句都是"塞下秋来"。如其中一首的前两句是"塞下秋来风景异，衡阳雁去无留意"，给人以凄凉清苦之感，为此，欧阳修给他起了一个"穷塞主"的绰号。

范仲淹为官近40年，足迹遍及大半个国家，在州县为能吏，在边境为能将，在朝廷为良相，在文人中更是出类拔萃的才子。他的一生，实践了他"先天下之忧而忧，后天下之乐而乐"的名言。他的精神和品德，一直为人们所敬仰。

## 名相寇准的两个绰号

寇准是人们熟知的北宋名相，他以刚正不阿、为官清廉、力主抗战、保卫宋廷而名垂青史。

说起清廉，人们曾送给他一个绰号"无地起楼台相公"。这是因为他为官三十多年，官至宰相，却从没为自己造过府第，诗人魏野有感于此，写诗称颂他："有官居鼎鼐，无地起楼台。"绰号也由此而来。此绰号流传很广，不仅北宋争相传颂，连辽也知道寇准的这个绰号。有一次，辽使臣到宋宫廷赴宴，宴会上，还专门问"无地起楼台相公"在否。

寇准的另一个绰号叫"柘枝颠"。这个绰号与"无地起楼台相公"的含义完全不同，不是颂扬他的清廉，而是反映他生活中奢侈的一面。寇准作为一代名相，刚正无私，功勋卓著，受人尊敬，但他也有不足之处。虽然他为官三十多年没有建过豪华府第，但生活上并非俭朴，也有奢侈的一面。

寇准喜歌舞，尤喜一种柘枝舞，这是一种由西域传入中原的民间舞蹈，演员为女性。演出时，女演员身穿带有西域风格的舞服，帽子上饰有金铃，脚穿红棉靴，随着音乐翩翩起舞，并频频含情脉脉地向观众递送秋波，是一种典型的艳舞。寇准对这种舞蹈的喜爱，达到了痴迷的程

度，会客时，必演柘枝舞，而且一演便是通宵达旦。演出时，为了制造气氛，房间里不点油灯，专点蜡烛，待演出结束时，烛泪往往成堆。相传，著名的邓州花蜡烛的独特制作方法就是寇准在邓州时发明的。寇准观看演出时，还有现场馈赠演员的习惯，他对演出中歌唱得好、柘枝舞跳得好的演员，都要"赠之束彩"。这种奢侈的挥霍连他的侍妾蒨桃都看不惯，这位颇有文采的侍妾便以诗的形式向他进言，其中一首诗写道："一曲清歌一束绫，美人犹自意嫌轻。不知织女萤窗下，几度抛梭织得成？"寇准见了竟不以为然，和着她的诗说道："将相功名终若何？不堪急景似奔梭。人间万事何须问，且向樽前听艳歌。"表示自己还要一如既往地听下去、看下去，尽享其中的欢乐。寇准如此迷恋"柘枝舞"，真是到了癫狂的地步，所以人们给他起了"柘枝颠"的绰号。

## 包拯"包黑子"等绰号的由来

包拯是历史上的一个真实人物，生于 999 年，死于 1062 年，北宋庐州合肥人，字希仁。宋仁宗时，任监察御史，后任天章阁待制、龙图阁直学士。

包拯为官时，执法严峻，不畏权贵，断过许多大案，被人视为清官，称其为"包青天"。经过旧小说、戏剧的宣扬，包拯之名名扬四海，深受后人推崇。

在传统的戏剧中，包拯被称作"包黑子""包文正"。实际上，这些都是人们送给他的绰号。

"包黑子"绰号的来历，有两种说法，一说是因为在戏剧中，包拯是一副完全黑色的打扮，黑头、黑脸、黑胡须、黑衣服，在人们的印象中，他是一个皮肤黝黑的人。《三侠五义》中写包拯出生时皮肤黑漆漆的，7 岁时起名就叫"黑子"，后改叫"黑三"，所以，民间就有了"包黑子"的叫法。还有一说是来自《梦溪笔谈》中的一个故事。故事说，漳州有条河叫乌脚溪，涉足者皆如墨。一日，龙图阁直学士梅公仪"梅龙图"渡乌脚溪，不慎坠入溪中，上岸后变得"举体黑如昆仑"。后来，写戏人把这个故事由"梅龙图"移到了包拯身上，把包拯写成了浑身漆黑的"包黑子"。实际包拯的肤色与常人一样，根本不像戏剧和故事里描绘得那么黑。人们之所以这样描绘，是因为人们认为黑色是刚正无畏的象征，代表着威严和铁面无私，与包拯的身份和精神相吻合。人们称他"包黑子"，是对他的褒奖。

在合肥的包拯后人曾保存有一幅包拯的画像，这幅画像是包拯60岁生日时，他的学生为他画的。这幅画全长2.6米，宽0.9米，用麻宣纸精心装裱。画中的包拯，身高1.7米，其脸色和常人一样，并非黑色。画像上加盖有皇帝宋仁宗和一些大臣的印章，是包拯的真迹画像无疑。这是证明包拯并非黑脸的最有力的证据，可惜的是，这幅珍贵的包拯画像，在"文革"中被烧掉了。

包拯虽不像小说里写得那么黑，但他面容严肃、不苟言笑是事实，有"包拯笑比黄河清"之说。意思是，黄河水500年才清一次，而权贵豪绅们想要看到包拯一笑，比黄河清一次还要难。

"包文正"这个绰号，也是人们对包拯的一种褒奖，旧小说《七侠五义》中写道："宁老先生……给包公起了官印。一个'拯'字，取意将来可拯民于水火之中；起字'文正'，取其意，'文'与'正'岂不是'政'字么？言其将来理国政必为治世良臣之意。"包拯本来字是"希仁"，小说中将其改为"文正"，自然是为了颂扬他。戏剧也采用了此说，于是"包文正"之名便叫开了，成了包拯的又一个绰号。关于这个绰号的来历，还有一种说法，这种说法与北宋名臣范仲淹相关。范仲淹字"希文"，谥"文正"，包拯字"希仁"，与范仲淹的"希文"只差一字。范仲淹是当时政绩突出、声望极高的大臣，为了提高包拯的形象和知名度，于是有人就将范仲淹的谥号用到了包拯身上，为他取了个"包文正"的名字。

包拯为官极其清廉，他在端州为官时拒收端砚就被人广为传颂。端州盛产端砚，端砚是当时士大夫最喜欢的珍品。过去，这里的长官借进贡之名大肆征收，用来贿赂和个人收藏。包拯到任后则决心离任时绝不带一砚归，而且真正做到了。1973 年，合肥清理包拯墓时，只发现了一方普通的砚台而无端砚，也充分证实了这一点。

包拯为官清廉还有一例，据说包拯 60 岁生日时，皇帝要给他过寿，包拯嘱咐儿子，办寿可以，但决不能收寿礼。结果，过寿那天，皇帝派老太监送礼来了。包拯的儿子对老太监说，父亲有交代，决不收礼。老太监说，别人的礼不收，皇上的礼能不收吗？便写了一首小诗叫包拯的儿子送给包拯，诗中写道："德高望重一品卿，日夜操劳似魏征。今日皇上把礼送，拒礼门外理不通。"包拯看过之后，回了一首诗："铁面无私丹心志，为官最怕叨念功。操劳自是分内事，拒礼为开廉洁风。"老太监看了包拯的诗，只好把礼物带了回去。此事虽为传说，但也从一个侧面反映了包拯的高尚品德。

## "拗相公"——王安石

王安石是我国北宋时期著名的政治家、思想家、改革家、文学家。列宁称他是"中国十一世纪的改革家"，梁启超则说他是"三代以下唯一完人"。在文学上，他出类拔萃，独树一帜，与韩愈、柳宗元、欧阳修、苏洵、苏轼、苏辙、曾巩并称"唐宋八大家"。

王安石为人耿直，性格倔强。他勇于奋斗，敢于作为，做事果敢，不惧权势，勇于冲破传统观念。只要他认准的事，就会义无反顾地做下去，任何人也无法扭转他的决心，故人们送他一个绰号"拗相公"。

王安石认为"天变不足畏，祖宗不足法，人言不足恤"，这正是他"拗劲"的所在。也正是有了这种拗劲，他才敢于变法，敢于在变法中大刀阔斧地改革，敢于面对种种责难和攻击而不退缩。司马光曾多次写信给他，指出他变法中的问题，劝其放弃变法，王安石却坚持己见，并写了《答司马谏议书》，公开表明自己的立场。其文章言简意赅，立场鲜明，文字激昂，"拗相公"的拗脾气表现得十足。

王安石这个"拗相公"的拗脾气也确实给变法带来许多问题。他在用人上，因拗脾气不接受劝告，用了许多奸邪之人。这些人不仅影响了变法的顺利进行，而且在变法受挫时，成了攻击陷害他的人。有一年大旱，民不聊生，官员郑侠画了一幅《流民图》给神宗皇帝，并哭着说，这是天怒人怨，只要皇上下令停止变法，十日之内必会下雨，如若没雨，愿以人头抵欺君之罪。神宗无奈，便诏令暂停青苗法、募役法等八项新法。巧的是，三天之后，果然下了一场倾盆大雨。神宗从此对变法产生了动摇，而王安石不久也被罢了宰相之职。

王安石不仅在变法中执拗，在生活中也往往表现得固执任性。他不修边幅，也不讲究卫生，经常长期不换衣服不洗澡，肮脏得身上散发着一股难闻的气味，别人都不愿接近他。很多人劝他改变这种坏习惯，他就是不听劝，仍旧我行我素。他吃东西时，也是漫不经心，随手抓到什么吃什么。有一次，仁宗皇帝设宴，王安石就将茶几上的一盘鱼食当作佳肴吃掉了。还有一次包拯招待同僚，司马光和王安石都参加了。包拯平时很少设宴招待人，宴席上，包拯劝酒，不胜酒力的司马光都喝了几杯，可王安石任凭包拯反复教劝，就是一口不饮。这种做法在当时其实是很不礼貌的行为。

王安石被罢相后，回到金陵建了一所住处。住所十分简陋，没有围墙，仅能蔽风雨而已。别人劝他改善一下，他毫无反应。司马光和苏东坡都与王安石政见不同，也都对他的拗劲有看法，但对他的人品和学问是很敬重的。苏东坡曾因反对新法被贬，几乎丢了性命。但苏王二人私交很深，王安石被罢相回到金陵时，苏东坡还专门去他那里与他促膝长谈。司马光在得知王安石去世时，特意建议朝廷对他厚加礼遇。王安石也因此得到"文"的谥号，有了"王文公"的称号。

# "烧车御史"——谢振定

　　和珅是中国历史上的大贪官，得宠于乾隆皇帝，曾把持朝政二十余年，聚敛了巨额财富。电视剧《宰相刘罗锅》《铁齿铜牙纪晓岚》将和珅玩弄权术、施展淫威的嘴脸刻画得淋漓尽致。朝中官吏大都惧怕和珅的权势，或趋炎附之，或惧而避之，唯御史谢振定敢于和他斗争。

　　主子得势，奴才也嚣张。一次，和珅的一个宠奴乘坐一辆豪华车在街上横冲直撞，路人见是和府的车子，都怒而视之，远远回避。此时，正在巡城的御史谢振定恰遇这辆车子，便喝令停下。没想到和珅家奴根本不把谢振定放在眼里，全然不理，照样全速前进。谢振定怒不可遏，大喝一声："把这奴才抓起来！"随着谢振定一声令下，随从立刻快马追赶，将这个家奴从车子里揪下并摔倒在地。谢振定令剥去他的衣衫，痛加责打，并当众烧掉了那辆豪华的车子。围观的人无不拍手称快。

　　和珅得到这一消息后，暴跳如雷，十分恼怒，认为这是谢振定眼中无他，第二天就指使心腹罗列罪名弹劾谢振定。后来，谢振定还真因这件事被罢了官。但谢振定不畏和珅权势、火烧和珅华车的事迹传遍了京城。

　　四年之后，乾隆皇帝死去，和珅失去靠山，早已怀恨和珅并觊觎其财富的嘉庆皇帝立即下令将其逮捕，半个月后将他赐死狱中。不久，谢振定被重新起用。

　　谢振定长子考中进士，出任河南裕州知府，道光皇帝接见了他。道光皇帝听他叙述的家世，感慨道："你原来是'烧车御史'的儿子。"

　　"烧车御史"出于皇帝之口，更使这个绰号增添了光彩，从此，谢振定"烧车御史"这个绰号就传开了。谢振定家乡湖南湘乡的人们也以出了一个"烧车御史"感到自豪。他们看到谢家的子弟个个出色，于是又给谢家起了一个赞美的绰号"烧车谢家"。

# "救时宰相"——阎敬铭

阎敬铭,字丹初,清末朝邑县(今陕西大荔)人。他其貌不扬,脸像枣核,眼一大一小,身高不满五尺。考中举人后,去参加知县选拔,主选官见他这副长相,竟呵斥他出去。这位主选官万万没有想到,就是这位其貌不扬的举人,后来竟成了一位理财专家,做了户部尚书,将清朝政府混乱不堪的财政整理得井井有条,使处于外敌入侵、内乱不止、走向没落的清朝政府的财政暂时得以稳定,渡过了难关,被人称作"救时宰相"。

阎敬铭的理财才能,是从他考中进士、担任户部主事一职开始展现出来的,其才能受到湖北巡抚胡林翼的赏识,胡林翼称他"气貌不扬而心雄万夫"。当时胡林翼正在湖北与太平军激烈交战,军需供应十分紧张,原来掌管湖北钱粮的官员穷于应付。于是,胡林翼便和湖北按察使严树森一起向朝廷推荐阎敬铭来湖北担任粮台一职。阎敬铭到任之后,果然将军需管理得井井有条。胡林翼非常高兴,赞赏他是"古今天下第一粮台"。

后来,阎敬铭被提升为湖北布政使,管理湖北政务。阎敬铭为官廉政,不畏权贵。他在任湖北布政使期间,湖北武昌发生了一起强奸杀害民女的案件,作案的是湖广总督官文的卫队长。这位卫队长和官文的关系非同一般,他不仅仅是官文的卫队长,实际

阎敬铭是清朝末年一位颇有作为的理财专家,人称"救时宰相"。这是他的蜡像

上还是官文的娈童。府、县两级地方官都知道这种关系，没人敢问这个案子。阎敬铭得知后，勃然大怒，亲自带人去抓。而此时，这名卫队长正被官文藏到了自己的家中。阎敬铭没抓到，便来官文的总督署禀及此事。官文谎称自己有病，不便接见。阎敬铭对侍卫说："若总督老爷病了怕风，我进他的卧室去汇报。"侍卫知官文不愿见，便劝阎敬铭回府。阎敬铭见状，便让自己的随从将他的被子拿来，在总督府的门房过道里住了下来，表示直住到官文出来为止。官文无奈，只得将阎敬铭的同乡好友严树森和李宗寿请来说情，可阎敬铭不为所动，坚持要杀掉这个卫队长。后来，官文竟给阎敬铭跪了下来，求他放过他的卫队长。严树森和李宗寿有些看不过去，指责阎敬铭太过分。最后，阎敬铭不得已答应不杀这个卫队长，但还是将他打了四十大板，削职后遣送回了老家。此事在当时影响很大，阎敬铭广受赞誉，就是官文也深感敬佩。

阎敬铭担任户部尚书后，着手全面清理整顿极为混乱的财政。上任的第一天，他就亲自查账，查过账后，又去清查三库。三库是指户部管理的银库、绸缎库和颜料库。这三库混乱的情况令阎敬铭吃惊，绸缎库和颜料库是天下贡物的收藏处。库中的绸缎、颜料、纸张等堆积如山，许多东西已经霉烂或被鼠咬虫蛀。银库问题更是严重，从官员到差役没有不贪污的，连做苦力的库兵也利用搬银子的机会将银元偷出来。阎敬铭花了很大的力气，亲自入库检查，查对出纳档案，清查了二百余年的库藏和账目，使清政府真正知道了国库的财产数目，对自己的财政家底有了一个详细彻底的了解。阎敬铭还惩处了一批贪官污吏，使朝野为之震动。

阎敬铭在清查账目库存的基础上，锐意改革，制定了一系列规章制度，千方百计地开源节流。经他整顿，仅山东省的银库存银就由原来的数千两增加到五百万两，使清朝政府的财政收入有了明显增加。阎敬铭也因此受到朝野的一致赞誉。其"救时宰相"的名气也越来越大，连慈禧太后也对他另眼相看。阎敬铭字丹初，因受人尊重，被尊称为"丹翁"。有一次朝廷议事，慈禧也以"丹翁"称呼他，这对慈禧来说是从没有过的事情，足见"老佛爷"对这位"救时宰相"的重视程度。但有时慈禧又对这位"救时宰相"很恼恨，这是因为阎敬铭对她的开支也是严加控制。

有一次，慈禧嫁内侄女，想摆阔气，讲排场，又不想自己花钱，便让太监李莲英找阎敬铭办理，被阎敬铭当场拒绝。慈禧得知后，大为恼火。第二天李莲英威逼阎敬铭拨款，阎敬铭又给顶了回去。后来李莲英只好领着一帮太监将阎敬铭臭骂了一通，还砸了户部衙门，将阎敬铭气得发抖。经此一事，阎敬铭积愤成疾，大病了一场。病好后，阎敬铭思绪万千，便写了一首《不气歌》告诫自己今后遇到这类事情不能再生气。歌中写道："他人气我我不气，我本无心他来气。倘若生气中他计，气下病来无人替。请来医生把病治，反说气病治非易。气之为害大可惧，诚恐因病把命弃。我今尝过气中味，不气不气真不气。"一代清官竟无奈地写《不气歌》来排遣心中的郁愤，足见当时政权的腐败程度。这首《不气歌》广为流传，至今还有人将其抄录挂在家中。

阎敬铭为官清廉耿介，是清朝末年著名的清官。他为官多年，一直穿一件褡裢布做成的袍子，以至于出门在外，人们竟不知他是朝廷大员。而且，不论在哪里任职，他都要把自家的纺织机安放在衙署大堂后面，让夫人亲自在大堂后纺织。他常常指着自己身上的棉袍向僚属炫耀，说这棉袍中的棉絮，是夫人亲自弹出来的。

阎敬铭不仅穿着俭朴，吃得也极简单，就是请客也不铺张。有一次，他在家宴请新上任的山东学政，"所设皆草具，中一碟为干烧饼也"。这位新学政根本咽不下去，勉强吃了半碗白饭。事后，这位新学政对外人说："这哪里是请客，简直是祭鬼！"

在阎敬铭的影响下，他的属下也多注意节俭。他在任户部尚书时，手下就有两名特别节俭的清官，一名叫李用清，人送绰号"天下俭"，一名叫李嘉乐，人送绰号"一国俭"。

李用清在服完丧事，从老家山西去京城时，只背了一个小铺盖卷，不雇一车一骑，硬是步行三千多里来到京城，当时被传为奇事，于是人们送了他一个"天下俭"的绰号。

李嘉乐为官时，仍是从街上随便叫一个剃头匠来为自己剃头，剃完之后，只付给剃头匠 20 个小钱。剃头匠嫌少，李嘉乐很生气，说我在家乡找人剃头，只要几个钱，现在给你 20 个钱还嫌少，真是不知足。其实他不知道时下剃头价格已是 40 个钱了。后来，他干脆不找剃头匠剃了，而让自己的夫人替他剪，剪得参差不齐，别人背后笑话他，他也不当回事。人们为此送他一个绰号叫"一国俭"。

别人把这两个人的做法当笑话说，阎敬铭却很欣赏，他认为做官必须从一个"俭"字入手，这样才能无欲而刚，做一个始终如一的清官。所以，他特别重用这两个人。

阎敬铭晚年辞官回到家乡。在家乡，他积极从事公益活动，不仅捐款修建义学，还倡导、督促在县城西面建了一座丰图义仓，能储粮一千万斤，慈禧曾为此仓题名"天下第一仓"。中华人民共和国成立之后，这座粮仓被保护了下来，继续作为粮站使用，现在已成为陕西省重点文物保护单位。

古代贪官污吏、奸臣昏君的绰号

## "笑里藏刀"——李义府

"笑里藏刀"这个成语源于唐高宗时奸相李义府的绰号"笑中刀"。

李义府自小乖巧伶俐,颇有文采,二十多岁时经人推荐,得到唐太宗的召见。太宗为考察他的文采,令他当场以皇家园林中的鸟为题作一首诗。李义府不加思索,当即吟道:"日里飏朝彩,琴中伴夜啼。上林如许树,不借一枝栖。"此诗不仅诗句优美,而且寓意巧妙,既颂扬了皇恩浩荡,又表露了自己希望得到皇帝恩赐的愿望。唐太宗一听,感到他确实才思敏捷、聪明机灵,便高兴地说:"我当全林借汝,岂借一枝耶!"不久,李义府便被提拔为监察御史,后又提为太子舍人。

李义府做了太子舍人后,为取得太宗的欢心,极力表现自己对太子辅导认真有方。他曾为太子写了一篇《承华箴》,箴是一种文体,有警示、劝诫、勉励等意义。其中有这样几句:"勿轻小善,积小而名自闻;勿轻微行,累微而身自正。佞谀有类,邪巧多方。其萌不绝,其害必彰。"这确实是一篇教人树立高尚品德的好文章。唐太宗看到这篇文章后,大加赞赏,不仅夸奖他扶掖训导太子有方,还给了他很多赏赐。而实际上,李义府正是他文中所写的那种佞谀之徒,而且其"邪巧多方"到了"出类拔萃"的地步。李义府表面表现得很谦恭,与人说话时总是和颜悦色,带着微笑,心中却怀着鬼胎,心狠手辣,只要有人和他稍有不和,他就马上设法陷害。人说他笑中有刀,为他起绰号为"笑中刀",说他是用软刀子杀人,"柔而害物",称他为"人猫""李猫"。成语"笑里藏刀"

就是由此而来的。

高宗继位之后，爱上了本是他父亲才人的武则天。武则天在太宗死后，去感业寺做了尼姑，高宗把她召入宫中，立为昭仪。高宗为其所迷，欲废王皇后，立她为皇后。高宗的这一想法遭到了元老重臣的极力反对。狡诈的李义府却感到有机可乘。于是，他和另一个奸人共谋，叩头上表"请废后，立昭仪"，这正中高宗下怀。高宗非常高兴，急忙召见他，并赐宝珠一斗。从此，越发信任他。

武则天被立为皇后后，李义府更受宠信，加官进爵，直至宰相。李义府有了武则天这个靠山后，更加肆无忌惮，作威作福。李义府改葬祖父，征用大批人夫车马为其筑坟，昼夜不停，其中高陵县令竟为此劳累而死。为其祖父送葬时，车马、供帐摆了七十多里。为敛钱财，他卖官鬻爵，连他的母亲、儿子、女婿都参与其中。唐高宗得知后，曾提醒他说："我听说你的儿子、女婿不守法，有很多罪过，我都给掩盖下来了，你要教育他们不要这样做。"李义府自觉有武则天庇护，不仅不听劝告，竟反问高宗是听谁所说，气焰嚣张到不把皇帝放在眼里。这当然引起高宗的愤恨，最后将他治罪流放。李义府后来就死在了流放地。

## "随驾隐士"——卢藏用

一般说来，隐士就是潜居避世的人，他们多隐居于山林、草野，以不求闻达、不入仕途为主要特征。隐士也称"处士""高士"。古时称没有出来做官而家居的士人叫"处士"，这一称呼给人以高尚、圣洁的感觉，所以隐士又有"高士"之称。

然而，并非所有的隐士都清雅高尚。有的隐士不是为了避世，更不是为了不求闻达不入仕途，恰恰相反，他们做隐士的目的，就是为了求闻达、入仕途、做大官。唐朝的卢藏用就是这种隐士的典型。

卢藏用，字子潜，幽州范阳人。年轻时就有点名气，写得一手好文章，书法也很好，还喜欢弹琴下棋，可以说是多才多艺，有"多能之士"称号，但他在中进士之后，久久没得调选。卢藏用官欲很强，一心想当官，却又实现不了，于是，他去终南山做了隐士。他是幽州范阳人，为什么要选终南山为隐居地呢？因终南山靠近京城，离长安只有几十里，在这里便于交结官场，窥伺做官的机会，有点名声也容易引起朝廷的注意。后来，卢藏用发现唐高宗时常驾临东都洛阳，于是，他又急忙在靠近洛阳的少室山找了个隐居地。这样，当高宗在长安时，他就隐居在终南山，当高宗移驾到洛阳时，他就隐居到少室山，随着高宗车驾的往返而变动自己的隐居地。为此，人们给他起了个绰号叫"随驾隐士"。

后来，这位"随驾隐士"还真的因隐士闻名，被征召出山，做了大官。

有人说，他的名字也取得巧，"藏用"，藏是为了用，随时等候召用，以跟随皇帝的车驾奔走效劳。

卢藏用对自己的这种行为，不仅不感到羞耻，还沾沾自喜，时常夸耀。有一年，有位叫司马承祯的道士应召入京，完事后，道士将返还天台山前，卢藏用手指终南山对他说："此中大有佳处，何必去遥远的天台山呢？"司马承祯说："依我所看，这是仕途的捷径。"卢藏用听后，知是在讥讽他，感到很尴尬。这便是"终南捷径"成语的由来。

卢藏用当官之后，专门趋奉权贵，毫无政绩，最后因依附邪恶势力被流放至死。

## "口蜜腹剑"——李林甫

"口蜜腹剑"是大家所熟悉的一个形容阴险狡诈小人的成语。这个成语源于唐朝时的奸相李林甫，是由他的绰号演化来的。

李林甫自幼就是一个纨绔子弟，不好读书，好驰逐鹰狗、游猎打球，常常整日骑着一头驴在城郊玩球。然而，这个无赖之徒有一套刁猾的钻营之术，使他在官场春风得意、扶摇直上，从一名千牛直长，爬到了

宰相之位。对此,《资治通鉴》有一段精辟记述:"林甫媚事左右,迎合上意,以固其宠;杜绝言路,掩蔽聪明,以成其奸;妒贤疾能,排抑胜己,以保其位;屡起大狱,诛逐贵臣,以张其势。自皇太子以下,畏之侧足。"深刻地揭露了他的权术和罪恶。

李林甫深知,要取得权位,必须要得到皇帝的信任。李林甫为取得皇帝的信任,采取了"媚事左右"的手段。他想尽一切办法贿赂收买皇帝身边的人,上至贵妃,下至太监,甚至连皇帝身边的厨子他都不放过。这些人被其收买后,无不为之尽心尽力,这样,李林甫就能轻而易举得到宫廷秘密,了解皇帝的想法。所以,他的奏章总能顺应皇帝的心意,故而受到赏识和重用。

有一次,唐玄宗让萧嵩选宰相,萧嵩推荐右丞韩休,玄宗表示同意。受过李林甫好处的惠妃立即将这消息告诉了李林甫,李马上找到韩休,说皇帝已决定要选他为相,并说为此事他出了很多力,帮他说了许多好话。韩休很感激他,为相后,处处关照他。

李林甫当了宰相之后,为了杜绝谏官向皇帝上奏对自己不利的内容,便将谏官召集起来训话说,现在皇上圣明,做臣子的只要按皇上的旨意办事就行了,用不着你们再七嘴八舌的。你们没看到皇宫前的仪仗马吗?它们平日吃的是三品官一般待遇的饲料,但只要它叫一声,就会被拉下去,后悔也来不及了。有一个谏官没听他的,给皇上奏本言事,第二天就被贬到外地去做县令了。

李林甫妒贤嫉能,凡认为对自己的权位有威胁的人,他都设法排除掉,而其手段又极其狡诈。表面上甜言蜜语,貌似关心爱护,实际上心狠手毒,如剑在腹,杀人不见血,所以人们送其绰号"肉腰刀"。许多人深受其害,就连官场上一些老奸巨猾的人,也往往败在他的手下。

安禄山可谓拍马钻营的高手,却被李林甫治得服服帖帖。安禄山初见李林甫时,依仗着玄宗和杨贵妃的恩宠,态度傲慢,相当不敬。李林甫不动声色,托故把大夫王铁找来,王铁当时也是一位专权用事的人物,身兼二十余职，深受玄宗宠爱。王铁见到李林甫时，毕恭毕敬，满脸媚笑，安禄山见了，大为吃惊，顿时对李林甫恭敬起来。这时，李林甫趁机对他说道："安将军此次来京，深得皇上欢心，可喜可贺，将军务必好自为之，效命朝廷。皇上虽春秋已高，但宰相不老。"安禄山听了深为惧怕，此时方知李林甫的厉害，从此之后，安禄山再见李林甫便不再傲慢，而是战战兢兢地直冒冷汗。史书记载："每见，虽盛冬，常汗沾衣。"

左相李适之，是唐太宗的曾孙，以精明强干著称，"昼决公务，庭无留事"。李林甫认为此人对自己有威胁，应想法排除。一天，李林甫对李适之说，华山有金矿，开采出来可大大增加朝廷的财富，只是皇帝现还不知此事。李适之认为李林甫讲得有理，便向玄宗上奏此事。玄宗很高兴。当皇帝向李林甫说及此事时，李林甫却说，我早已知道，只是认为华山是陛下本命王气之所在，不可穿凿，所以不敢上言。玄宗听了，觉得还是李林甫忠心，想得周到，责怪李适之考虑问题太草率，因此要求李适之以后奏事应先与李林甫商议，不得自作主张。李适之从此不敢放手干事，后来干脆辞去了相位。李林甫就这样不声不响地将对手排挤掉了。

还有一个叫严挺之的官员，被李林甫排挤，在外地当刺史。后来，唐玄宗想起了他，跟李林甫说："严挺之还在吗？这个人很有才能，还可以用。"李林甫说："陛下既然想着他，我去打听一下。"李林甫回去之后，找到严挺之的弟弟，对他说："皇上对你哥哥很关爱，如果他想见皇上，可以上一个奏章说自己有病，想回京城看病。皇上一定会同意的。"严挺之的弟弟认为李林甫还很关心自己的哥哥，很感激，便给哥哥去信说了此事，严挺之便真的写了一道奏章，请求回京治病。李林甫马上拿了他的奏章去见唐玄宗，说严挺之病得很重，不能干大事了，宜给一个闲职去养病。唐玄宗感叹了一番，觉得很可惜。严挺之就这样被派到洛阳任闲职养病去了。他不知是李林甫的阴谋，还感激他呢。

李林甫平时给人的印象是平易近人、和颜悦色，实际却阴中有伤，

不露辞色。外表上装得对人极为友善，暗中却加以伤害，竟然还不露一点声色，其权术手段可谓无所不用其极。人们称其"口有蜜，腹有剑"一点不为过，这就是"口蜜腹剑"这一成语典故的由来。由此还派生出了一个歇后语"李林甫当宰相——口蜜腹剑"。

然而，坏事做尽总有报，李林甫最终还是被另一个奸相杨国忠扳倒了。他死后已装入棺材，结果因杨国忠告其谋反，其棺材被劈开，身上的金紫朝服被剥下，口中的珠玉被抠出，后来有人改用了一个小棺，以庶人的身份，将其草草掩埋。其子孙也都被去官流放，落得一个可悲的下场。

除了"肉腰刀"的绰号，李林甫还有一个"弄獐宰相"的绰号。

李林甫在权术上无出其右，在学术上却是一个平庸之辈，甚至一些常用的字都不认识，为此出过不少笑话。"弄獐宰相"的绰号就由此而来。他的小舅子生了一个儿子，他一时兴起，写了一份贺辞送去。贺辞中有一句"闻有弄獐之喜"，令客人们大笑不止。古时称生儿子为"弄璋之喜"，这话出自《诗经》："乃生男子，载寝之床。载衣之裳，载弄之璋。"意思是说，生下男孩子，就让他睡在床上，为他穿上衣服，再给他一块好玩的玉璋（"璋"是玉器），所以称生子为"弄璋之喜"。而李林甫不明其意，便把玉器的"璋"写成动物的"獐"了，因而有了一个贻笑千古的"弄獐宰相"的绰号。

## "秃角犀驸马"——杜悰

唐宪宗的驸马杜悰有一个很奇特的绰号叫"秃角犀"，人称其为"秃角犀驸马"。秃角犀，即没有角的犀牛。犀牛不产于中国，在中国很罕见，是一种很珍贵的动物。犀牛角既可制作精美的工艺品，又是一种名贵的中药材，犀牛没了角也就不值钱了。那么杜悰为什么会有这么一个绰号呢？这还要从他的身世和驸马说起。

杜悰是杜佑的孙子。杜佑为官时，不仅政绩卓著，而且还为人们留下了一部 200 卷的《通典》，是唐朝赫赫有名的政治家和史学家。

杜佑的子孙很多，孙子一辈中，以诗人杜牧最为有名。杜悰是他孙子辈中比较平庸的一个。但杜悰官运亨通，位居高位，其原因就是他是唐宪宗的驸马。

唐宪宗很看重学士，他看到宰相权德舆的女婿是个翰林学士，风度文雅，很羡慕，也想为自己的女儿岐阳公主选一个这样的丈夫。于是他就下令，让宰相大臣从卿士之家中挑选一位做驸马。而当时卿士之家的子弟多不愿做驸马，他们认为公主多欠修养，难以相处，而且一旦身为驸马，又要受诸多约束，失去很多自由，所以，都找借口拒绝，唯独杜悰愿意。于是，他便成了唐宪宗的乘龙快婿。做了皇帝的驸马，自然也就飞黄腾达起来。杜悰官职节节高升，很快成为宰相，还被封为邠国公。

然而杜悰虽为高官，却并无建树，既不关心国家，也不爱护百姓，只知享乐腐化。他在为淮南节度使时，遇大旱，饥民没有粮吃，便到漕运的沟渠中去掏取漏掉的米粒充饥。山坡池边凡能吃的植物、野果都被采摘一空。对此，他不仅不引咎自责，反而引以为荣，竟上表皇帝称之为吉祥。他在地方为官时，从不理狱讼，罪犯不论罪行轻重，一律关起来，任其死亡。杜悰在政治上不作为，在生活上却很讲究，很会养尊处优。有一次他过三峡，江中风浪很大。他感到口渴，呼唤左右上茶，左右为风浪所惊，没有听到，他便自己倒了一杯喝。事后，他竟说这是他平生最不称意的一件事。

后来人们评论他说："处高位而妒贤，享厚禄以丰己，无功于国，无德于民。"就像一只没了角的犀牛，虽为名相之后，却无名相之德，将其先祖所树立的政风家风丧失殆尽，有愧于先祖，是一个被人所蔑视的"秃角犀驸马"。

# 媚上有术的"貌疏宰相"王钦若

王钦若是北宋时的大臣，为人狡诈圆滑，曾数任宰相，有"不倒翁"之称。

王钦若状貌疏瘦短小，颈上有疣，时人给他起了个绰号叫"瘿相"，又称他为"貌疏宰相"。

王钦若自幼聪明，"智数过人"，颇具文采。18岁时，宋太宗进兵太原，他便写了《平晋赋论》献上，轰动一时。太宗淳化三年（992），他考中进士，据说差一点中了状元。

王钦若虽饱读诗书，为人却无德行，奸邪险伪。为取名利，拍马溜须，诬陷迫害，无所不用其极。人们将他与另外四名声名狼藉的奸邪官员并称为"五鬼"。

王钦若极善拍马溜须。有一年，宋真宗做梦，梦见神人赐他天书于泰山。王钦若得知此事后，为了迎合真宗祈求天降福瑞的迷信心理，便精心编导了一出天降天书的事件。说一日，一位名叫董祚的木匠在泰山的醴泉亭忽见远处天空飘来一块黄绢，黄绢上写有真宗的名字及一些不为人知的文字和符号。董祚感到惊奇，便拿来交给了他，他一见故作大为惊异样，说这不正是皇帝梦中所说的天书吗？于是急忙赶到宫中，献给了真宗。真宗信以为真，非常高兴，马上封禅泰山，并在山上广建宫观。王钦若也因此受到真宗的喜爱和重用。

王钦若阴险狡诈，凡他认为对自己的权力地位有影响的人，他都要想方设法地排挤陷害。排挤陷害时又往往不露声色、极有手段，连名相寇准都曾受过他的陷害。

宋真宗景德元年（1004），辽军大举南侵，都城开封受到威胁，王钦若极力主张迁都，唯寇准主张坚决抗敌，并劝谏宋真宗亲征，以鼓舞斗志。最后，宋真宗接受了寇准的建议，率军亲征，取得了重大胜利。宋真宗也由此更加器重寇准，王钦若对此十分嫉妒。一日，王钦若找了一个机会对宋真宗说起这起战事，说这是寇准拿皇帝的性命当赌注，并说战后签定的"澶渊之盟"是城下之盟，城下之盟是一种耻辱之盟，这有损皇帝的万乘之尊，是对皇帝的一种羞辱。经王钦若这么一说，宋真宗开始对寇准产生了怀疑，不久，就免去了寇准的宰相职务。

王旦接替了寇准的宰相职务，于是，王钦若又将陷害的目标转向了王旦。

当时有一个叫李宗谔的大臣，生活清贫，成亲时，曾向王旦借过一笔钱。李宗谔为官清廉，又有政绩，王旦打算推荐他为参知政事。王钦若得知后，认为打击王旦的机会到了。按照当时惯例，被封为参知政事便能得到皇上的一笔赏钱。于是，王钦若便密奏真宗，说李宗谔借了王旦的钱没法还，王旦就打算推荐他为参知政事，想用皇上的赏钱抵还他的债。说王旦不是荐贤，而是借机谋取私利。开始真宗还不相信，没想到几天后，王旦真的向他举荐李宗谔为参知政事，真宗非常生气，从此疏远了王旦。

宋仁宗即位后，王钦若用同样的手法，极力迎合讨好于仁宗，也受到了信任和重用，又重新当上了宰相，并被封为冀国公。

朝中正直的大臣对王钦若的丑恶行径非常憎恨，多有指责和揭露。无奈王钦若媚上有术，始终有皇帝庇护着，直至其病终，也无人能扳倒他。

王钦若死后，人们继续揭露他的罪行。此时的宋仁宗也逐渐认识到王钦若的狡诈和险恶，终于有一天，他对大臣们说："钦若久在政府，观其所为，真奸邪也。"

## "三旨相公"——王珪

北宋有个叫王珪的，自幼就文采出众，宋仁宗时，考中进士第二名，后来做了翰林学士。宋神宗时，做了尚书左仆射，相当于宰相。王珪能文善诗，其文章瑰丽多彩，自成一家，很受人推崇。连北宋的文坛领袖

欧阳修也对他钦佩不已。他在做翰林学士时，朝廷的重要文诰、典策均出自他的手笔。

王珪才思敏捷，出口成章。有一年中秋，宋仁宗召他到宫中饮酒赏月赋诗。宋仁宗和他一起谈诗论文，并将自己写的诗给他看。王珪极尽奉迎之能事，"叹仰圣学高妙"，起身拜贺，令仁宗非常高兴，一直谈论到深夜。仁宗还让身边的宫嫔拿出她们的领巾、裙带、团扇、手帕等物向王珪求诗，并拿出自己的御笔供王珪使用。王珪不假思索，提笔就写，并能根据宫嫔的不同特点题诗，构思遣句，皆有新意。得诗的宫嫔个个高兴，把所得之诗呈仁宗过目。仁宗大为赞叹，并对宫嫔说，你们要给他润笔费。于是宫嫔们又纷纷取下自己的首饰，放到王珪的袖中。此事一时传为佳话，王珪也因此更受皇帝喜欢。

王珪博学多识，在文学上的才能确实令人敬佩。但王珪为官一心只想明哲保身，处处谄媚顺从皇帝，时时揣摩皇帝心意，曲意迎合，在政绩上毫无建树，平庸至极。王珪虽身为宰相，担负着管理国家的重大责任，但他从不发表自己的意见，唯皇帝旨意是从。他上殿奏事，没有自己的主张和看法，只是说去"取圣旨"。皇帝表态之后，他也不问正确与否，只是恭恭敬敬回答说："领圣旨。"退朝之后，见到部下，便说"已得圣旨"。"取圣旨""领圣旨""已得圣旨"几乎成了他办事的固定程序。时间久了，人们便给他起了一个"三旨相公"的绰号。相公，是古时对宰相的称呼。人们平时就对王珪只知奉承谄媚、不关心政事的做法多有指责。所以，"三旨相公"绰号一出来便很快传开了，成了他毫无作为和建树的标志。

## 善于变化的"杨三变"

杨畏，北宋时期的高官，因其政治态度随形势的变化而多变，故有"杨三变"之称。

杨畏，据史书记载："幼孤好学，事母孝，不事科举。党友交劝之，乃擢进士第，调成纪主簿，不之官，刻志经术。"意思是说，他对科举、仕途都不感兴趣，一心只想做学问。这样的人，应该是位道德高尚的有识之人了。但并非如此，杨畏不是不想做官，更不是道德高尚之人，他是在等待机会，待价而沽。

王安石在宋神宗的支持下实行变法时，杨畏认为自己飞黄腾达的机会到了。于是，他拜到王安石的门下，极力吹捧王安石，积极为王安石的变法唱赞歌，因而受到王安石的赏识，官职不断高升。后王安石的变法遭受挫折，以司马光为首的保守派的势力渐渐占了上风。此时的杨畏立即调转风头，开始赞美起司马光来，说司马光道德高尚，连深山里的人听说他被重新起用，都相互庆贺。谁知，司马光执政不久就去世了。杨畏又立即转变态度，由极力赞美司马光，变成讥讽嘲笑之。

司马光去世之后，杨畏依附了保守派大臣文彦博、吕大防、刘挚。刘挚推荐了他，使他得以高升。后来刘挚和吕大防发生了矛盾。杨畏权衡利弊，竟然帮助吕大防打击对他有提携之恩的刘挚，使刘挚丢了相位。

当宋哲宗亲政之后，形势又发生了变化。宋哲宗倾向于变革，变法派势力重新抬头。早已背叛了变法的杨畏，又重新为变法唱起赞歌来，赢得了宋哲宗的信任，得到重用。但他那投机狡诈的个性始终不变，当时的宰相章惇一开始也很信任他，并把他从礼部侍郎徙为吏部侍郎。但当杨畏看到中枢侍郎李清臣和知枢密院安焘与章惇不合时，他认为他渔利的机会又来了，便在暗中挑拨，教唆李和安反对章惇。后来，事情败露，杨畏的两面派本相暴露无遗，被削职赶出了朝廷。

杨畏为逐私利，明哲保身，政治态度可随时改变，反复无常。为达个人目的，他不惜攻击和出卖任何人，是典型的无德无义、变化无常的小人，为世人所不齿。所以，他那"杨三变"的绰号在当时就广为流传，还被写入多部史书之中，真可谓遗臭万年了。

# 弹劾不倒的"刘棉花"

明朝时，有个叫刘吉的大臣。他长期身居高官之位，历经英宗、宪宗、孝宗数朝而不倒。弹劾他的人很多，一批接一批，可始终扳不倒他。而且有时是越弹劾，他越高升。有人比喻他像棉花一样耐弹，越弹越好用。于是，便给他起了一个"刘棉花"的绰号。

刘吉耐弹劾，不是因为他品德高尚、政绩突出，恰恰相反，刘吉是一个人品和政绩都很差的人。这样的一个人为什么能耐弹劾，保住官位，长期不衰呢？这自然也要有一套本领。刘吉这样的本领，就是"多智数、善附会、自缘饰、锐于营私"。

举几个例子说一下：宪宗成化十八年（1482），刘吉的父亲死了，按封建礼制，他应该告假回家"丁忧"，但他怕失去内阁大臣的职位，不愿离去。可他又不能公开说不愿回去"丁忧"，这样他将落个不孝的骂名。于是，他便托人让皇帝出面慰留他。这一招果然奏效，他回家不久，宪宗皇帝便下诏让他回来。这种令"丁忧"之人丧服未满就出仕的做法叫"夺情"，就是为大局而牺牲个人小家利益。刘吉接到诏令之后，却装出一副要为父尽孝的姿态，再三恳辞，希望皇帝收回诏令，成全他的一片孝心。皇帝当然"不允"。于是，他又名正言顺地回到自己的官位上，既保住了官职，又获得了孝子的美名，可谓双丰收。

刘吉善于察言观色，拍马奉迎。宪宗时，刘吉身为内阁大臣，却很少过问政事，一味迎合皇帝的意愿，寻求自己的私利，排挤打击忠贤，对皇帝的失德之处、朝廷财政的亏空、社会存在的问题，从不表态指出。当时社会流传有"纸糊三阁老，泥塑六尚书"的民谣。刘吉就是其中的三阁老之一。

对于对他的弹劾，他也有一套对付的办法，一是粉饰自己的过错，进行解脱；一是讨好迷惑皇帝，以求得到保护。孝宗时期，朝中正直大臣弹劾他和另外两位内阁大臣，他就是用这种办法保全了自己。结果，另外两位内阁大臣都被赶下了台，唯独他得以留用，并更受皇帝重用。

刘吉就是用这些手段保护自己的官职，使自己长期稳居高官之位，成了一个不倒翁式的人物。由此也可看出明朝当时朝纲紊乱、社会腐败的程度。

## "青词宰相"——严嵩

提起明朝嘉靖年间的权相严嵩，人们都知道他是一个贪污纳贿、结党营私、陷害忠良的大奸相，可谓臭名昭著。但严嵩并非不学无识之辈，他自幼刻苦学习，练得一笔好字，写得一手好文章，25岁便考中了进士。严嵩初为官时，还曾想要做一个清廉正直的人。他曾给自己起过一个别号叫"介谿"，"谿"含有空虚、欺人之意。"介"也作"戒"意。"介谿"就是做人要正直，勿做虚伪欺诈之人之意。

随着时间的推移，严嵩在官场混久了，其权力欲也开始膨胀。为了取得更高的官位，他开始绞尽脑汁，拍马钻营，寻找晋升的门路。他先是讨好皇帝宠信的礼部尚书夏言，据说为了求见夏言，他曾长跪在夏府门前。后来，在夏言的推荐下，他步步高升，很快当上了礼部侍郎。这个官职使他接近皇帝的机会变多了。于是，严嵩又想尽办法取悦于皇帝。当时的嘉靖皇帝迷信道教，经常在宫中设道场做法事。做法事时要念奉天神的表章，表章是用朱笔写在一种青藤纸上的，故称"青词"。每逢嘉靖皇帝做法事，严嵩总是提前为其准备好青词。严嵩很有文采，又是提前精心撰写，所以，他所写的青词很受嘉靖皇帝喜爱。时间久了，皇帝感到离不开他了。于是严嵩的官职也不断升高，后来终于成了一人之下、万人之上的权相。人们认为，他这个宰相是为皇帝写青词得来的，所以给他起了个绰号，叫"青词宰相"。

严嵩不仅青词写得好，字也写得好，是位著名的书法家。据说，山

海关的"天下第一关"的匾额就是他写的，孔府门额上的"圣府"两字也是他写的。其字笔力雄健刚劲，凝重高雅，很受后人推崇。北京顺天府贡院大殿上的"至公堂"匾额也出自他的手笔。此贡院非常有名，历代皇帝都很重视。清朝乾隆年间，乾隆皇帝认为匾额为奸臣所写，故想换掉，便自己写了一幅。写完怎么看，感觉都不如严嵩写得好，又让大臣们写，也没人能超过。所以此匾额也就没有换成，一直保存了下来。

严嵩凭借着青词登上宰相之位之后，实权在握，变得为所欲为起来，而且越来越阴险狠毒。他贪得无厌，吞占军饷、收受贿赂、搜刮民财，无所不为；他排除异己，陷害忠良，甚至连推荐过他的恩人夏言也遭他陷害而被杀。

严嵩在财富上的占有欲，可以说达到了疯狂的程度。每当受贿足万时，他就要安排一次酒席，办一次隆重的宴会，一来庆贺自己财富的增加，二来借机再敛一笔。据说这种宴会曾连续办了五次。人们对他这种疯狂敛财的行径恨之入骨，都说他害了"钱痨"。这个绰号也在民间广为流传。

严嵩通过贪腐积累了大量财富，他的儿子严世藩曾狂妄地说："朝廷无我富。"后来，严世藩犯事被杀，严嵩被削为平民，家产被抄。据说抄得家产有黄金三万余两、白银二百万两。此外还有田地上百万亩、房屋六千多间，以及无数的珍稀古玩、名人字画，其财富确实富可敌国。

严嵩被革职抄家后，无家可归，两年后病死，落得一个可悲的下场。

## "蛤蟆天子"——朱由崧

1644年4月，李自成率农民起义军攻克北京，崇祯皇帝朱由检吊死于煤山（今景山）。北方的明朝宗室和权贵纷纷南逃到留都南京。他们在南京成立了一个由朱由崧为帝的"南明"政权，史称弘光王朝。

朱由崧是明神宗的孙子，称帝前为福王。"南明"政权初成立，当时尚拥有富庶的千里江南，还有数量可观的军队，如果君明臣贤，还可以有一番作为。但朱由崧不是一个想振兴朝政、收复失地的人，他想的是做了皇帝以后如何尽情享乐。尽管当时大敌当前，水旱大灾不断，人民生活困苦，他仍大兴土木，挥霍无度，只顾自己吃喝玩乐。他甚至让大学士王铎专门写了一幅"万事不如杯在手，百年几见月当头"的对联，悬挂在皇宫内廷之中，表达他对荒淫生活的追求。有一年除夕，大臣们发现他闷闷不乐，都以为他是因思念先帝、操心时局所致，一个个赶紧向他叩头请罪。谁知朱由崧却说："我没时间考虑这些，我所忧虑的是梨园子弟没有一个像样的，想广选良家女子，以充实后宫，你们早点去给我办好。"大臣们听了都感到愕然。为了配制房中药，他命令南京城里的乞丐集合起来为他捕捉癞蛤蟆，用来做药引子。因是皇帝命令，乞丐们也神气起来，他们打着写有"奉旨捕蟾"的大灯笼，四处活动，到处捕捉，一时间，南京城里城外热闹非凡。人们看了，哭笑不得，天子下旨捉蛤蟆，这也真是天下奇闻。于是，人们便给他起了一个"蛤蟆天子"的绰号。

这样的皇帝自然不能挽救明朝的危亡。不久，扬州陷落，镇江失守，南京也落入清军之手。朱由崧也做了俘虏，由逃亡之地被押回南京。他被押进城时，坐着一辆无幔的小车，头上蒙着黑色的素帕，身穿蓝色布袍，以扇掩面。他的两个妃子骑驴跟随在他身后。沿路的百姓见到这个亡国的蛤蟆天子，无不恨之入骨，纷纷唾骂，向他投去石块杂物。他却不知廉耻地嬉笑自若，还问身边大臣，这是什么地方。最后，清朝政府也没放过他，把他押往北京，不久将他斩首示众。朱由崧作为一个短命王朝的皇帝可怜地死去了，本没有给人们留下可记忆的地方，但他那"蛤蟆天子"的绰号使人们永记不忘，成了一段丑闻的标志。

# "油浸枇杷核"——王文韶

清朝末年，内外交困，矛盾交织，官场上的钩心斗角、尔虞我诈更为突出。再加上以慈禧为首的后党与以光绪为首的帝党之间的争斗，使得官场上的斗争更为复杂、更加险恶。要想在这样的环境下久居高官位置而不倒，确实是件不容易的事，没有为官的特殊手段是很难办到的。可就有这么一个人，他做到了。这个人就是王文韶。

王文韶咸丰年间考中进士，同治年间升为湖南巡抚。自那以后，他便青云直上，官越做越大。光绪年间，他升为云贵总督，接着又升为直隶总督、北洋大臣，一时间权倾朝野。而与他同时期的高官得以善终的却很少，不是被罢官，就是受惩罚，有的甚至被关进大牢，掉了脑袋。就是像李鸿章、翁同龢这样显赫的人物，也没得善终，李鸿章最后被赶下了台，在人们的一片唾骂声中死去。翁同龢也被解除职务，赶回老家反省。

那么，王文韶是用什么手段，使自己长久稳居高位不倒，成为一个"不倒翁"式的人物呢？

王文韶靠的是一套圆滑的为官之道。他为人圆通练达、善于奉迎、八面玲珑，善于察言观色、随风转舵，尤其是在斗争激烈关头，常做骑墙派，两面讨好，而且手段高明，很难使人找到他明显的过错，可谓圆滑至极。为此，人们给他起了一个"油浸枇杷核"的绰号。枇杷核就够滑的了，再用油浸过，那可就滑到家了。让我们略举几例。王文韶耳朵不好使，但并不严重，他充分利用了这点。对他有利时，他的耳朵很好，什么都听得见。对他不利时，他的耳朵就聋得厉害，什么也听不到了。有一次，两位大臣为争一事，相持不下，慈禧太后就问王文韶意见如何。王便装没听见，只是莞尔而笑。慈禧再三追问，王仍是笑。慈禧太后说："你怕得罪人？真是个琉璃球。"王还是笑。

还有一次，朝廷让他去通知彭玉麟巡阅长江水师，彭玉麟原是湘军水师统帅，是位孤高之士，退隐后以画梅花自娱。王文韶奉谕去通知，若是普通的阿谀之徒，进门必称"恭喜"，王文韶见到彭玉麟却顿足叹道："不知是谁多嘴，不容你长伴梅花逍遥自在了。"一向清高、淡泊名利的彭玉麟听到此话，自然是很高兴的。这马屁可谓拍得高明。

王文韶很欣赏自己的为官手段，他认为他的手段不仅保住了高官厚禄，而且还在乱世之中给自己带来了安全感。当时，革命党人谋杀清廷权贵的现象时有发生，而王文韶夜间出行特意打着写有"王"字的灯笼。有人提醒他，小心引来杀身之祸。他却得意地笑道："我一生与人和平，向来没有结怨，如此特意打明灯笼，正是以便乱党看清，免得误伤啊。"

王文韶的一生，虽无多少政绩，可人们也说不出他有多少特别的劣迹。他就这样圆滑地度过了一生。他还有点自我陶醉，认为自己很有手段，但不知他对"油浸枇杷核"这个绰号作何想法。

古代名人绰号

# "孔圣人"和"孔夫子"

　　孔子是我国古代伟大的思想家、政治家、教育家，深受世人的敬仰和崇拜，人们为他起过许多尊号。

　　孔子是儒家学说的创始人。他所创立的儒家学说，两千多年来，一直深刻地影响着中华文明的发展，是古老辉煌的中华文明的主流。孔子是中国传统文化的开创者和集大成者，是中国传统文化的象征。人们因此称他为"文圣"。

　　孔子是我国历史上第一个组织大规模私人讲学的人，他是我国的教育鼻祖。他学问博大精深，道德情操高尚，办学授徒有方，为中国传统文化的弘扬和发展做出了卓越的贡献，因此被人称为"万世师表""至圣先师"。

　　历代统治者为彰显对孔子的尊崇，也不断地为他追封追谥，而且是越加越崇高、越显赫。西汉时，尊称他为"褒成宣尼公"。北魏时，尊称他为"文圣尼父"。隋朝时，称他为"先师尼父"。唐朝时，称他为"先圣""先师""宣父""太师""文宣王"。宋朝时，称他为"衍圣公"。元朝时，称他为"大成至圣文宣王"。明朝时，称他为"至圣先师"。

收藏在国家博物馆中的孔子像

清朝时，称他为"大成至圣文宣先师"。民国政府则称他为"大成至圣先师"。

一般的老百姓则喜欢称他为"孔圣人"，对他崇拜有加。古时小孩子进学堂，首先要拜的就是"孔圣人"。

孔子的学说和思想不仅在中国影响深远、备受推崇，在世界上也有重大影响，尤其是在近代，人们越发认识到孔子学说的伟大和对人类社会发展所做出的巨大贡献。1988年，75位诺贝尔奖获得者在巴黎集会，会议结束时，他们发表联合宣言，呼吁全世界"人类如果要在21世纪生存下去，就必须回到2500年前，去孔子那里汲取智慧"。美国纽约出版的一本《人民年鉴表格手册》，则将孔子列在了世界上十位影响深远的思想家之首。

孔子还有"孔老二"和"孔夫子"的称号，多数人认为这是两个带有贬义的绰号。因为这两个称号多是在反孔批孔时使用的，像五四新文化运动和"文革"时期，"打倒孔老二""批臭孔夫子"的口号就到处可见。其实，这两个称号也并非是贬义。

叫"孔老二"，是因为孔子是他父亲的第二个儿子，在家排行老二。孔子名丘，字仲尼，春秋时期，以伯仲叔季表示排行，"仲"排第二。所以，称他"孔老二"是有根据的。虽有点不敬，但也不全是贬义。

"孔夫子"则毫无贬义，而是一种尊称。因为"子"是古时人们对有学问、有道德的男子的尊称，如孟轲叫孟子、庄周叫庄子、墨翟叫墨子、荀况叫荀子。"孔子"也是尊称。"夫子"中的"夫"指的是"大夫"，孔子曾担任过鲁国的大夫。所以，"孔夫子"也是一种尊称。

孔子还有一个"东家丘"的称号，这是很少有人知道的。孔子的故宅位于孔庙"诗礼堂"和"鲁壁"一带。当时，紧挨孔子故宅西墙有一邻居，虽为邻居，但其对孔子的学问情操并无了解，他和别人谈起孔子时，不叫他的名字，而称他为"东家丘"。后来，有些读书人就借此称表示自己对圣道茫无所知，并去掉了"丘"字，称孔子为"东家"。这与现在所指的主人或请客的人的"东家"，意思是完全不一样的。

## "兵圣"——孙武

孙武，字长卿，春秋时期齐国乐安（今山东广饶）人。后人尊称其为孙子、孙武子。因他一生都在吴国活动，死后也葬在了吴国，所以后人也称他为吴孙子。

孙武是我国古代著名的军事学家，是我国古代军事学的奠基人，著有一部不朽的军事名著《孙子兵法》，因此，后人尊称他为"兵圣""兵家之祖""兵家之师"。

孙武自幼喜爱兵法，并深有研究。18岁时，他离开齐国到吴国隐居，继续潜心研究兵法，后在伍子胥推荐下，为吴王阖闾所用。传说，孙武初见阖闾时，阖闾想考察一下他的军事才能，遂从宫中选了180名宫女交给他训练。孙武将宫女分成左右两队，选阖闾两名宠姬任队长。训练前，孙武向她们宣布了军纪，然后传令开始训练。宫女们觉得新奇，只顾嬉笑，全然不把军令放在眼里。孙武严肃地对她们说："约束不明，申令不熟，这不能怪下面，责任在将领。"接着，他重申军纪，再次击鼓，但宫女仍嬉笑喧闹，不当回事。这次孙武严厉地指出："申令不明，是将领的责任，申令已明而不听命，那就是队长和军士的罪过。"说完，下令将两名队长拉出去斩首。阖闾见孙武要杀自己的宠姬，急忙派侍臣传令给孙武，让他饶恕这两名宠姬。孙武对侍臣说，既受命为将，军法由为将者做主，君命可以不受。遂斩了这两名宠姬。众宫女见了，无不惊惧，接着进行训练，无一人再敢违犯军纪了。很快，这支队伍便被训练好了。从此，吴王深信孙武善于用兵。不久，他被任命为大将，成为吴军的统帅。

后来，孙武和伍子胥一起打了许多胜仗，使吴国的国力和地位迅速得到提高。阖闾去世后，孙武和伍子胥又辅佐吴王夫差巧用夜战打败了越国，迫使越王勾践伏首做了人质。孙武又辅佐吴王夫差战胜了齐国，

再显他的军事天才，从而使吴国国威大振，成了一方的霸主。

夫差在孙武和伍子胥辅佐下成就了霸业。成就了霸业后的夫差却变得傲慢自大起来，开始疏远孙武和伍子胥，最后，在奸臣的挑拨下，夫差逼死了伍子胥，孙武也离他而去。吴国最终被卧薪尝胆、再度兴起的越王勾践所灭亡。

孙武离开吴王夫差之后，归隐山林，继续他的兵法研究，修订他的兵书，使其更臻完善。

孙武的军事才华和军事思想备受人们推崇。古今中外的军事家一致尊称他为"兵家之祖"，称他的《孙子兵法》为"兵学圣典"。三国时的著名政治家、军事家曹操就盛赞《孙子兵法》，并亲自整理前人对《孙子兵法》的研究，作成简明的"略解"，为后人学习运用《孙子兵法》提供了方便。宋朝时，《孙子兵法》已被列为军事教科书的首读课本，而且规定，凡从军习武之人，必须熟读《孙子兵法》，考试合格才能授予武职。

《孙子兵法》在世界上的影响也极其深刻。早在唐朝，《孙子兵法》就传到了日本，后来，法、美、德、意、俄、捷等国也翻译了《孙子兵法》。他们对孙武的军事思想十分佩服，称《孙子兵法》是"东方兵学鼻祖"，称孙武是"百世兵家之师"。英国名将蒙哥马利元帅主张全世界的军事院校都应将《孙子兵法》作为必修课目。法国的拿破仑、德国的威廉二世，在失败之后，都感叹事前没读过《孙子兵法》。威廉二世在第一次世界大战战败失国之后，读了《孙子兵法》，感叹地说："早二十年读《孙子兵法》，就绝不会遭亡国之痛苦了。"

## "药王""医神"——孙思邈

孙思邈是中国医学史上光耀千古的名医，也是一位著名的道士。

孙思邈自幼聪慧，7岁时，就能"日诵千言"，每天能背诵上千字的文章。十几岁时，就已精通老子、庄子学说和佛家经典，名闻乡里，被人称作"圣童"。

孙思邈不求功名，潜心于医药和修炼。隋文帝、唐太宗和唐高宗都曾邀他进京做官，都被他拒绝了。唐太宗即位后，曾召他进京，那时他年龄已经很大了。唐太宗见他时，大为惊异，发现眼前这位名医，其容貌气色、身形步态竟像少年一般。唐太宗感叹道："有道之人真是值得人尊敬呀！像羡门、广成子这样的神仙人物原来世上竟是有的。"因而把他视为神仙。

孙思邈医术高明，医德高尚，曾救治过无数病人。

有一次，孙思邈在路上看到四个人抬着的一口棺材往下滴鲜血，他仔细地看了看滴在路上的血，便赶忙追问跟随着的一位老婆婆。老婆婆说，棺中是她的女儿，因难产而死，孩子也没生下来，已死了几个时辰了。孙思邈提出打开棺盖让他看看，说从流出的血看，可能还有救。老婆婆喜出望外，立即让人打开棺盖，孙思邈上前摸了摸产妇的脉搏，发现果然还有微弱的跳动。于是，他拿出银针，选定穴位，给产妇扎了下去，轻轻捻动，不一会，孩子就呱呱坠地了。接着孙思邈又给产妇灌了些药，产妇也慢慢地苏醒过来了。看到的人无不称奇。

孙思邈像

还有一次，孙思邈碰到一位患尿潴留的病人。这个病人小肚子鼓得像个皮球，痛得直喊叫。孙思邈看后，感到吃药已是来不及了，必须立即把尿导出来才行。可如何导呢？前人没有做过。孙思邈灵机一动，找来一个葱叶，切去叶尖，然后小心翼翼地插入病人的尿道，再用力一吹，尿道被鼓开了，尿顺着葱叶慢慢地流了出来。病人的小肚子瘪了

下去，痛也止住了。

孙思邈还曾用水田里吸血的蚂蟥给人治过病。一次，两个大汉斗殴，其中一人眼睛被打肿了，肿得像个鸡蛋。这人来找孙思邈，孙思邈见他患处青肿、充血，决定先排除淤血再用药。孙思邈既不挤血也不开刀，而是抓来两只蚂蟥放到这人的患处，只见两只蚂蟥叮在淤血处不停吸吮，不一会儿，淤血就被吸出来了。孙思邈拿掉蚂蟥，洗净患处，又给他敷上一些药。没多久，这人的伤处就治好了。

孙思邈将其医术整理成书，名《千金要方》。后又写成一部《千金翼方》。"翼方"是对"要方"的补充和发挥，取比翼双飞之意。这两部书共记药方6500多个，集隋唐医学之大成。孙思邈认为："人命至重，有贵千金，一方济之，德逾于此。"所以取书名为《千金方》。人们对他的医术和医德十分崇敬，称他为"药王""药圣"和"医神"。宋朝时，宋徽宗还追封他为"妙应真人"。在我国台湾地区，人们尊称他为"孙天医"，并建有祭祀他的庙宇，每年的农历正月初四定为祭典日，称为"孙天医真人圣诞"。

孙思邈家乡的人们为了纪念这位伟大的医药学家，在今陕西耀州区的一座小山上建立了"药王庙"，山名被改称为"药王山"。到了明朝，人们又将孙思邈的《千金方》等医书刻在五座碑上，立在药王庙前。这五座《千金方》碑，高大雄伟，各自成体，共刻字万余。以后各个朝代也陆续在药王山设立纪念碑，使这里成为一处别具一格、颇具规模的"药学碑林"。每年农历二月初二，人们都要在这里举行庙会，以纪念孙思邈为我国医药学所做出的卓越贡献。

孙思邈不仅在国内受到人们的崇敬，在国外也影响深远。他的《千金方》在他在世时就传到了日本和朝鲜，被视为汉医必备的医药典籍。朝鲜的《医方类聚》、日本的《医心方》，都是参考《千金方》编写的。

# "茶圣"——陆羽

陆羽是我国唐朝人，他一生下来就被父母遗弃在水边。相传龙盖寺的住持智积和尚在复州竟陵的西湖边散步时，发现不远处有一只大雁在不停地叫，好像在对人说话。智积感到奇怪，走过去一看，大雁翅膀下竟睡着一个刚出生不久的婴儿。智积萌发了善心，便将此婴儿抱回庙中抚养。这个婴儿便是后来的"茶圣"陆羽。

陆羽长大后，智积想让他皈依佛门，但陆羽不愿留在寺庙中。后来，他离开了寺庙，到一个戏班当了演员。他虽有点口吃，却富有机智，而且诙谐幽默，表演很出色，很像西汉的东方朔。后来，陆羽离开了戏班，隐居于浙江的苕溪之滨、杼山之旁，自称"桑苧翁"，又号"竟陵子"。隐居时，他经常在田野中吟诗徘徊，或以竹击木，不称意时，就放声痛哭，时人称他为"狂人"。唐肃宗时，陆羽曾被任为太子文学，因此，他又有"陆文学"之称。

陆羽喜爱大自然，迷恋于山林，嗜好茶叶，喜欢研究茶事。为此，他曾四处云游，深入到浙江、江苏、江西等产茶区考察。回来后，便潜心研究茶史，埋头撰写《茶经》。《茶经》写成后，在书法家颜真卿的帮助下得以出版，并很快流传开来。

颇具情趣的陆羽雕塑

《茶经》是我国第一部总结茶的历史、茶的种植技术、饮茶工具、品茶技艺等方面的专业著作，也是世界上第一部茶书，对我国茶叶生产与发展，对我国茶文化的形成和发展起了重要作用。人们也因此尊称陆羽为"茶神"。

陆羽不仅对茶有研究，对烹茶用水也极有研究。传说，有一次湖州刺史李季卿久仰其名，邀他来府中品茶。品茶时，李季卿问陆羽："煮茶用什么水最好？"陆羽说："山泉水最好。"李又问："天下名泉以何处最好？"陆说："扬子江上的南零水。"李为了验证陆羽的话，便命两名随从去南零取水。两名随从奉命取水。回来的途中，因船身晃动，桶中的水溢出不少，两人怕受责备，便随便取了些江水添上。运到府上后，陆羽用木勺舀水时，说："这不是南零水。"两名随从开始时不认账。当水倒出一半时，陆羽说："这才是南零水。"两名随从听后，大为惊奇，深感震惊，连忙叩头认错。李季卿也被陆羽的辨水才能所折服，连称神奇。人们也越发敬佩他，称他为"茶仙""茶圣"。

陆羽生性淡泊雅逸。《全唐诗》中有他一首《六羡歌》："不羡黄金罍，不羡白玉杯，不羡朝入省，不羡暮登台，千羡万羡西江水，曾向竟陵城下来。"名僧雅士知其高雅，又善烹好茶汤，都喜欢与其交往，并以能品他的茶汤为快事。

后人对陆羽的《茶经》和他的茶艺推崇备至，一直将他尊为"茶神"。在他去世不久，人们就将他的画像挂在茶库中，作为"茶神"供奉。到后来，茶作坊、茶店、茶馆，都要供奉陆羽的画像或瓷像，以求"茶神"保佑他们吉祥发财。

中国历史博物馆收藏有一尊河北唐县出土的瓷像，瓷像上身披着交领衣，下身着裳，戴高帽，双手展卷，盘腿趺坐，仪态端庄。据专家考证，此瓷像就是"茶圣"陆羽。

# "扁鹊"和"华佗"本是两个绰号

战国时期的扁鹊和三国时期的华佗，是人们所熟悉的我国古代的两位名医。他们医术高超，医德高尚，深受人们爱戴。可很少有人知道，"扁鹊"和"华佗"并非是他们的本名，而是人们为他们起的赞美他们的绰号。

扁鹊原名叫秦越人，是渤海郡人。说起扁鹊，人们就会想到"讳疾忌医"这个成语。这个成语就源于扁鹊为蔡桓公看病。

有一次，扁鹊去见蔡桓公。他见桓公气色不对，就对他说："主公你有病，病在皮肤，要及时医治呀！"桓公使劲弯了弯自己的胳膊和腿说："我没有病。"他送走扁鹊后，还对左右说："做医生的想赚钱，想出名，人家没病也说有病。"过了五天，扁鹊又见桓公，说："主公的病已入血脉，不治就会严重起来。"桓公有点不大高兴。又过了五天，扁鹊特意来看桓公，说："主公的病已入肠胃，再不治就很危险了。"桓公仍然不信，扁鹊只好退了出去。又过了五天，扁鹊再见桓公时，一句话也没说就退出去了。桓公派人去问他，扁鹊说："病在皮肤，热熨一下就能好，病入血脉，可用针灸治疗，病入肠胃，用药酒还可以治到。现在病已入了骨髓，没办法治了。"果然，没几天，桓公便病倒了，不久就死去了。后来，人们从这件事中总结了一句成语，那就是"讳疾忌医"。

秦越人因医术高超，富有传奇色彩，又有令人敬佩的高尚医德，人们便将他与传说中上古的神医扁鹊相比。后来，干脆就给他起了个绰号叫"扁鹊"。久而久之，"扁鹊"叫开了，秦越人这个本名却鲜为人知了。

扁鹊曾到过许多国家为人治病，医治好过许多患有疑难病症的人，名气很大。扁鹊来到秦国，秦国有个太医官嫉妒扁鹊的医术，害怕扁鹊的声望影响自己的地位，就派人将他刺杀了。

三国时期的华佗，与曹操是同时代人，也是同乡，都是沛国谯县（今

安徽亳县）人。

华佗精通内、外、妇、儿、针灸各科，尤其擅长外科，有"神医"之称。他发明了世界上最早用于手术麻醉的麻沸散。他精于外科手术，最富传奇色彩的是他为关羽刮骨疗毒的故事，其手术水平之高，令人叹为观止。故华佗又有"外科鼻祖"之称。

华佗还创造了健身强体的"五禽戏"，让人模仿虎、鹿、熊、猿、鸟的动作和姿态进行肢体活动，达到增强体质、防止疾病的目的。

华佗本名华旉，字元化。他医术高明，又关心百姓，很受人尊敬。华佗最后被曹操杀害。曹操有头痛病，又不让华佗开刀根治，而要华佗长期留在他身边。华佗心中想着百姓，不愿为曹操一人服务，便借口母亲有病回到家乡。曹操得知后，大为恼怒，竟下令将他杀害。

华佗的医术医德深受后人敬佩，《三国志》《后汉书》都为他立有传记。在国外，他也享有盛名，美国学者拉瓦尔就曾赞誉他为"中国的希波克拉底"。希波克拉底是希腊医学的创始人，有"西方医学之父"之称，将华佗与其相比，足见对华佗的评价之高。

## "伯乐"也是一个绰号

唐代著名文学家韩愈《马说》一文中，有一句大家所熟悉的名句："世有伯乐，然后有千里马。千里马常有，而伯乐不常有。"伯乐是指善相马的能人。这句话的意思是，有了伯乐，才发现了千里马，千里马常有，伯乐这样的人却很难找。后来，伯乐便成了善于发现、推荐、培养和使用人才的人的代称。

那么伯乐是谁呢？其实，伯乐最初并不是人的名字，而是天上一颗星的名字，传说中的这颗星是掌管天马的。春秋时期有两位相马的能人，一位是秦国秦穆公时的孙阳，一位是赵国赵简子的大臣子良（又名邮无恤）。因他俩的相马技术高超，富有传奇色彩，所以，人们便把他俩比作是天上的伯乐，以"伯乐"来称呼他们。时间久了，他们的本名被人们淡忘了，"伯乐"便成了他们的名字。所以，"伯乐"实际是他们的绰号。

那么，伯乐相马的本领到底有多高呢？让我们看看有关孙阳这位伯乐的故事。

孙阳本是郜国人。郜国很小，孙阳为施展自己的才能，便离家游历各国，在到达秦国前，他曾在楚国为楚王寻找过千里马。

孙阳为楚王寻找千里马，到过许多地方，却始终没发现一匹他中意的良马。后来，在返回的路上，他发现一匹拉盐车的马。当时，这匹马正在吃力地爬坡，每迈一步都很艰难。孙阳看到这匹马，眼前忽然一亮，他认定这是一匹好马，便向马走去。马见到孙阳，突然昂起头来，瞪大眼睛，大声嘶鸣，似乎要向他倾诉什么。孙阳立即判断出这是一匹难得的骏马，便花高价从驾车人手中买来了这匹马。当孙阳将马牵回王宫向楚王介绍时，此马前蹄高抬，引颈长嘶，声音洪亮。但楚王看到马瘦得不成样子，认为孙阳在糊弄他，有点不高兴。孙阳看出楚王的意思，说，这确实是一匹千里马，不过它拉过一段时间的车，又没好好地饲养，所以看起来很瘦，只要精心饲养，不出半个月，就会恢复。楚王听后，半信半疑，便命马夫尽心喂养。果然，不久马就变得精壮神骏、驰骋如飞，后来为楚王立了不少战功。人们为此称孙阳为伯乐。

孙阳到秦国后，受到秦穆公的信任，被封为"伯乐将军"。孙阳为秦国战马的培育、骑兵的建设做出了重要贡献。在他年龄大了的时候，还为秦王推荐了另一位相马能人九方皋。这其中也有一段故事。

有一次秦穆公和孙阳谈话说，您的年纪大了，您的子孙中有没有可以派去寻找良马的？孙阳答道，良马可以凭形体外貌和筋骨来鉴别，但天下稀有的骏马，其神气都在若有若无、似明似灭之间。像这样的马，奔驰起来足不沾尘土、车不留轮迹，极为迅速。我的子孙都是下等人，可以教他们去识别良马，但无法教他们识别天下稀有的骏马。有一个

同我一起挑担子拾柴草的朋友，名叫九方皋，他相马本领不在我之下，请让我引来见您。秦穆公召见了九方皋，派他去找马。过了三个月，九方皋说他找到了好马。秦穆公问他是怎样的马，九方皋说是一匹黄色的母马。结果，牵来的马却是一匹黑色的公马。穆公很不高兴，便把孙阳找来，说，你介绍的这人，连马的颜色、公母都分不清，又怎么能鉴定马的好坏呢？孙阳听后，惊叹地说，这正是他比我高明得多的地方啊，他所看到的是马的内在神机，观察到它的内在精粹而忽略了它的表面现象，洞察它的实质而忘记它的外表，只看到他所应看的东西，不看他所不必看的东西，只注意他所应注意的内容，而忽略他所不必注意的形式。这才是真正的本领啊。后来证明，九方皋找到的这匹马，果然是一匹天下少有的千里马。九方皋也因此被后人称作伯乐。著名画家徐悲鸿就曾根据这一故事创作过一幅画作，画名就叫"九方皋"。画的是九方皋从群马中牵出一匹昂首长嘶、神韵非凡的千里马。这幅画曾在北京的一次画展上展出，当时，徐悲鸿正在极力举荐名不见经传的齐白石。有一位画家见到这幅画，有感徐悲鸿对齐白石的关爱，感叹道："徐院长堪称当今伯乐！"徐悲鸿听到后说："不，我称不上伯乐，可齐白石倒真是匹千里马，他已年届花甲，我不能眼看他老死于槽枥之中！"后来，齐白石在徐悲鸿的关爱举荐下，终于为人所识，最终成了名闻中外的艺术大师。

## "破天荒"原来是位名人的绰号

"破天荒"是人们熟悉的一个词语，意思是以前从没发生过的事，很新鲜。但很少有人知道，"破天荒"竟是一位名人的绰号。这个名人就是唐朝著名的散文家刘蜕。

刘蜕是唐朝时的荆南人。荆南位于今湖南、湖北一带。唐朝科举制度规定，到京城参加进士考试的学生，各州的名额由朝廷确定，然后由各州选出送到京，每年一次。进士的考试难度很大，录取名额很少，一些边远地区由于经济文化相对落后，每年送到京的考生很少有人考中。有的地方甚至一两百年都没出过一个进士，这些地方被人称作"天荒"。

刘蜕所在的荆南就是一个二百三十多年都没出过进士的"天荒"。唐宣宗大中四年，即公元 850 年，刘蜕打破了这个局面。这一年，他考中了进士，这在荆南可是个天大的喜讯。这不仅仅是他个人的荣耀，整个荆南都为之振奋。荆南终于有了自己的进士。为此，时任节度使的崔铉还特意给了他 70 万贯的"破天荒钱"，以示奖励和庆贺。刘蜕为荆南破了"天荒"之称，人们便称他为"破天荒"，这是一个充满无限荣耀的绰号。随着时间的推移，"破天荒"这个绰号竟成了一个极有生命力的词语。

刘蜕之所以能成为"破天荒"，与他的刻苦努力是分不开的。刘蜕在谈到他读书时说，他"饮食不忘于文，晦冥不忘于文，悲戚怨愤，疾病嬉游，群居行役，未尝不以文为怀也"。读书到了无时不读、无处不读的入魔程度，这也是他后来能成为散文大家的原因。

## 失去双脚的"不倒翁"卞和

卞和是春秋时期楚国人。有一次他去荆山，发现一只凤凰围着一块石头上下盘旋不愿离去。这块石头表面并无特殊之处，但卞和坚信这是一块璞玉，里面肯定包藏有美玉，于是将这块石头献给了楚厉王。楚厉王见是块顽石，听信了谗言，认为卞和犯有欺君之罪，便砍掉了他的左脚，将他赶了出去。楚武王继位后，卞和又将此石献给了楚武王，并说明了发现经过。楚武王与楚厉王一样昏庸，不识宝藏，也认为卞和欺君，于是又砍去了他的右脚。待到楚文王继位时，卞和想到两次献宝都不为楚王所识，反被认为有意欺君，受到惩罚而被砍去了双脚，想到这里，

他伤心至极，于是抱着这块石头痛哭不止，直哭得眼睛出血。楚文王听说后，便派人将他召来，询问缘由，卞和述说了自己发现宝石的经过和献宝遭遇。楚文王听后，令匠人剖开石头验看，石头里面果然藏有一块晶莹剔透、灿烂夺目的美玉。这就是著名的和氏璧，后来被秦始皇用来刻了传国玉玺。楚文王喜出望外，重赏了卞和，并有感于他坚持献宝，最后终于获得成功的经历，赞叹他道："你真是一个扳不倒的贤翁啊！"从此之后，人们便誉称卞和为"不倒翁"了。

根据"不倒翁"称号的来历，我们可以知道，这是一个用来赞扬那些坚持真理、不畏艰险、有顽强毅力的人的词语，是一个褒义词。可到后来，"不倒翁"的意思变了，成了形容那些不坚持真理、东来东倒、西来西倒、没有主见的人的词语了，完全成了一个贬义词。究其原因，可能源于不倒翁玩具。不倒翁玩具上小底大，最初的造型是一个逗人作乐的老翁，这个老翁总是左晃右动，站立不稳，可不管怎样晃动，它总是不倒。于是，人们就根据这一特点，把那些不坚持真理、立场不稳的人说成是"不倒翁"了。

## 诸葛亮三兄弟的"龙""虎""狗"绰号

诸葛亮与他的长兄诸葛瑾、堂弟诸葛诞都是三国时期博学多才、足智多谋、德行高尚的名士奇才。兄弟三人分别效忠于相互争斗的蜀、吴、魏三国，并都因功绩突出获得了高位。诸葛亮位居蜀汉丞相，被封为武乡侯；诸葛瑾官至吴国大将军，被封为宛陵侯；诸葛诞官任魏国镇东大将军，被封为高平侯。

后人对诸葛氏三兄弟的德才特别推崇，誉称诸葛亮为"龙"，诸葛瑾为"虎"，诸葛诞为"狗"。这是人们根据他们三兄弟的特点，为其起的赞美他们的绰号。

称诸葛诞为狗并非贬义，而是喻其忠烈和机敏。诸葛诞的才智虽逊于诸葛亮和诸葛瑾一筹，但他效忠魏国也表现出非凡的才干，屡建奇功。诸葛诞善用人，深得部下爱戴，他最后为保卫魏政权反对司马昭篡权而被杀。诸葛诞被杀后，其部卒数百人拱手为列，任敌人逐一杀害，无一人投降，死前说："为诸葛公死，不恨。"

诸葛瑾忠于孙权，才略虽不及诸葛亮，但其弘雅大度，才智过人，孙权视其为"神交"，军政大事都要同他商量，作用举足轻重。所以，人评之为"虎"是很有道理的。

称诸葛亮为"龙"，当然是因其德才居三兄弟之首。他在隐居时就被人称为"卧龙"。他的隆中对策，辅佐刘备的传奇色彩，他的鞠躬尽瘁、死而后已的品格更是为人们所敬慕，史书评说他"名垂宇宙"，所以称其为"龙"可谓适当。

## 漫话《水浒传》英雄绰号

一部《水浒传》刻画了 108 位起义英雄，而每一位起义英雄都有一个鲜明的、响当当的绰号，读者大都借着这些绰号记住了他们的特点和形象，并由此加深了对作品的记忆和理解。

作者施耐庵在创作《水浒传》时，对人物绰号的使用，可以说到了炉火纯青的地步。他不仅给作品中的 108 位英雄好汉每人冠上一个绰号，而且所有绰号都是那样的鲜明和形象，与每个人的身份、形象、性格相一致，达到了让读者过目不忘的效果。

一提宋江，人们马上能从他的绰号"及时雨"想到他是一位乐善好施、救急解困的仗义好汉。

一提鲁智深，人们便从他的绰号"花和尚"想到他是一个身上文满花纹、不受约束的和尚。

一提李逵，人们便可从他的"黑旋风"绰号知道他是一位"面如铁、性似火"，性格粗犷鲁莽的好汉。

一提"鼓上蚤"，人们马上会想到那个上房爬梁、神出鬼没、精于偷窃的时迁。

一提"智多星"，人们便知道他是那个足智多谋、运筹帷幄、决胜千里之外的军师吴用。

一提"赤发鬼"，人们便知，这是相貌丑陋的刘唐；一提"一丈青"，便知是身段俊美的女英雄扈三娘；一提"小李广"，便知是射技精湛的花荣。

有人评论说，《水浒传》正是凭借着这108个画龙点睛般的绰号，才使梁山水泊英雄的形象变得如此鲜活和感人，作品的内容也才变得如此的丰富和生动，具有强烈的感染力。

这108个英雄人物的绰号，有的是根据他们的相貌、性格特点起的，有的是根据他们的个人爱好特长起的。但更多的是用传说中的珍禽异兽、自然界中的猛禽凶兽和鬼神之名起的。因为这类绰号更引人注目，更能显示他们勇猛无畏的英雄本色。

下面就让我们分类欣赏一下这些精彩的绰号。

## 一、珍禽猛兽类（34人）

玉麒麟卢俊义、入云龙公孙胜、豹子头林冲、扑天雕李应、九纹龙史进、插翅虎雷横、混江龙李俊、两头蛇解珍、双尾蝎解宝、摩云金翅欧鹏（摩云金翅是传说中以龙为食的一种大鸟）、火眼狻猊邓飞、锦毛虎燕顺、锦豹子杨林、矮脚虎王英、一丈青扈三娘（一丈青是一种毒蛇）、出洞蛟童威、翻江蜃童猛、通臂猿侯健、跳涧虎陈达、白花蛇杨春、九尾龟陶宗旺、花项虎龚旺、中箭虎丁得孙、病大虫薛永、金眼彪施恩、金钱豹子汤隆、出林龙邹渊、独角龙邹润、旱地忽律朱贵（忽律是契丹语对鳄鱼的称呼）、青眼虎李云、母大虫顾大嫂、白日鼠白胜、鼓上蚤时迁、金毛犬段景住。

## 二、鬼怪神灵类（18人）

赤发鬼刘唐、立地太岁阮小二、短命二郎阮小五（二郎是指天上的二郎神）、活阎罗阮小七、井木犴郝思文（井木犴是星宿名）、丧门神鲍旭、混世魔王樊瑞、毛头星孔明、独火星孔亮、八臂哪吒项充、飞天大圣李衮、铁笛仙马麟、操刀鬼曹正、云里金刚宋万、催命判官李立、母夜叉孙二娘、活闪婆王定六、险道神郁保四。

## 三、特技专长类（23人）

智多星吴用、大刀关胜、双鞭呼延灼、双枪将董平、没羽箭张清、金枪手徐宁、神行太保戴宗、船火儿张横、浪里白条张顺、神机军师朱武、镇三山黄信、百胜将韩滔、天目将彭玘、圣水将军单廷珪、神火将军魏定国、圣手书生萧让、轰天雷凌振、神算子蒋敬、神医安道全、玉臂匠金大坚、铁叫子乐和、打虎将李忠、铁臂膊蔡福。

## 四、性格特性类（12人）

及时雨宋江、霹雳火秦明、小旋风柴进、急先锋索超、黑旋风李逵、没遮拦穆弘、拼命三郎石秀、铁面孔目裴宣、铁扇子宋清、小遮拦穆春、没面目焦挺、石将军石勇。

## 五、形象特征类（13人）

花和尚鲁智深、行者武松、青面兽杨志、浪子燕青、丑郡马宣赞、紫髯伯皇甫端、玉幡竿孟康、白面郎君郑天寿、摸着天杜迁、笑面虎朱

富、鬼脸儿杜兴、一枝花蔡庆、菜园子张青。

## 六、借用名人类（8人）

小李广花荣、美髯公朱仝、病关索杨雄、病尉迟孙立、小温侯吕方、赛仁贵郭盛、小霸王周通、小尉迟孙新。

## 趣谈唐代诗人的绰号

唐朝是我国诗歌的黄金时代，涌现出了大批才华横溢的诗人。唐朝著名诗人都有雅号，且都用两字表述，精练而富有诗意。千百年来，这些雅号随同诗人的优美诗篇一起流传了下来。

李白的雅号是"诗仙"。他的诗雄奇豪放、想象丰富，富有浪漫主义色彩。老诗人贺知章非常推崇他的诗，他在读李白《蜀道难》一诗时，尚没读完，便拍案叫绝，呼李白为"天上谪仙人"，意为天上下凡的仙人。所以，后世人都尊称李白为"诗仙"。

杜甫的雅号是"诗圣"。杜甫是唐朝中期伟大的现实主义诗人。他的诗气势雄浑、感情深沉，思想性和艺术性极强。他的诗是当时社会状况的真实写照，被后人称为"诗史"。人们推崇他的诗和品格，故称他为"诗圣"。

白居易的雅号是"诗魔"。白居易的诗语言流畅，通俗易懂，老少咸宜。他学习、写作非常勤奋，具有惊人的毅力。据说他少时读书到了"口舌成疮"的地步。写诗入了魔，常常是"酒狂又引诗魔发，日午悲吟到日西"，故有"诗魔"之称。

"诗仙"李白

刘禹锡的雅号是"诗豪"。他性情豪放，善写带有政治色彩的讽刺诗。其诗沉雄精切、别具一格。白居易很赞赏他的诗才，曾赞誉他："彭城刘梦得（刘禹锡，彭城人，字梦得），诗豪者也。其锋森然，少敢当者。"刘禹锡因此有"诗豪"之称。

王维的雅号是"诗佛"。王维崇信佛教，连名字也源于佛教，他字摩诘，名与字合起来是"维摩诘"。"摩诘"二字是梵文音译，意思是"净名"或"无垢"，而"维摩诘"略称"维摩"，是佛教菩萨名。王维写诗，尤其是写山水诗，常融入佛教的思想观念，诗中含有玄妙的佛教禅理，如"明月松间照，清泉石上流""人闲桂花落，夜静春山空"。读者细细品味，能体会到一种特殊的意境。所以，人们誉称他为"诗佛"。

李贺的雅号是"诗鬼"。李贺的诗构思巧妙、瑰丽新奇，诗中多用"鬼""泣""死""血"等字，人称"鬼仙之辞"。他很有才气，7岁就能随口吟诗，但因避家讳不得应举，心情抑郁，27岁便去世了。世人评说："太白仙才，长吉（李贺字长吉）鬼才。"故后人称其为"诗鬼"。

孟郊和贾岛两人的雅号是"诗囚"。他们两人都喜欢写"苦吟"之诗，诗中多写荒凉枯寂之境，所用词句也多为寒苦之辞。后人以"郊寒岛瘦"评论之，元好问在《放言》一诗中说他们是"长沙一湘累，郊岛两诗囚"。于是，两人有了"诗囚"的称号。

唐球的雅号是"诗瓢"。唐球写诗有个习惯，诗写成后，喜欢将诗作捻成纸丸放入一大瓢里。后来唐球有病卧床，让人将他放诗的大瓢投入锦江。并说道："此瓢倘不沦没，得之者方知我苦心耳。"大瓢漂到新渠，有认识该瓢的人说："此唐山人（唐球）诗瓢也。"于是乘小船将其捞了上来，整理后得诗数十首。所以人们称唐球为"诗瓢"。

贺知章的雅号是"诗狂"。贺知章的诗明快洒脱、豪放旷达。他嗜酒狂放、不拘礼法，晚年更是放荡不羁，自称"四明狂客"，因此，人们称他为"诗狂"。

王勃的雅号是"诗杰"。王勃的诗流利婉畅、浑厚壮阔、独树一帜，

很有影响，他是著名的"初唐四杰"之一，故人们称他为"诗杰"。

陈子昂的雅号是"诗骨"。陈子昂的诗高昂清峻、词意激昂、质朴刚劲，大有"汉魏风骨"，所以，人称其为"诗骨"。

孟浩然的雅号是"诗星"。这个雅号是清代文人陆风藻给他起的。孟浩然的田园山水诗写得很出色，他与另一位田园山水诗人王维合称"王孟"。陆风藻极为推崇他的山水诗，故在《小知录》中称"诗星，孟浩然也"。

# 李白"诗仙"之称的由来

李白是我国文坛一颗璀璨的明星，著名的浪漫主义诗人，人称"诗仙"。一千多年来，一直深受人们崇拜和敬仰。

那么，李白"诗仙"之称到底是如何得来的呢？其实，李白并不是一开始就被称作"诗仙"的，他的称呼经历了"太白星下凡""谪仙"到"诗仙"的过程。

最早称李白为"太白星下凡""谪仙"的，是唐代当时最具影响的诗人贺知章。

李白初次自西蜀入京到长安时，尚没有什么名气，他带着他的作品去求见贺知章。贺知章初见李白时，见他气质非凡，一副仙风道骨的仪容，大为惊讶。当他读了李白的《蜀道难》一诗后，更是惊叹不已，连呼："公非人世之人，可不是太白星精耶？"意思是说，你不是人间的俗人，是太白星下凡。据说，唐玄宗李隆基第一次见到李白时，也被他脱俗的仪容和非凡的风姿所震惊，竟忘了自己的万乘之尊，情不自禁地下辇车，步行前去迎接他，还亲自用调羹调汤给他吃。

当李白再次来长安时，贺知章在紫极宫一见到李白，便叫他"谪仙人"，意思是从天上下来的仙人。贺知章邀李白去喝酒，在酒店，二人谈诗论文，兴奋至极，没想到，饮酒结束付账时，贺知章竟发现自己没带钱。还在兴头上的贺知章，随手摘下自己身上的佩物金龟，说，以此物抵账可否？此事后来成了一段佳话，并留下一个"金龟换酒"的成语。李白也由此名声大振，"谪仙"的称号在京城迅速传开了。

后来，李白的名气越来越大，其"谪仙"之称也越传越奇，有人将他出生那个晚上，他母亲梦见了太白星精，和他年轻时就崇拜佛教和道教，15岁时即好神仙联系在一起，似乎他真的是仙人下凡。不过，这个时候人们还只是称他为"太白星下凡""谪仙"，"诗仙"之名尚没出现。

人们称李白为"诗仙"是从宋朝开始的。宋朝有一位著名的文学家叫徐积，他对李白那天马行空、浪漫奔放、意境奇异的诗作和行如流水、宛如天成的诗句极为崇拜，他在《李太白杂言》中，满怀激情地说："噫嘻欸奇哉！自开辟以来，不知几千万年，至于（唐玄宗）开元间，忽生李诗仙"，"盖自有诗人以来，我未尝见……有如此之人，有如此之诗！"从那之后，李白"诗仙"的绰号传开了，并从此深入人心，传颂至今。

有趣的是，1987年，国际天文学联合会决定用李白的名字命名水星上的一座环形山，李白这位"诗仙""谪仙人"又回到了天上。

## "算博士"——骆宾王

骆宾王，字观光，婺州义乌（今浙江义乌）人，唐初著名诗人。

骆宾王自幼聪慧过人，7岁时就即景赋诗写下了情景交融、生动活泼、朗朗上口的《咏鹅》诗："鹅，鹅，鹅，曲项向天歌，白毛浮绿水，红掌拨清波。"时人称其为"江南神童"。

后来，骆宾王成了初唐著名的诗人，显赫一时，他与另外三名著名诗人王勃、杨炯、卢照邻合称"初唐四杰"。又与著名诗人富嘉谟并称"富骆"。

骆宾王的诗，清新俊逸、意象生动、意蕴丰富、声情并茂，富有感染力，他一扫初唐浮靡诗风，为唐朝文学发展做出了重要贡献。骆宾王

骆宾王是初唐著名诗人。因其诗中常用数字，而获"算博士"诗人的绰号

还喜欢用数字作诗，很有情趣，如在他的著名诗篇《帝京篇》中就有"秦塞重关一百二，汉家离宫三十六""三条九陌丽城隈，万户千门平旦开""小堂绮帐三千户，大道青楼十二重""且论三万六千是，宁知四十九年非"。在一首诗中就用了这么多数字，足见他对数字的喜爱。所以，后人为他起了个绰号叫"算博士"。

骆宾王在文坛上成就突出，在仕途上却屡遭挫折。他曾被人诬陷入狱，被赦免后出任临海县丞。所以，后人又称他为"骆临海"。

武则天废中宗皇帝自立时，徐敬业在扬州起兵，骆宾王投奔了他，并为他写了著名的讨伐武则天的《讨武氏檄》。这篇檄文历数武氏的罪恶、口诛笔伐、言词犀利、慷慨激昂、气吞山河。武则天在读他的这篇檄文时，虽对骆宾王对她的攻击怒不可遏，但对他的才气表示赞赏，尤其是读到"一抔之土未干，六尺之孤何托"之句时，更是惊叹不已。当得知此文是骆宾王所写，她很感慨地说："宰相安得失此人？"意思是，这样的人才宰相都没发现和使用，实在可惜。

徐敬业兵败被杀后，骆宾王下落不明，有说其落水而死，有说其俘后被杀，更多是说他得以逃脱，出家做了僧人，归隐灵隐寺。

## 李贺为何称"诗鬼"

李贺是唐代著名的诗人，他和同朝代的其他著名诗人一样也有一个绰号，但他这个绰号怪怪的，与鬼相连，叫"诗鬼"。李贺为何会得到这么一个绰号呢？说起来，这与李贺的身世经历和诗的特点有关。

82

李贺出身于唐朝的宗室，但到了他父辈这一代，早已没落了。李贺从小生活在贫困之中，但他自幼聪慧，7岁时就以文采而闻名，连当时文坛领袖韩愈都为之惊异，亲自去他家拜访。李贺虽才华横溢，却不能参加进士考试。因他父亲名晋肃，"晋"与"进"谐音，按当时的避讳制度，应回避与"晋"有关的活动，这使李贺非常失望和痛苦。李贺的长相也与众不同，他"为人纤瘦，通眉，长指爪"。因其手指奇长，而有一个"长爪郎"的绰号。李贺在仕途中找不到出路，性格又孤僻傲岸，少与人交，于是便对鬼神产生了兴趣。后来，他又担任了奉礼郎的职务，这个职务主要是负责宗庙、陵墓和斋坛，其服务对象是幽冥中的鬼魂、神祇，是一项侍奉鬼神的工作。这一切都对李贺的心理和创作产生了深刻影响。所以，他的诗中多写有鬼神的内容。

李贺写鬼的诗，有的是写鬼的形象，反映鬼的生活和鬼的喜怒哀乐；有的是写阴间的景象，描绘神出鬼没的环境，渲染阴森恐怖的气氛。这些诗被他写得"幽冷哀艳，阴气森森，令人不敢逼视"。李贺是当时写鬼诗最多的诗人。他那冷艳幽丽的鬼诗风格，在当时影响很大，独树一帜。所以，人们送他一个"诗鬼"的绰号。

李贺被称为"诗鬼"还有两则神奇的传说。李贺早逝，27岁时便死去了。传说李贺临死前，大白天忽然看到一个穿着红衣服、驾着红龙的人，手里持有一个写有古文字的板子，召李贺到天上去。李贺不愿去，那穿红衣服的人说，玉皇大帝建成了一座玉楼，召你去为之写记，还说天上的差事是件乐事，不苦。李贺一直在流泪，他周围的人都看到了，不一会儿，李贺便死了。还有一则说，李贺死后，他的母亲很悲伤，时时流泪。有一日，忽做一梦，梦见李贺回来了，只见李贺走到她身边，悄悄地对她说，是玉皇大帝将自己召到天上去的，是召自己去写记的，说完便又神秘地消失了。

这些传说流传很广，为李贺"诗鬼"的形象增添了不少传奇色彩，也使人们更加铭记他的这个绰号。

# 贺铸的"贺鬼头"和"贺梅子"绰号

宋朝有一位著名的词人叫贺铸。他是一位富有传奇色彩的人物。他本是一位武官,后却改任文官,并成了著名的词人。他长相丑陋,却又能写出柔情似水的词来;他有一个令人惧怕的"贺鬼头"绰号,却又有一个诗情画意般的"贺梅子"的绰号。

贺铸身高七尺,其面色铁青、眉目耸拔,可谓其貌不扬。陆游则直截了当地说他"状貌奇丑,色青黑而有英气",这不由得使人想起阴曹地府中面目狰狞的鬼怪形象。所以,人们给他起了一个令人生畏的"贺鬼头"绰号。贺铸虽相貌丑陋,但颇有剑客的英气。所以,他的仕途是从武职开始的。40岁以前,他一直在京城和地方上担任武官。他虽然长期担任武职,却很喜欢读书,而且涉猎广泛,什么书都读,还喜欢写诗词,很有文采。40岁以后,贺铸决心弃武从文。他成了一名文官,并逐渐成了一位很有成就的词人。有人说他貌如鬼头,却心似锦绣。他的一部《东山词》收词280余首,很受后人推崇。著名女词人李清照一向清高,对他的词却很欣赏,评价很高。

贺铸最有影响的一首词是《青玉案》,这是一首描写相思之情的词。据说,这首词缘于他的一次艳遇。贺铸退居苏州时,一日偶遇一位极漂亮的女子,他为之心动,但还没来得及打招呼,那女子已翩然而去,这使贺铸陷入了无穷无尽的相思之中。为此,他将其苏州的住处命名"企鸿居"。"鸿"取自曹植《洛神赋》中比喻宓妃的句子"翩若惊鸿"。"企鸿"就是企望像宓妃一样漂亮的女

贺铸因相貌丑陋被人称作"贺鬼头",又因词中巧用梅雨而获"贺梅子"绰号

子的到来。然而这无法实现，贺铸只好将自己心中的缠绵相思之情寄于《青玉案》词中。词中写道："凌波不过横塘路，但目送，芳尘去。锦瑟华年谁与度？月桥花院，琐窗朱户，只有春知处。飞云冉冉蘅皋暮，彩笔新题断肠句。试问闲情都几许？一川烟草，满城风絮，梅子黄时雨。"这是一首令人叫绝的描写相思之情的佳作，尤其是最后一句，贺铸以设问的手法提出，如果要问我的相思惆怅有多少，就像那迷蒙烟雨笼罩的一川青草，连绵弥漫；就像那满城飘洒的柳絮，漫天飞舞；就像那黄梅季节连绵的阴雨，无休无止。如此比喻心中缠绵不尽的相思和怨怜，是何等巧妙和生动。尤其是"梅子黄时雨"，更是将那缠缠绵绵、永无休止的相思之情描绘得淋漓尽致，令人动情。为此，人们送给他一个"贺梅子"的绰号。

"贺梅子"这个绰号要比"贺鬼头"文雅得多了，也多了几分诗意和柔情。恐怕连贺铸自己也不会想到，他这个"贺鬼头"，竟然还能得到一个"贺梅子"的绰号。

贺铸这首词在当时很有影响，著名文学家黄庭坚也对其爱不释手，亲自将其抄录，放在案头之上，时时吟诵，还写诗赞叹道："解道江南断肠句，只今唯有贺方回（方回是贺铸的字）"，赞美他是写愁怨相思的高手，没有人能比得上他。

## 诗人林逋的"梅妻鹤子"绰号

北宋时，有一位著名的诗人叫林逋，浙江钱塘（今杭州）人。林逋年少之时，父母双亡，他自己也体弱多病，自称"久贫惭嗜酒，多病负穷经"。但他聪慧过人，勤敏好学，通晓经史子集百家学说，又擅长书画，精于诗词。宋仁宗曾追赐他为"和靖先生"。所以，后人多称他为林和靖。

林和靖酷爱梅花，早年曾到各处游历，四十多岁时返回杭州，隐居孤山。在这里，他种下了大量梅花，并饲养了两只仙鹤。每当他在湖中

北宋诗人林逋，隐居孤山种梅养鹤，
终生没娶妻生子，绰号"梅妻鹤子"

荡舟自乐时，逢有客人来，书童就将仙鹤放出，他见到飞鹤，便返回孤山迎接客人。他爱梅成癖，二十年不出孤山，终生与梅鹤为伴，不娶妻，不生子，故后人送其"梅妻鹤子"的雅称。

林和靖在孤山过着与世隔绝、怡然自得的隐居生活。每当梅花盛开时，他便如痴如迷地在梅花丛中欣赏梅花的风姿，品味梅花的神韵，吟诵不断，写下了许多咏梅诗篇。他的《山园小梅》一直为世人所推崇，被视为咏梅绝唱，其诗曰："众芳摇落独暄妍，占尽风情向小园。疏影横斜水清浅，暗香浮动月黄昏。霜禽欲下先偷眼，粉蝶如知合断魂。幸有微吟可相狎，不须檀板共金尊。"生动细腻地表现了梅花的风韵和姿色，以及自己的爱梅心情。

林逋可以说是历史上爱梅最深的名士，所以，民间将"梅花花神"的绰号送给了他。

林逋去世之后，被葬在了他的住宅边。人们为了纪念这位"梅妻鹤子"的诗人，在他的墓旁修了一座鹤冢，在他的住宅边建了一座梅亭。元朝时，陈子安又在此建了一座放鹤亭，亭周围遍植梅花。亭壁刻有南朝文学家鲍照所写的《舞鹤赋》。这石刻还颇有来历：赋是鲍照所作，董其昌抄写的，而石刻的字，则是清康熙皇帝临摹董其昌笔法写下的。

林逋对后世的影响极大，一直为文人墨客所赞美和羡慕。明末著名诗人张岱在《林和靖墓柱铭》中写道："云出无心，谁放林间双鹤。月明有意，即思冢上孤梅。"表达了对林逋的深深怀念和赞叹。元代著名曲作家马致远更是羡慕林逋的隐居生活，很想去西湖和他比邻而居。他在《隐士赋·题西湖》的套曲中写道："渔村偏喜多鹅鸭，柴门一任绝车马，竹引山泉，鼎试雷芽。但得孤山寻梅处，苦间草厦，有林和靖是邻家，喝口水，西湖上快活煞。"马致远认为能去孤山隐居，和林逋为邻，是最快活的事。

## "醉翁""六一居士"——欧阳修

欧阳修，字永叔，庐陵（今江西吉安）人。北宋著名文学家、史学家，其散文、诗、词都有很高的成就，有"文坛领袖"之称。

欧阳修有一个著名的别号叫"醉翁"，此号随他的千古名篇《醉翁亭记》而名扬中外。这一别号是他因参与范仲淹的政治改革遭到失败被贬滁州太守时起的。欧阳修被贬滁州后，常去风景秀丽的琅琊山游览。山上开化禅寺住持僧人智仙为其在山麓修造了一座小亭，欧阳修十分喜欢，常和同僚来此饮酒赋诗、办理政务，但欧阳修酒量有限，常"饮少辄醉，而年又最高，故自号曰醉翁也"。他在《赠沈遵》一诗中也说："我时四十犹强力，自号醉翁聊戏客。"

由此可见，欧阳修自号"醉翁"，也是感到这个称号很有趣，和大家聊起来的时候有意思。实际上，他也是将"醉翁"作绰号来用的。

有了"醉翁"的绰号，那小亭自然也被命名为"醉翁亭"了。围绕"醉翁"绰号，欧阳修还为人们留下一句"醉翁之意不在酒，在乎山水之间"的名句。他那以"醉翁"命名的《醉翁亭记》，更是一篇文笔流畅、语言简洁的散文名篇。后北宋另一位文学大家苏轼应当时滁州知州王诏之邀，重写了《醉翁亭记》，并由名匠刻于碑上，立于醉翁亭内。

说起这块碑石，还有一段历史。宋徽宗崇宁元年，即公元1102年，死后不久的苏轼，被列入了"元祐党籍"。他的政敌乘机上书朝廷，说苏轼为了沽名钓誉，到处书画刻石，实为不忠，徽宗立即下诏，命尽毁之。

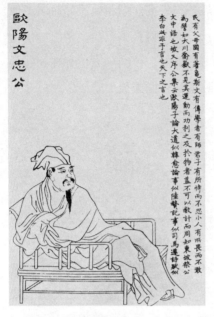

欧阳修是北宋著名文学家、史学家,有"文坛领袖"之称。其"醉翁"和"六一居士"的绰号为人们所喜爱

滁州知州闻讯后,连夜派人将此碑石藏匿起来。当时,如运往远处,怕招摇过市,落个欺君之罪,于是,有人想了个办法,拆掉了附近一座桥上的几块石板,将碑石铺了上去。当京城的官员来到滁州时,见已作如此处理,也只好作罢。后来,苏轼得以平反,人们又将此碑从桥上取下,重新安置到醉翁亭内。这段历史不仅使这块碑石增添了传奇色彩,也使醉翁亭再增光辉,更加有名气了。

欧阳修还有一个绰号叫"六一居士"。欧阳修在政治上历经坎坷和沉浮后,到了晚年,无意仕途,渴望过上平静悠闲的生活。他曾写过一篇《六一居士传》,其中写道:"六一居士初谪滁山,自号'醉翁'。既老而衰且病,将退休于颍水之上,则又更号'六一居士'。客有问曰:'六一何谓也?'居士曰:'吾家藏书一万卷,集录三代以来金石遗文一千卷,有琴一张,有棋一局,而常置酒一壶。'客曰:'是为五一尔,奈何?'居士曰:'以吾一翁,老于此五物之间,是岂不为六一乎?'"从此,欧阳修便被人称作"六一居士"。欧阳修也喜欢以此自称,其作品也以此命名,如《六一诗话》《六一词》等。欧阳修还有一个"欧呜呼"的绰号,这是因为他在写《五代史》时,常用"呜呼"两字。人们在读《五代史》时,发现"呜呼"两字特别突出,成了此书的特色。于是,人们便给他起了这样一个绰号。

欧阳修除了"醉翁""六一居士""欧呜呼"绰号,还有"欧九""逸老""庐陵"等雅号。只是这些雅号没有"醉翁""六一居士"影响大。

# "苏东坡"是苏轼的绰号

苏轼，字子瞻，宋朝著名文学家。苏轼在文学方面很有成就，在政治上却多受波折。王安石变法，他因与王安石的某些政见不合而被贬职，司马光重新掌权后，他又因反对他们不分是非全面废除新法而遭到打击。他被贬到湖州为官时，又因不满当地豪强官吏横行霸道而写了一些讽刺诗，遭人诬陷诽谤而入狱，差一点被杀了头。被释放后，又被贬到黄州当了个小官。在黄州，他靠朋友的帮助弄到一块地，自己耕种，并在东边山坡上盖了一间房子住了下来。因为那个地方叫东坡，他就给自己起了个别号叫"东坡居士"，也称"坡翁"。

人们据此称他为"苏东坡"。这显然是个绰号，人们似乎认为这个绰号更能体现他的才识和风格，所以称呼他时，多喜欢用"苏东坡"，久而久之，甚至有人只知苏东坡，而不知其原名苏轼了。

苏东坡博学多识、才华横溢，在文坛影响很大，人们送他的绰号也多。如"苏仙""坡仙""苏公"等。黄庭坚就曾写有"还作遨头惊俗眼，风流人物属苏仙"的诗句。另外，苏轼还有许多与文坛名人合称的绰号。如与唐代的韩愈、柳宗元，宋代的欧阳修、王安石、曾巩、苏洵、苏辙这些散文大家合称"唐宋八大家"，与杰出的豪放派词人辛弃疾并称"苏辛"。同时，与著名诗人黄庭坚并称"苏黄"，与著名书法家黄庭坚、米芾、蔡襄并称"宋四家"。

苏东坡还与其父苏洵、其弟苏辙一起，

苏轼有许多绰号，因喜欢戴斗笠，登木屐，执手杖，而被人称作"笠屐翁"

有"三苏"之称。苏东坡的父亲苏洵，是当时著名的文学家，以文章雄辩闻名于世，被人誉为"当代荀卿"。荀卿即荀子，战国时的著名思想家。苏东坡和其弟在父亲的教导下，打下了坚实的文学基础，很小便出了名。1057年，兄弟两人同时赴京参考，双双金榜题名，轰动一时，从此，父子三人名闻天下，并有了"三苏"的美称。人们非常崇拜他们，以致有了"苏文熟，吃羊肉；苏文生，吃菜羹"的俗语。

苏东坡是四川眉山人，那里有著名的峨眉山，人们也因此称他为"眉山公"和"峨眉先生"。还因他做过徐州、杭州、湖州等地的地方官，而有"苏徐州""西湖长"等称号，诗人杨万里就写有"东坡元是西湖长，不到罗浮便得休"的诗句。

苏东坡喜欢结交有文才的和尚道士，并对佛教、道教很有研究，佛家给他起了一个尊号叫"妙喜老人"。

苏东坡文人气质很浓，其装束打扮、行为举止都很有个性和鲜明特征，人们因此也给他起过许多绰号，如"长帽翁""秃鬓翁""笠屐翁"等。"长帽翁"是因他喜欢戴高高的长帽。"笠屐翁"则是因为他喜欢戴斗笠、登木屐、执手杖。这副装扮很有趣，为此，还有人专门为他画了一幅《东坡笠屐图》。

## "山抹微云君"——秦观

秦观，字少游，是北宋著名的词人兼诗人，在当时很有名气。陆游的母亲就很敬仰他，希望自己将来生个儿子也能像他一样成就文章功业。据说，陆游出生时，她竟梦见了秦观。所以，她便用秦观的字"少游"为儿子取名叫陆游，还给儿子取了"务观"的字，意思是虚心向秦观学习。由此可见秦观当时的影响之大。

秦观的诗和词写得都很出色，他是著名的"苏门四学子"之一，苏轼很赏识他。秦观的诗，写得精致细密、秀丽纤柔，诗味很浓，他的词写得更好，其音律谐美、语言雅淡、委婉含蓄、饶有余味。秦观的词作中，有许多是写男女之情的。他写这种词，情景交融、用词精巧，无人能比。他有一首《满庭芳》，深受人们推崇，流传很广。这是一首描写一对才子佳人黄昏时刻缠绵离别的词。词中不仅将一对多情男女的离别愁怨写得情真意切、细致入微，还将黄昏景色写得凄凉伤感，与离别心情相交融，又富有诗情画意，使人得到美的享受。尤其是词的开头一句："山抹微云，天连衰草，画角声断谯门。"意思是远山飘挂着缕缕薄云，天地相接的天幕上，粘着丛丛枯草，已是黄昏时刻，谯楼上报时的号角声已经停歇。一对情人就是在这样的气氛中缠绵离别的。这句中最传神的是"山抹微云"，作者用了一个"抹"字，如同画水墨画一样，一笔将远山浮云的美景收入词中了，既传神又新鲜，意趣无穷。苏轼看到他这首词后，大加赞赏，尤其是对"山抹微云"这句，更是推崇至极，视为千古绝句。为此，称他为"山抹微云君"。从此，"山抹微云君"成了秦观响亮的绰号，广为流传，无人不知。

有一次，秦观的女婿范温去一富贵人家赴宴。这家的侍女善唱秦观的词，但她不知范温的身份，演唱表演时，冷落了范温。范温当时也很拘谨，没有说什么，当酒酣耳热之时，这位侍女看范温一直一言不发，又问旁边的人，他是何人啊？这时范温真的生气了，他突然站起来，大声说道："我乃'山抹微云'女婿也！"侍女得知自己冷落的竟是自己敬仰的秦观的女婿，很不好意思，连忙施礼致歉。由此也可见秦观这个绰号的影响之大。

## "张三影"和"张三中"

北宋初期，有一位著名的词人叫张先。张先写词很讲究立意和用词，他有许多首词因用词精妙，被人视为精品佳作，备受人们喜爱，人们争相传诵，赞叹有加。他也因此获得了几个高雅的绰号，留下了几段有趣的佳话。

张先最喜爱用"影"字写朦胧迷离的意境。有人考证，他有 5 首词，每一首中的"影"字，用得都极为精彩，皆成名句。张先也引以为荣，他尤喜爱其中的三句："云破月来花弄影""娇柔懒起，帘幕卷花影""柳径无人，堕絮飞无影"。这三句用"影"的名句，在当时流传极广，影响很大，因此，人们送他一个"张三影"的绰号。

这三句用"影"的名句中，又以"云破月来花弄影"最有名。当时有一位名叫宋祁的词人，对他这句用"影"的名句非常推崇。宋祁当时是工部尚书，也是有名的词人，他曾因《玉楼春》一词中"红杏枝头春意闹"用得妙，被人称作"红杏尚书"。有一次，宋祁去拜访张先，让人通报，该尚书要见"云破月来花弄影郎中"（张先曾任都官郎中）。张先听说来的是宋祁，便回答说，来的莫不是"红杏枝头春意闹尚书"？两人的问答充满文人间的情趣；也说明张先这一名句的影响之大。写有这一名句的《天仙子》词，是张先 52 岁做嘉禾（今浙江嘉兴）判官时所作。后来，人们还专门在他作这首词的地方筑亭立碑，以示纪念。

张先还有一个绰号叫"张三中"，这是因为他在一首词中用了"心中事、眼中泪、意中人"的句子，被人叫绝，故人称其为"张三中"。

张先还曾写过一首《一丛花》的词，传说这是他写给一个与他相好的小尼姑的。词中有"不如桃杏，犹解嫁东风"之句。意思是小尼姑自叹，她还不如桃花和杏花，它们还能嫁给东风，在东风的吹拂下，尽展芳华。而自己只能对着青灯，守着空房，寂寞地度过一生。

张先的这首词一传出，立即引起轰动，连文坛领袖欧阳修也大为赞叹，恨自己没认识张先。一次偶然的机会，张先来到京城，前去拜访欧阳修。欧阳修听说张先来了，喜出望外，连鞋子也来不及穿好，倒穿着跑出来迎接，并连连向其他客人介绍说："这就是那位赫赫有名的'桃杏嫁东风郎中'啊！"

张先受到文坛领袖欧阳修倒履相迎，并被称为"桃杏嫁东风郎中"，身价倍增，他那"桃杏嫁东风郎中"的绰号也从此传遍了朝野。

# "李三瘦"和"毛三瘦"

李清照是宋朝的一位才华横溢的女词人,不仅在中国享有盛誉,在世界文坛上也被认为是最有影响的女文学家之一。1987 年,为纪念李清照对世界文化的贡献,国际天文学联合会用她的名字命名了水星上一座新发现的环形山,李清照成为我国两位享受这一殊荣的女文人之一。

说起李清照这位才女,还有一段有趣的故事。说她的丈夫赵明诚小的时候做了一个梦,梦见一本奇书,醒来时,只记得书中的三句:"言与司合,安上已脱,芝芙草拔。"赵明诚不知何意,便将此梦告诉了父亲。其父是当时著名的政治家,博学多识,也擅长解梦。其父听了之后,笑着对他说:"这个梦是预言你将来要成为一个女词人的丈夫。你看,'言与司合'是个'词','安上已脱'是个'女',芝芙草拔是'之夫',合起来不就是'词女之夫'吗?"没想到,这个梦真的应验了,他真的成了著名女词人李清照的丈夫。故事的真假已无从考证,却为这位才女增添了一分传奇色彩。

李清照的词清新婉约、独具风格,被人称作"易安体",深受推崇。唐宋时期,文人们有一种用诗人或词人的精彩名句为其起绰号的雅趣。李清照有一个"李三瘦"的绰号就是这样得来的。

李清照写词喜欢用"瘦"来形容人的容貌。她有三首词,词中的"瘦"

李清照作词图

用得特别精彩、特别传神，被视为千古绝唱。这三首词中，妙用"瘦"字的句子分别是《凤凰台上忆吹箫》一词中的"新来瘦，非干病酒，不是悲秋"，《如梦令》一词中的"知否，知否，应是绿肥红瘦"和《醉花阴》一词中的"莫道不消魂，帘卷西风，人比黄花瘦"。人们非常推崇她这三句带"瘦"的词句，认为是难得的绝妙佳句。据说，李清照将写有"人比黄花瘦"之句的《醉花阴》词寄给丈夫赵明诚后，丈夫决心胜过她，便闭门三天三夜，在家写了15首词。写好后，他将它们与李清照的词混在一起，请友人陆德夫赏鉴。陆德夫反复吟诵品味之后说，只有"莫道不消魂，帘卷西风，人比黄花瘦"之句最佳。可见李清照"瘦"字用得多妙。人们因此送她一个雅号叫"李三瘦"。

另一位词人毛稚黄作词也喜欢用"瘦"字，留下了三句用"瘦"字的妙句：《玉楼春·闺晚》中的"月明背著陡然惊，不信我真如影瘦"，《踏莎行·书来》中的"空闺寂寂念相闻，书来淡墨知伊瘦"，《临江仙·写意》中的"鹤背山腰同一瘦，且看若个诗仙"。这三句带"瘦"的词句同样令人叫绝，所以，人们也送他一个"瘦"的绰号，叫"毛三瘦"。

## 陆游为何称"放翁"

陆游，字务观，南宋著名诗人。

陆游生活在南宋，一生主张抗战，收复中原，他的《示儿》诗："死去元知万事空，但悲不见九州同。王师北定中原日，家祭无忘告乃翁"，突出表现了他的这一情感。但当时的南宋王朝苟且偷安，无意收复中原。陆游的抱负得不到施展和实现，仕途坎坷，这使他感到激愤和苦闷，因此，他经常出入歌楼酒店借酒消愁。这遭到了一些同僚的攻击，说他不拘法礼，饮酒颓放。当朝廷调他去嘉州做官时，这些人又上书朝廷，致使朝廷以饮酒颓放罪名罢免了他的官职。陆游为此十分气愤和苦恼，生活更加随性。此时的陆游，认为自己丢了官，成了一个无拘无束的人了，索性为自己起了一个"放翁"的别号。他曾作词道："桥如虹，水如空；一叶飘然烟雨中，天教称放翁"，来表达他当时的心情。从此，陆游开始以"放翁"自称，"放翁"成了他的绰号，人们也因此称他为"陆放翁"。

陆游除了"放翁"的绰号，还有"笠泽渔隐""湖中隐士"等绰号，意思是自己极愿做一个披蓑戴笠垂钓江湖的隐士。这些别号都反映了陆游对当时政治的强烈不满，和欲脱离尘世归隐江湖、做一个无拘无束老者的愿望。

## "书颠"陆游的"书巢"

陆游是我国历史上著名的诗人，南宋"四大家"之一，有"小李白"之称。陆游的成就，虽与他年少早慧、才气超逸有关，但主要来自他的勤奋好读、刻苦努力。陆游爱读书，爱收藏书，他读书读到了如迷如痴的地步，被人称作"书颠"；他爱藏书，以至于屋中所见全是书，居室被人称作"书巢"。

陆游自幼爱读书，很小的时候，就在灯下读书读到深夜。十三四岁时，他酷爱陶渊明的诗，终日废寝忘食地吟诵。十七八岁时，他就已熟读了王维、岑参的诗集。陆游一生苦读不止，苦读已成了他不可改变的嗜好。他在《示儿》一诗中写道："人生百病有已时，独有书癖不可医。"他一生都

陆游酷爱读书，并喜爱藏书，有"书颠"的绰号，其书屋被称为"书巢"

在读书、抄书，不知读破了多少书，磨平了多少砚台。他在《寒夜读书》一诗中写道："韦编屡绝铁砚穿，口诵手钞那计年。不是爱书即欲死，任从人笑作书颠。"爱书爱到了不读书不如去死的程度，这正是陆游"书颠"形象的生动写照。

陆游爱读书，也爱藏书。陆游的藏书一是先人所传，陆游的祖父和父亲都是著名的藏书家，为他留下了丰富的藏书；一是陆游购置，他见到好书，总是不惜代价购买，每到一处总是千方百计地搜寻购置，带回家中；此外也有朋友赠送的和他借书抄写的。陆游家中藏书之多，到了满目是书、无处插脚的程度，陆游称自己的家是"书巢"，还专门写了一篇《书巢记》记述他的"书巢"情况，写得很有趣。记中说自己又老又病，还在不停地读书，称自己的房子为"书巢"。有人向他说，你的房子挺好的，为什么叫"巢"呢？他说，这是因为你没有进过我的屋，我的房内，架子上、匣子里、桌子前、床上，到处都是书，环视房屋四周，都是书。我的生活起居、病痛呻吟、感情变化都和书交融在一起了。在这里，宾客不到，妻子不见，外面的变化我一无所知。在这里，我有时想活动一下，但被乱书围着，无法走动。我自己也笑，这不就是我所说的巢吗？有一次，我引客人参观，开始，客人见满屋是书，无法进去，进去之后，又被书阻挡，无法出来。我乃大笑对客人说，这下你该相信我这房屋像"书巢"了吧？

我们透过这段生动风趣的描述，可感受到陆游对书的痴情是何等之深啊。正是这"书巢"，成就了这么一位伟大的诗人。

## 陆游还有"梅痴""海棠颠"的绰号

陆游爱花，尤爱梅花和海棠花，爱到如痴如癫的程度，故有"梅痴""海棠颠"之绰号。

陆游认为，梅花是花中品格最高洁的花卉。他在《园中赏梅》一诗中赞叹道："阅尽千葩百卉春，此花风味独清真。"在《落梅》一诗中他还写道："雪虐风饕愈凛然，花中气节最高坚。过时自合飘零去，耻向东君更乞怜。"梅花开时不畏严寒、落时不恋春光的坚贞跃然于纸上。

陆游对梅花的品格和气节极为赞美和敬仰，咏梅之诗多达百首。他认为，作梅诗时应恭恭敬敬，且只有节义之士、脱俗之笔才配得上题咏梅花，否则，梅花也未必情愿。为此，他在《梅花绝句十首》中说："子欲作梅诗，当造幽绝境。笔端有纤尘，正恐梅未肯。"

陆游爱梅爱得极深切。他在一首诗中写道："江路疏篱已过清，月中霜冷若为情。不如折向金壶贮，画烛银灯看到明。"意思是说，要将折下的梅花插在金壶之中，点上画烛银灯，一直欣赏到天明。他还写道："小亭终日倚阑干，树树梅花看到残。"意思是要一直看到花落尽。他还说："闻道梅花坼晓风，雪堆遍满四山中。何方可化身千亿，一树梅前一放翁。"意思是山中这么多梅花树，如果我有分身术，使自己能观赏到每一株梅花，那该多好啊。这真是爱梅爱到了痴狂的程度。

更有趣的是，陆游有时还像孩子一样，将梅枝折下来，插在自己的头上、帽子上，在路上边走边舞，嘴中还吟诵着梅花诗，引来许多人观看，他也毫不在意。有时醉倒在路旁，头上还插着梅花。对此，陆游还写诗记述过："折花插纱帽，花重觉帽偏。居人空巷看，疑是湖中仙"，"山村梅开处处香，醉插乌巾舞道傍。饮酒得仙陶令达，爱花欲死杜陵狂"。

时人看他爱梅爱得如此痴狂，于是便给他起了一个"梅痴"的绰号。

陆游爱海棠花也爱得入迷。他在四川为官时，曾遍赏四川各地名园的海棠，并写下了大量的歌咏海棠的诗句。他在《花时遍游诸家园》诗中写道："为爱名花抵死狂，只愁风日损红芳。绿章夜奏通明殿，乞借春阴护海棠。"诗中写他爱花爱到几近痴狂，他担心娇美的海棠不堪风吹日晒，便连夜上奏玉皇大帝，请求放慢春天的脚步，让海棠常开不衰。因他迷恋海棠花到如痴如狂的程度，人们便又送给他一个"海棠颠"的绰号。

# "东方莎士比亚"——关汉卿

关汉卿是我国元代杰出的杂剧作家，后人称其为"曲圣""元杂剧鼻祖"。他与马致远、白朴、郑光祖并称"元曲四大家"。

关汉卿自幼聪颖、博学能文、多才多艺、滑稽多智，富有表演才能。他与当时的著名杂剧演员和杂剧作家有密切的交往，常常与他们聚集在"玉京书会"，探讨杂剧的演出和创作，在当时的杂剧界很有威望和影响。人们称他为"梨园领袖""编修师首""杂剧班头"。

关汉卿风流倜傥、狂傲不屈，很有个性。他自称是"普天下郎君领袖，盖世界浪子班头"，并形容自己是"蒸不烂、煮不熟、捶不扁、炒不爆、响当当一粒铜豌豆"。

关汉卿一生创作极为丰富，其创作有杂剧 67 部，而且部部都是经典之作。现在保存下来的有 18 部，其著名的代表作是《窦娥冤》。这是一部悲剧，写的是一个童养媳出身的年轻寡妇窦娥，坚决反对恶势力，虽遭冤案、宁死不屈、誓死报仇的故事。剧本写得非常成功，在当时就引起了轰动。人们称其是中国古典悲剧的典范。《窦娥冤》在国际上也很有影响，被认为是可与世界悲剧名著相媲美的作品，欧洲许多国家都翻译了这部剧作。

关汉卿的剧作中，还有许多喜剧作品。他的喜剧作品写得轻松、风趣、幽默，很精彩，深受人们喜爱，是后代喜剧作品的楷模。

关汉卿的杂剧，其艺术构思、戏剧情节、人物塑造、语言运用都非常出色，对后世戏剧创作影响很大，一直为人们所推崇，在世界文学艺术史上也享有盛誉。1958 年，关汉卿被世界和平理事会提名为"世界文化名人"。人们为纪念这位伟大的戏剧艺术家，还将水星上一座新发现的环形山用他的名字命名。

人们在评论关汉卿的成就和贡献时，常常将他与世界著名的英国剧作家莎士比亚相比较。关汉卿的作品数量巨大，反映社会生活面宽阔，思想内容深刻，语言艺术精深，都不逊于莎士比亚，他也因此被称为"东方的莎士比亚"。

关汉卿去世之后，被葬在了今河北省安国市南 15 公里处的伍仁村东北，这里是关汉卿成长和晚年写作的地方。墓极简朴，建在一个高约 2 尺的方形土台上，周围植 8 棵挺拔的松树，墓前的碑石上写着"伟大戏剧家关汉卿之墓"，是著名书法家黄绮所书。

## 两个有名的"书淫"

"书淫"这个绰号听起来有点不雅，实际上它是一个赞美人的绰号，并非贬义。所谓"书淫"，是指好学不倦、读书成癖的人。"淫"有过于沉溺、超越常度之意，被称为"书淫"的人，都是嗜书到了废寝忘食、不知时日、如痴如狂的程度。我国历史上曾出过许多这样的"书淫"，最著名的有两人，一是南朝梁人刘峻，一是西晋时的皇甫谧。

刘峻，字孝标，平原人，自幼家中贫寒，寄人篱下，但他刻苦好学，没有人教，就自己读书学习，没有蜡烛，就烧麻秸作灯，通宵达旦地读书。有时抱着书睡着了，头碰到麻秸灯上，头发被烧着了，痛醒了继续读书，终夜不息。书读得多了，他越发感到自己知识不足，于是到处求珍本异书。听说京城有异书，他便到京城，向人求借阅读，对书的追求到了痴迷的程度。所以，清河崔慰祖称他为"书淫"。刘峻在《答刘之遴借（类苑）书》中说他"九冬有隙，三余暇时"，"多游书圃"。"三余"是指"冬者岁之余，夜者日之余，阴雨者时之余"。意思是说，他连点点滴滴的"三余"时间也不放过，也要抓紧用来读书。他为《世说新语》作注，竟然引用了经史别传 300 余种，诸子百家 40 余种，别集 20 余种，诗赋杂文 70 余种，佛经道藏 30 余种。这是一般读书人很难做到的，只有他这种博览群书的"书淫"才能完成。

皇甫谧是西晋的著名学者和医学家。他自幼丧母，过继给叔父为子。皇甫谧小时不知学习，放荡无度，胸无大志。有人认为他呆傻，但他对叔母非常孝敬。有一次他拿着从地里新采摘下来的瓜果给叔母吃，叔母望着他流泪说："你近二十岁了，还不读书，不知礼，怎么能算孝敬我呢？修身立德、专心学习才是正道啊！"皇甫谧深受感动，这也激发了他的志气，于是，他开始刻苦学习。由于家贫，要亲自耕田，他就带着书下田，干活间隙休息时，就抓紧看书，夜间看书通宵达旦，白日看书不觉日夕，常常因为看书忘了吃饭。日积月累，终成博学之士。后来，他得了风痹症，半身不遂，右足萎缩，但仍坚持读书学习，"手不辍卷"。有人劝他不要太过劳累，以免耗神伤了身体。他却说："朝闻道，夕死可矣，况命之修短分定悬天乎！"意思是说，早晨学到了道理，黄昏死去也是值得的，何况生命的长短是被上天控制着的。

皇甫谧一生只求读书，不想为官。当时的皇帝得知他的才学和品德后，曾多次召他到朝廷做官，他都拒绝了。但他希望皇帝能借给他书看，皇帝竟然送他一车书，这在当时被传为佳话。这也说明他对书的痴迷程度，称他为"书淫"，名副其实。

皇甫谧写有许多著作，最著名的是《黄帝三部针灸甲乙经》，此书被人称作"中国针灸学之祖"。后来，此书还传到日本、朝鲜等地，同样被奉为医学经典，备受推崇。

## 趣说"醉八仙"

唐代文人豪客大都喜好饮酒，尤其是诗人、画家、书法家。他们有的酒量很大，豪饮不醉；有的喜好醉饮，以酒醉为乐。他们从饮酒中寻找灵感，在醉酒中创作佳作。他们醉酒后，大都行为狂放，大有飘飘欲仙之态。他们中有人也因此被称为"酒仙"。

唐代最有名的"酒仙"有八人，他们是贺知章、汝阳王李琎、李适

唐代有八位著名的"酒仙"，人称"酒中八仙"，也是人们常说的"醉八仙"

之、崔宗之、苏晋、李白、书法家张旭、辩论奇才焦遂。人们将这八位"酒仙"并称为"酒中八仙"，也就是人们常说的"醉八仙"。

"诗圣"杜甫曾写过一首《饮中八仙歌》，写的就是这八位"酒仙"的醉酒情景和趣事。此诗颇具情趣，就像是一幅栩栩如生的酒仙群像图。

诗是这样写的："知章骑马似乘船，眼花落井水底眠。汝阳三斗始朝天，道逢麹车口流涎，恨不移封向酒泉。左相日兴费万钱，饮如长鲸吸百川，衔杯乐圣称避贤。宗之潇洒美少年，举觞白眼望青天，皎如玉树临风前。苏晋长斋绣佛前，醉中往往爱逃禅。李白一斗诗百篇，长安市上酒家眠，天子呼来不上船，自称臣是酒中仙。张旭三杯草圣传，脱帽露顶王公前，挥毫落纸如云烟。焦遂五斗方卓然，高谈雄辩惊四筵。"

诗中的知章就是著名诗人贺知章。贺知章自号"四明狂客"，性情旷达，嗜酒如命。杜甫诗中所写贺知章的醉态颇具传奇色彩，写他醉酒后骑马回家，骑在马上摇摇晃晃如同坐船一样，两眼朦胧，竟然跌到井里去了。令人惊奇的是，跌进井里，竟能在井底高眠，真是醉态传神啊。

诗中的汝阳即汝阳王李琎，李琎是唐玄宗的侄儿，他爱好音乐，善击羯鼓。李琎姿容妍美，是皇族中的第一美男，唐玄宗称他为"花奴"。

诗中写的是，有一次，他喝完三斗酒后才去朝见玄宗，结果醉倒在玄宗脚下。玄宗令人将他架出去，架他出去时，他口中还喃喃地说："臣以三斗壮胆，不觉至此。"然而，在回府的路上，他看到装有酒曲的车子，又流起了口水，高声嚷着为什么不把他封到酒泉去。据传，他曾取云梦之石砌成春渠用于蓄酒，在酒渠中放入金银制作的龟鱼作为酒具，用以饮酒取乐。他自称是"酿王"兼"麴部尚书"。

诗中的左相是诗人李适之，李适之天宝年间曾任左丞相。他为人耿直，十分好客，每天都花费大量的酒钱与宾客们一起豪饮。他酒量很大，豪饮不醉，仙态十足。后因得罪了奸相李林甫，被罢了相位，最后被迫害致死。

诗中的宗之，即崔宗之。崔宗之是吏部尚书崔日用的儿子，与李白深有交往，在金陵时，他常与李白在一起诗酒唱和，常在月夜乘小舟自采石达金陵。他嗜酒，酒醉时，看到庸俗之人，无论势位高低，都以白眼视之，然后抬头看青天，一副傲世嫉俗的样子。崔宗之英俊潇洒，有美少年之称。如今人们常用"玉树临风"来形容人的俊美，此句就是当年杜甫赞美崔宗之的诗句。

诗中的苏晋是位诗人，做过户部侍郎。他对佛经很有研究，他信佛，理当戒斋吃素，他却嗜酒成瘾，且酒量很大，常常违背戒律，喝得酩酊大醉。他曾得到西方高僧的一本经书，他对这本经书很感兴趣，读过之后，他说："这个和尚喜欢喝米汤，正合我的性情，今后我就研究他的佛理，别的佛书不看了。"苏晋是一位信佛但又醉中爱逃禅的酒仙。

诗中的李白，就是人们熟悉的"诗仙"。他性格豪放，潇洒浪漫，喜欢豪饮，他的精美诗篇大都是在醉意朦胧中创作的，人们所说的"斗酒诗百篇"，就是赞美他的。传说，有一次唐玄宗和杨贵妃在花园中观赏牡丹花，唐玄宗兴起，立召李白进宫写诗助兴。谁知，此时李白已醉卧在长安街头的酒肆之中。待高力士将他扶进宫时，他仍在酒醉之中。唐玄宗认为他已无法写诗，李白却说他是酒中仙。他趁着酒兴，让高力士为他脱靴，让杨国忠为他磨墨，一挥而就写下了《清平调》词三首，

"云想衣裳花想容，春风拂槛露华浓"的千古绝句由此而生，其"酒仙"的美名也越发闻名。

诗中的张旭是著名的书法家，其草书尤为精彩，备受推崇，有"草圣"之称。他的草书作品大都是在醉酒时完成的。

诗中的焦遂是一位雄辩家。他是一介布衣，却很有名气。闻名的原因，一是因为他喜欢饮酒，且酒量很大，能饮五斗；二是因为他口才出众。焦遂平时口吃，但令人惊奇的是，他一旦酒醉，就马上变得口才流利、高谈雄辩、妙语连珠，如入无人之境，令在座的人目瞪口呆。他可以说是"酒仙"中的一位奇才。

"酒仙"的酒量都是用斗来衡量，如杜甫在诗中写"汝阳三斗始朝天""李白一斗诗百篇""焦遂五斗方卓然"。那么，一斗酒到底是多少呢？我们知道，"斗"是古代称量粮食的工具，一斗粮食大约是现在的12斤。而酒家所说的"斗"，则是一种酒器，用玉做的酒器称"玉斗"。考古工作者曾发掘出一只高7.2厘米、孔径为34厘米的陶盘，陶盘上刻有"一斗二升丽山茜府"的文字。茜府是管理皇室用酒的机构。我们由此而知，古时的一斗二升约相当于现在2400毫升，一斗则约2000毫升，2000毫升就是4斤，也就是说，古时的一斗酒大约就是现在的4斤酒。古代的酒不是现代的这种高度数白酒，度数都不高。由此说来，一次喝4斤这样的酒也算不了什么。但要像焦遂一次喝五斗还能卓然，那确实是酒仙了，非一般人能做到的。

## "天下第一酒鬼"——刘伶

魏晋时期，出了七位名士，他们是刘伶、阮籍、嵇康、山涛、阮咸、向秀和王戎。这七人个个博学多才，又都恃才傲物、放荡不羁，他们常聚集竹林高谈阔论、吟诗作赋、纵酒为乐。人们称其为"竹林七贤"。

"竹林七贤"个个嗜酒如命，都是酒鬼。其中名气最大的是刘伶和

阮籍。尤其是刘伶，其酒量、酒德、酒疯都堪称一绝，人送绰号"天下第一酒鬼""饮坛北斗"。

刘伶身材瘦小，相貌丑陋。有一次，他喝醉了酒和人吵了起来，对方恼怒了，挥拳要打他。他却镇定而又风趣地说："我这像鸡肋般细瘦的身体，哪有地方可以安放老兄的拳头。"说得对方也笑了起来，拳头自然也放了下来。

刘伶喝酒到了不惧生死的程度，他常常乘一辆车，携一酒壶，让人扛着锄头跟着他，一边喝酒，一边说："我死了就把我埋了。"

刘伶喝酒时还喜欢裸体。他常常在家里脱光了衣服，一边喝，一边在屋里奔跑。有一次被人看到了，嘲笑他，他却说："我以天地为栋宇，屋室为裤衣，诸君何为入我裤中？"意思是说，我把天地当作我的房子，把我的屋子当作衣裤，你们干什么要往我裤子里钻呢？众人知道他已酒醉，也都不和他计较。

刘伶的妻子担心丈夫喝坏了身子，便逼着他戒酒，把他的酒坛酒缸也砸了。面对妻子的威逼，刘伶说："好吧，我戒酒，而且要向神灵发誓戒酒。你去准备些酒肉，供奉起来，举行个起誓仪式。"妻子听了很高兴，认为丈夫真的要下决心戒酒了，便急忙去准备。待酒肉摆放整齐后，刘伶对着神灵说道："天生刘伶，以酒为名，一饮一斛，五斗解酲。妇人之言，慎不可听。"说完便开始喝酒吃肉，不一会儿便醉倒在桌前了。

民间还有一个传说更是有趣。说刘伶饮遍了天下佳酿，仍觉难以尽兴，一日听说河南洛阳有家杜康酒坊酿有好酒，便赶去寻找。当他来到酒坊门前时，首先看到一副对联："猛虎一杯山中醉，蛟龙二盏海底眠。"横批是"不醉三年不要钱"。刘伶看罢对联，暗中好笑，哪有这等厉害的酒？进店后，刘伶高喊要酒，杜康端上一杯，刘伶一饮而尽，果然奇香无比。马上让再端两杯来，杜康说不可，此酒若饮三杯会醉上三年的。刘伶哪里肯信，直嚷着要酒，并说不上酒就砸了酒坊，杜康无奈，只好再端了两杯。刘伶喝完之后便往回赶，一路上头重脚轻，待赶到家时，竟醉死过去。家人因他好酒，便将他埋在酒糟中，装入棺材。刘伶醉死三年后，杜康找上门来，刘家人刚要发怒，杜康笑着拦住，说道："我事先说过要醉三年，可刘大人不信，才至如此。不过现在已到三年，他可以醒来了。"家人打开棺材，发现刘伶面色红润，与生前并无两样，正看着，只见刘伶慢慢地睁开了眼睛，口中连喊"好酒！好酒！"这就是人们所说的"杜康美酒，刘伶三年"。其实杜康和刘伶根本不是同时代的人，何以相见？人们之所以杜撰出这么一个故事，就是为了突出刘伶的"酒鬼"形象。

阮籍这个"酒鬼"虽比不上刘伶，但也留下许多醉酒的趣事。他也和刘伶一样喜欢坐着车子外出喝酒，走到哪里算哪里，喝得兴奋了，或车前无路了，就下车大哭。有一次他走到楚汉交界的地方，突发感慨，说出了一句千古名言："时无英雄，使竖子成名。"

阮籍还常常喜欢到邻居开的酒肆去饮酒。酒肆的女主人长得很漂亮。阮籍来此饮酒，每饮必醉，醉后便眠于这位美妇人的身边。开始时，女主人的丈夫还以为阮籍对其老婆不轨，但观察多日，见阮籍并无他意，也就放心了，还希望阮籍常来，以提高其酒肆的声誉。

阮籍还有个绰号叫"阮步兵"，这个绰号也是因酒而得。一日，阮籍听说步兵营的地窖里藏有三百桶美酒，他动了心，便想方设法去步兵营当了一名校尉。去了之后，也不干事，只是喝酒。因为他是名士，名气很大，也没人管他。待营中的酒喝完了，他也走了。

阮籍母亲去世时，他正在

阮籍是"竹林七贤"之一，因嗜酒如命而获"酒鬼"绰号

与人下棋，对方听说他母亲去世，提出中止对弈，但阮籍坚持要下完这盘棋。待棋下完后，他要来二斗酒，喝过之后才放声大哭，直哭得吐了血。还传说，嵇喜来吊唁时，阮籍斜视，露出白眼，而当嵇喜的弟弟嵇康带着酒来时，阮籍两眼直盯盯地看着酒，放着光芒，露出了青眼，高兴得不得了。其"酒鬼"的形象暴露无遗。

阮籍还曾借"酒鬼"的形象为女儿办了一件好事。司马昭想让阮籍的女儿嫁给他的儿子。阮籍认为这对女儿来说不是一件好事，但他又不敢公开拒绝。于是，他便借酒醉躲避司马昭。他一连醉酒60天，使司马昭无机会开口提这事。后来，司马昭也不再提此事了。

## "酒鬼"——毕卓

东晋时，有一个酒鬼毕卓也很有名，《晋书》中还专门有他的列传。国画大师齐白石也特意为他的盗酒故事作过画。

毕卓出身于士族，少年时豁达豪放，很有才华，曾当过吏部郎。毕卓所处的时代动荡不安，内乱不断，毕卓为求自保，便不问政事，以纵酒赋诗为乐。他与当时的七位名士结为好友，时称"八达"。

毕卓嗜酒如命，常常醉卧如泥，加上他那盗酒的故事闻名遐迩，人们因此送其"酒鬼"的绰号。

说起毕卓盗酒，还真的很有趣。毕卓的邻居家酿有许多好酒。一天夜里，毕卓在家自饮，已有醉意，忽闻邻居家飘来的酒香，酒意更浓，便顺着酒香，翻墙进入了邻居家，找到了酒缸，畅饮起来。后来被邻居发现，抓了起来，捆绑在酒缸旁，想待天亮后将他交官府处置。天亮时，邻居发现被他们捆绑的盗酒贼竟是吏部郎毕卓，大为吃惊，赶忙将其放了，并连连道歉。毕卓却一副满不在乎的样子，哈哈大笑，说道："让我闻了一夜的酒香，真的多谢了！"还说如果你们觉得不好意思，那就让我装点酒带回去喝吧。邻居说："你就在这喝吧，我去给你准备些下酒的菜。"毕卓非常高兴，就在酒缸旁喝了个够，直喝得趴在酒缸边起不来。后来，这个故事广为流传，毕卓"酒鬼"的称号也越发有名。国画大师齐白石根据这个故事画了一幅《盗瓮图》，并在画上题写了"宰相归田，囊底无钱。宁肯为盗，不肯伤廉"的诗句。民间也多了一副"瓮边醉倒毕吏部，马上扶归李太白"的酒对联。

毕卓喜欢喝酒，还喜欢吃蟹。他曾说："得酒满数百斛船，四时甘味置两头，右手持酒杯，左手持蟹螯，拍浮酒船中，便足了一生矣。"后人对毕卓这种乘小舟品美酒食肥蟹、休闲自得、富有诗情画意的逍遥方式非常欣赏，文人墨客多仿效之。人们还对他品食肥蟹大加赞赏，说他是蟹味发现第一人，还因此称他为"蟹神"。

## "斗酒学士"——王绩

王绩是隋末唐初的著名诗人。王绩自幼聪慧有奇才，8岁时就能读《春秋左氏传》，他博闻强记，多才多艺，阴阳历数之术无不精通。15岁时，王绩在长安拜见了当时的当权大臣杨素。当时杨府高官满座，杨素没把他这个15岁的少年看在眼里，当和他交谈时，才发现他"瞻时闲雅，辩论精新"。这令杨素和在座的高官都大为惊讶，没想到王绩小小年纪竟如此博学多才，于是，大家都称他为"神仙童子"。

在隋朝末年，王绩曾担任过秘书省正字等职，后感到天下要大乱，便托疾，夜乘轻舟回故乡隐居去了。隐居期间，王绩以种黍酿酒畅饮为乐。王绩崇尚老子和庄子，他外出游历时，常学老子骑着青牛，遇到酒店，就进去喝上几天。他曾游历北山东皋，自称是"东皋子"。

唐朝时，王绩出任待诏。他对这一职务很不满意，只好以饮酒为乐。他的弟弟问他，待诏这职务可好？王绩说道，这职务俸禄很少，但每天能供三升好酒，虽然不多，还值得留恋。当时门下省的长官陈叔达是王绩旧日的朋友，听到王绩的牢骚话后，说三升好酒不够他饮用，特批每日给他

好酒一斗。王绩很高兴，人们也因此给他起了一个"斗酒学士"的绰号。

王绩的酒量很大，他的好朋友吕才说他饮酒数斗都不会醉。王绩恨自己不能与西晋的酒仙刘伶一起痛饮。他还模仿刘伶的《酒德颂》，写了一篇《醉乡记》。他在文中构思了一个理想的美酒之乡，邀请了以饮酒著称于世的阮籍、刘伶、陶渊明一起畅游酒乡，在那里他们开怀痛饮，乐而忘返，个个成了酒仙。

贞观初年，王绩因病罢官回乡，后来，他听说太乐府史焦革家很会酿酒，酿出的酒远近闻名，于是，他便提出要跟着焦革当差。经过努力，这个目的达到了，王绩当了县丞。但遗憾的是，王绩当上县丞不久，焦革便去世了，所幸焦革的妻子还很理解他，不断地给他送酒来，但不久，焦革的妻子也死了。这使王绩非常难过，他仰天长叹道："这是上天不让我痛饮啊！"于是，他也无心再做官，再次挂冠归隐，从那之后，再也没出来做过官。

王绩家东南面有块巨大的石头，他把石头破开，用石头建了一座杜康祠，把焦革和杜康一起供奉在祠中。

当时的名流李淳风称赞王绩是"酒家南董"。"南董"是春秋时期齐国的史官南史氏和晋国的史官董狐的合称，他们都以直笔不讳而著称。"南董"是指忠于史实的史官，"酒家南董"则是指对酒绝对忠实的人。

## "菊花神"——陶渊明

东晋诗人陶渊明，名潜，字元亮，江西九江人。他是我国著名的田园诗人，也是历史上第一个被认为爱菊成癖的文学家。陶渊明一生洁身自好，不为五斗米折腰。辞去彭泽县令后，他归隐田园，与菊花结下了不解之缘，人们因此称他为"隐逸之宗"，称菊花为"花之隐逸者"。他的《饮酒》诗曰："结庐在人境，而无车马喧。问君何能尔？心远地自偏。采菊东篱下，悠然见南山。山气日夕佳，飞鸟相与还。此中有真

田园诗人陶渊明酷爱菊花，人们称他为"菊仙"，封他为"菊花神"。菊花也因他有了"陶菊"之称

意，欲辨已忘言。"此诗描绘的就是他与菊为伴、悠然自得的隐居生活。从此，菊花有了"陶菊"的雅号，"东篱"也成了菊花圃的代称。南宋词人辛弃疾就曾写有"岁岁有黄菊，千载一东篱"之句，表达了对陶渊明的赞美之情。陶渊明种菊、赏菊、咏菊，写下了许多赞美菊花的诗篇。他在《和郭主簿》一诗中的"芳菊开林耀，青松冠岩列。怀此贞秀姿，卓为霜下杰"已成为吟赞菊花的千古绝唱。《红楼梦》中的《咏菊》诗中写道："一从陶令平章后，千古高风说到今。"这里的"平章"，指的就是陶渊明那四句咏菊绝唱，这绝唱已成为千百年来赞美菊花的经典，也使菊花成为坚贞不屈、高风亮节的最好象征。

陶渊明爱菊花爱得痴迷，甚至到了与菊花心心相通的地步。传说，他很希望菊花能集中在重阳节那一天开放，结果，他家的菊花真的在九月九日那天一起开了。这虽是一个传说，但也足以说明陶渊明对菊花的用情之深。

陶渊明爱菊，也爱喝菊花酒。菊花酒是将菊花和茎叶一起采收，加上黍米酿制一年而成的。陶渊明用来招待客人们的酒，就是这种自酿的

菊花酒。相传，有一年他家的菊花酒酿好了，但当时家里穷得连滤酒渣的布也没有，陶渊明急中生智，摘下自己头上戴的葛巾当滤布，等酒滤好后，又将葛巾戴到头上。

还有一则陶渊明饮菊花酒的故事也很有趣。有一年菊花盛开时，陶渊明来到菊园，看着满园怒放的菊花，却没有酒喝，只好空腹吃菊花。正在这时，只见远处有一位身穿白衣的人向菊园走来，原来是他的好朋友王弘给他送菊花酒来了。于是，两人便在菊园畅饮起来，直到酒醉而归。有一个成语叫"白衣送酒"，就是源于这则故事。

陶渊明一生爱菊，以菊为伴，以菊自喻，以菊寄情，人们因此封他为"菊花神"，称他为"菊仙"。

## "木芙蓉花神"——石曼卿

木芙蓉是一种很有特色的观赏花卉，开在晚秋，因花似荷花，故名木芙蓉。它是四川成都的市花，所以，成都有芙蓉城之称，简称"蓉"。

木芙蓉花大而艳丽，又开在晚秋，凌寒拒霜，神韵高雅，颇有君子风度、英雄气概，所以自古以来一直为人们所喜爱，人们将它与胸怀坦荡、刚正不阿的君子联系在一起，从而诞生了许多美丽动人的故事。其中北宋石曼卿被人称作"木芙蓉花神"的故事尤其动人。

石曼卿是北宋时一位著名的学者，是当时著名的文学家和书法家，与欧阳修、苏东坡交情很深。石曼卿酒量很大，据说可以终日饮酒而不醉，时人称他为"酒中仙"。他与欧阳修、杜默并称"三豪"，杜默是"歌豪"，欧阳修是"文豪"，他是"酒豪"。石曼卿为人豪爽耿直，从不趋炎附势，敢于直言抗上，所以后来被权贵所排挤，屡遭贬谪。石曼卿胸怀一腔热情，48岁时仍率军抵御西夏入侵，后因劳累过度而去世。后人敬仰他的人品和气节，将他与木芙蓉花联系在一起。据说，石曼卿去世之后，有故人梦到他，问他近况如何。石曼卿说他现在当了芙蓉城的城主，司管天下的木芙蓉花，并邀故人随他去观看。故人不愿去，他很生气，愤然骑驴而去。这个故事在欧阳修的《归田录》和苏东坡的诗中都有记载。苏东坡的"芙蓉城中花冥冥，谁其主者石与丁"指的就是此事，后人因此将石曼卿封为十月木芙蓉花神，"木芙蓉花神"也就成了石曼卿的绰号。

## "三绝画家"——顾恺之

顾恺之出身于江南名门望族，是我国著名的多才多艺的画家，他不仅画画得好，诗词文章也写得出色，而且做事专注，如痴如醉。人称他有三绝：才绝、画绝、痴绝，故给他起绰号叫"三绝画家"。

说起顾恺之的才绝，还有一段趣事。有一年，大将军桓温扩建江陵城。扩建完之后，特邀四方名士，在船中设宴庆贺。酒过三巡，桓温立于船头，望着滔滔江水和壮丽的江陵城，大声说道："谁能形容一下江陵城，自当有赏！"话音刚落，才气十足的顾恺之便高声吟道："遥望层城，丹楼如霞。"桓温听后，连声叫好，当即将两位美女赐予顾恺之。顾恺之因才获美女，一时被传为佳话。

顾恺之的画绝，绝在一个"神"字上。他画人物，常常是人画好而不点眼睛，有时几年都不画眼睛。有一次，他为人画了一个扇面，画的是嵇康与阮籍，没画眼睛就送给了主人。主人问："怎么不点眼睛？"他幽默地回答："哪

顾恺之所绘《女史箴图》的一个画面

能点睛，点睛不就会说话了吗？"

还有一次，建康城里新落成了一座庙，名"瓦棺寺"。落成时，举行法会，进行募捐，一般官绅认捐都没有超过一万钱的，顾恺之却要认百万钱。他家境并不富裕，这钱从何而来？顾恺之让寺僧为他准备了一堵白墙，他在墙上画了几尊菩萨像，名维摩诘画像。像画成，没点睛，他对寺僧说："明日维摩诘像开光（即点睛），你们可请人来看，第一天来看的要捐十万钱，第二天来看的捐五万钱，第三天来看的随意布施。"人们听说后，争先恐后地来看这位名画家的"绝招"。只见顾恺之站在像前，手执画笔，全神贯注，沉思片刻，轻轻一点，一尊维摩诘像便栩栩如生起来。观者无不称奇叫绝，纷纷踊跃认捐，很快就募化了百万钱。

唐代的张怀瓘曾高度评价顾恺之的人物画像说："像人之美，张（僧繇）得其肉，陆（探微）得其骨，顾（恺之）得其神，神妙无方，以顾为最。"张僧繇和陆探微是南朝的著名画家，其人物画都很有名。

顾恺之的"痴绝"也是很有名的。他和当朝的权臣桓温关系很好，但桓温因专断朝政而名声不好。桓温死后，受到很多人的指责，独有顾恺之去哭坟，并赋诗"山崩溟海竭，鱼鸟将何依"表示怀念。有人问他哭坟时的情景，他毫无掩饰地说："声如震雷破山，泪如倾河注海。"真是重情到了发痴的地步。

顾恺之曾和谢瞻在月下长吟，他兴致极浓，情感尽露，不知疲倦。谢瞻困了，但又不好意思告退，就让侍从代替他站在那里，自己偷偷溜回去睡觉。顾恺之竟然直到天明也没察觉出。

顾恺之还很诙谐、幽默。他曾评价自己是："恺之体内痴黠各半，合而论之，正得平耳。"他吃甘蔗与人相反，不是从下部吃到梢，而是从梢往下吃，别人感到奇怪，他却说，甘蔗下部最甜，从梢吃到根，越吃越甜，这叫"渐入佳境"。顾恺之有一橱好画放在朋友家里，后发现丢失了，他明知是谁偷的，却又不好发作，便诙谐地说："我的画显灵了，飞上天去变成神仙啦。"

# "画圣"——吴道子

吴道子是我国唐代一位富有传奇色彩的画家。

吴道子小时家贫，曾做过民间画工，由于他刻苦好学、才华出众，20岁时就已经很有名气。唐玄宗闻其名后，将他召入宫中，赐名道玄，委任为内教博士，教宫中子弟学画，后又教玄宗的哥哥宁王学画。进宫后，吴道子就不得随意外出作画，唐玄宗为此称他为"封笔吏"。

吴道子曾在长安、洛阳两地的寺庙中绘制了三百多幅壁画，这些壁画都是以道教和佛教为题材。他是道教神仙人物境界绘画的师祖。后来，人们画道教神仙题材的画，都以他的作品为范本。道教中人都尊称他为"吴道真君""吴真人"。

吴道子的画独具风格，备受推崇。他独创了两种线条画法，一是"兰叶描"，即线条呈兰花叶状；一是"莼菜条"，即线条两端轻细，中间精重，浑圆劲挺，就像杭州西湖中的莼菜茎。用这两种线条画人物，立

吴道子的人物画作

体感特别强，形象逼真。画运动着的人物，看上去就像真在运动一样；画人物衣带，流畅自然，像在风中飘动，人们称之为"吴带当风"。他线条使用得简练，人称"疏体"。他还喜欢在焦墨线条中略施淡彩，很有特色，世称"吴装"。

吴道子用水墨晕染法画龙，每当阴雨天，整个画面就变得烟雾缭绕，画面上的龙也张牙舞爪，鳞甲闪动，像要飞起来似的。

吴道子作画速度快，经常不画草稿，不假思索，一挥而就。

有一年，唐玄宗想看四川嘉陵江山水的美景，就命吴道子去那里写生。吴道子游遍了四川的名山大川后，回到京城。回来时，没带一张画稿，唐玄宗召见他，要看他的画稿，他却说，我只有腹稿，没有画稿。唐玄宗让他在大同殿墙壁上作画，他只用了一天时间，就画完了满壁的嘉陵山水。唐玄宗看后大为惊叹，赞不绝口。

传说，有一年吴道子和书法家张旭、舞剑名手裴旻相聚在洛阳天宫寺。裴旻请吴道子为其已故的父母作画祈求冥福，吴道子则请裴旻舞剑开眼界，张旭乘兴挥笔作书。只见裴旻舞剑，剑银光闪闪，犹如银蛇飞舞。舞动中，裴旻忽地将剑抛入高空，剑瞬间落下，犹如一道电光。裴旻不慌不忙地举起剑鞘，飞剑恰好落入鞘中。裴旻舞剑结束，吴道子即刻走到粉壁前，只见他不假思索，笔走龙蛇，一挥而就，最后画佛像光圈时，他"立笔挥扫，势若风旋"，不用任何规矩，画得丝毫不差，有如神助。观看的人无不惊叹叫绝。张旭看完两人表演，乘兴挥笔，一气呵成，一幅书法绝品展现在人们眼前。

还传说，唐玄宗有一次做了一个梦，梦见一个巨人捉鬼。他把这个梦说给吴道子听，要他画出来。吴道子提笔画出巨人捉鬼，竟和唐玄宗梦见的一丝不差。这就是后来民间流传的《钟馗捉鬼图》。

吴道子在绘画艺术方面的成就，历经一千多年，一直受到人们推崇。人们尊称他为"画圣""百代画圣"，民间画工则称他是"祖师爷"。

# 趣谈米芾的"米颠""石颠"绰号

米芾是北宋著名的画家、书法家,他与当时著名的书法家苏轼、黄庭坚、蔡襄一起被称为"宋四家"。

米芾有许多怪癖,行为常逸出世俗礼法,人称之为"米颠"。

有一次,米芾在真州江边的一条船上拜见当时的权臣蔡攸。蔡攸取出新得到的王羲之的《王略帖》给他观赏。米芾看得爱不释手,紧紧抱住字帖,跪倒在地,要求用自己珍藏的名画换这本字帖。蔡攸不肯,米芾再三恳求,蔡攸还是不允。米芾急了,突然跨过船舷,空悬江上,一手握字帖,一手攀船舷,大声呼喊:"如再不允,我立即蹈江而死。"蔡攸发慌了,只得答应。

米芾还有"洁癖",由此也可以看到他的痴癫。米芾爱洗手,但他洗手从不用盆,而是让人用一个银壶往外倒水,自己顺着水流洗手。洗完之后,也不用毛巾擦手,而是两手互相拍打,直到手干为止。他曾当过负责皇家宗庙祭祀事务的太常博士。祭祀时穿的衣服他嫌脏,就拼命地洗,连衣服上的花纹都洗掉了,为此,他还受到降职的处分。他甚至连选女婿都用"洁癖"的标准,上门求婚的人中,有一个名叫段拂、字为去尘的人。米芾一听这名字就高兴,"拂"过了,还要"去尘",一定是一个爱干净的人,就把女儿嫁给他了。而实际这个人并不讲究卫生。

米芾酷爱奇石,见有好石头,便称兄叩拜

米芾酷爱好砚。有一次,宋徽宗和蔡京讨论书法时,召米芾前来

写字，徽宗指着桌上的纸张笔砚，命他当场写一幅大条幅。米芾看着桌上的端砚，马上来了情绪，一口气写完了条幅。字确实写得好，宋徽宗一边欣赏，一边赞叹。此时，米芾突然双手捧起端砚跪在地上向徽宗请求道："此砚已赐给我米芾使用过，不好再给皇上使用，是去是留，请定酌。"徽宗见状，大笑不止，便答应将此砚赐给他。米芾高兴得手舞足蹈，抱起端砚就往怀里塞，砚中的剩墨淋了一身，他全然不顾。宋徽宗望着米芾的憨态对身边的蔡京说："癫名不虚传啊！"从此"米颠"这个绰号更有名了。

米芾爱石也爱得癫狂，故还有"石颠"的绰号。他在安徽为官时，听说濡须河边有一块奇石，当时人出于迷信，以为是神之石，没人敢动，米芾却派人将石搬进自己的寓所。搬来之后，他在奇石前摆了供桌，放了供品，恭恭敬敬地向奇石下拜，并称其为兄。此事被传了出去，有人认为他这种做法太荒唐，有失官体，因此，他被弹劾罢了官。但米芾不但不在意，后来还专门画了一幅《拜石图》以示纪念。

米芾还曾得到过一块灵璧研山，灵璧研山就是其中有墨池的灵璧石。这块灵璧研山极为奇妙，长一尺多，前有 36 个峰，高低错落、雄奇无比，峰下有洞，弯曲三折与上洞相通，石下借势凿有砚，砚中滴水少许，经旬不燥。这本是南唐后主李煜的爱物。南唐灭亡后，此物流传数人，最后为李煜第五代孙收藏，米芾的夫人李氏正是李煜第五代孙女。李氏知米芾酷爱石，结婚时，便将此作为嫁妆带给了米芾。米芾得之，欣喜若狂，视为珍宝，时时把玩，秘不示人。谁知在一次酒后与宋徽宗谈论奇石时，不小心露了出来。宋徽宗见到这块灵璧研山，也大为惊奇，连声夸妙，爱不释手。米芾此时方知不妙，马上装疯卖傻，哈哈大笑，从徽宗手中夺回，抱入怀中。徽宗看他那癫狂样，也只好作罢，但心中时刻惦记着这块灵璧研山。蔡京得知徽宗的心思后，便设计从米芾那里逼取。他编造罪名，将米芾打入死牢，又威胁米芾夫人交出灵璧研山。李氏无奈，只好交出。米芾得知后，悲痛欲绝，求徽宗再让他用"灵璧研山"写一幅字。于是，米芾将灵璧研山放到了供桌上，在对其三叩九拜后，奋笔疾书，写了一幅《研山铭》："五色水，浮昆仑。潭在顶，出黑云。挂龙怪，烁电痕。下震霆，泽后坤。极变化，阖道门。"这是米芾用血泪写下的赞美灵璧石的诗篇。《研山铭》后来不知流落何处，直到 2002 年才再度现身，后被国家收藏。

米芾还有一个绰号叫"活卦影"。宋神宗时，四川方士费孝先为人卜卦，常作画预示吉凶，所作的画称卦影。后来，各地方士模仿他，也常画一些稀奇古怪的卦影。如回脚鸟、长翅的走兽、儒冠僧衣的人物等。米芾言谈举止多怪异，穿着也特别，有时头戴普通人的帽子，身上却穿着和尚穿的衣服，脚上穿着官靴，活像卦影上的人物。因此，人送他一个"活卦影"的绰号。

米芾对自己的怪异行为并不以为意，还认为属正常行为，他对别人称他为"米颠"很不理解。有一次，苏东坡在其住处谷林堂设宴待客，来的都是当时的名士，米芾也在座。酒至半酣，米芾忽然站起来对苏东坡说："我有件小事要告诉你，世人都认为我癫，愿听取你的看法。"他本以为苏能给他一个满意的答复，没想到，苏东坡却说："吾从众。"在座的名士都笑了起来，米芾很失望。

米芾的儿子米友仁，受父亲的影响，从小喜欢绘画，在学习父亲的基础上，又有所发展，也取得了巨大成就。他尤精水墨云山，擅长以纸本水墨画江南山水。画面温润蕴藉、烟云缭绕，有朦胧缥缈之感，时人称之为"善画无根树，能描浮漫云"。米友仁还善书法，精鉴赏。人称其为"小米"，称米芾为"大米"，两人并称为"二米"。中国著名的山水画派之一"米派"就是他们父子所开创的。

## "马一角"和"夏半边"

李唐、刘松年、马远、夏圭是南宋时的著名画家，人称"南宋四大

这是体现马远绘画风格的经典之作《寒江独钓图》

家"。其中马远和夏圭的山水画别具风格、独树一帜，时人将他俩并称为"马夏"。

马远，字遥父，号钦山，出生于绘画世家。他的曾祖、祖父、父亲、伯父、兄弟、儿子都是著名的画家，都在宫廷画院供过职。其曾祖父马贲，善画花禽、人物、佛像，是北宋宋徽宗时画院的待诏。其祖父马兴祖，善画花鸟、人物，而且精于古代文物的鉴别，是宋高宗时画院的画师。其父马世荣和其叔父马公显在人物、山水、花鸟画上无一不精，也是画院的待诏，并获"赐金带"。其兄马逵长于山水、人物，尤精花鸟画。其子马麟工于人物、山水、花卉画，曾为画院祗侯。马远一门五代均擅长绘画，而且都做出了重大贡献，这在中国美术史上是极为罕见的。

马远出生在这样一个绘画世家，自幼受绘画艺术的熏陶，继承家学并吸收李唐画法，不仅画艺精深，还形成了自己独特的风格。其山水画成就尤为突出。马远的山水画，在构图上一改北宋时全景式的大山大水的画法，而是常常只画山之一角、水之一涯，取全景的一角或半边，表现的或是峭峰直上而不见顶，或是绝壁直下而不见脚，或是近山参天、远山低远，或是四面全空，仅画一垂钓孤舟，使画面具有强烈的空间感，突出近景的艺术效果。马远的这种风格独特的画法，使他得到一个"马一角"的绰号。

现存的《寒江独钓图》，是马运这种画法的经典之作。画面上，一叶扁舟漂浮江面，渔翁独坐垂钓，除了四周寥寥几笔微波，全为空白，有力地衬托出江天空旷、寒意萧条的景象。这幅作品为历代书画鉴赏家所珍爱，被视为世间珍宝。

夏圭，字禹玉，略晚于马远。他是宋宁宗时画院的待诏，获"赐金带"。

夏圭画山水画，善用秃笔带水作大斧劈皴，其效果淋漓苍劲、墨气袭人。在构图上，他与马远相似，也喜欢取景之半边，焦点集中，空间旷大，近景突出，远景清淡，笔简意远，故人称"夏半边"。

"马一角""夏半边"的山水画风格影响深远。有人说，这种画法是南宋偏安一隅、半壁江山的写照。其实，北宋时，画家喜欢画全景，那是北方崇山峻岭气势的再现。而南宋画家喜欢画半边，画一角，那是南方山水烟雨迷离奇巧深邃之故。

## "洁癖画家"——倪瓒

倪瓒是元代著名画家，其诗和书法亦精，有"三绝"之称。人们将他和黄公望、吴镇、王蒙并称"元四家"，并视他为"元四家"之首。

倪瓒字元镇，无锡人。他曾为自己起过许多别号，如荆蛮民、幻霞子、绝听子、东海农、曲全叟、莆闲仙卿、无住庵主、朱阳馆主、沧海漫士等。

倪瓒出身于富豪之家，从小过着舒适安逸的生活，家中建有一座三层的藏书楼"清闷阁"，广蓄书画典籍。倪瓒博古好学，每日在此读书作诗绘画。

倪瓒为人清高孤傲、洁身自好，他不问政事、不求仕途，也不理家事，自称是"懒瓒"。到了晚年，他卖尽家产田庐遁迹江湖，广交朋友，漫游太湖四周。这期间，他创作了大量的优秀作品，并创造了独特的画技，形成了自己特有的艺术风格。他笔下的水乡景致，多以一河两岸的三段式构图：近景是平坡，几株枯树，一座幽亭，中景不着一笔，以示渺渺湖水和明朗天宇，远景则是淡淡的平缓起伏的山峦，画面静谧恬淡，

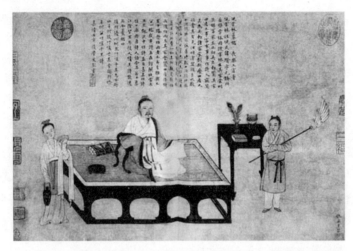

倪瓒是一位博学多才但行为有些怪异的元代著名画家，这是他的一幅画像

境界旷远，令人回味无穷。

倪瓒的绘画实践和理论观点对明清数百年画坛有很大影响，至今他仍被评为"中国古代十大画家"之一，英国大不列颠百科全书将他列为世界文化名人。他的画在明代时就被视为高雅的珍品，当时的江南人以家中是否挂有倪瓒的作品来区分这家人的雅俗和品位。

倪瓒不仅绘画、书法、诗词有名，其洁癖更是有名。为了保持自己的文房四宝笔、墨、纸、砚的干净，他专门吩咐两个佣人随时擦洗。他外出游览时，常常让书童担着茶水跟随，但他只喝前桶中的水，后桶的水绝不饮用，那是怕后桶的水被书童腹中的五谷之气污染了。他家的厕所也很特别，是一座空中楼阁，用香木搭成格子，下面填土，中间铺着洁白的鹅毛，待便下，则鹅毛飘起落下而覆盖之，闻不到臭气。他院子里的梧桐树也要早晚用水擦洗。有一次他的一个朋友来访，夜宿他家，夜间，他听到朋友咳嗽了一声，怀疑朋友吐痰了。待到天刚亮，他便命佣人去寻找痰迹。佣人找遍了每个角落也没发现，怕受责骂，便找了一片稍有脏迹的树叶给他看。倪瓒一见到此树叶就厌恶地闭上了眼睛，捂着鼻子叫佣人将此树叶送到三里地外丢掉。倪瓒因太爱干净，所以少近女色。但有一次，他看中了一个歌姬。他将歌姬带回家中留宿，但又怕歌姬不清洁，便让她好好洗个澡。洗毕上床，他用手把人家从头摸到脚，边摸边闻，始终觉得还是不干净，便要她再洗，洗了再摸再闻，还不放心，又要她洗。洗来洗去，天已亮了，只好作罢，让歌姬回去了。

倪瓒清高孤傲，不惧权贵。有一次，"吴王"张士诚的弟弟张士信差人拿来画绢请他作画，并送了很多金钱。倪瓒大怒，将来者痛骂一顿后，将绢钱退回。没想到，几日后，在太湖泛舟时，偏偏遇上了张士信，结果被张痛打了一顿。挨打时，倪瓒一声不出。事后有人问他为何不出声，倪瓒说："一出声便俗。"

倪瓒视清高为至上，为此常常做出一些迂腐古怪的事来。有人来拜访他时，如言貌粗率，他会勃然大怒，甚至无缘无故地扇人几个耳光。他喜饮茶，特制有"清泉白石茶"。名士赵行恕慕名而来，倪瓒用此茶招待，但赵行恕认为此茶并不怎样，这使倪瓒十分恼怒，说："我以为你是王孙，所以用此茶招待你，没想到你竟品不出其风味，真是个俗物。"更令人吃惊的是，他竟为此事和赵行恕绝交，真是迂腐怪异至极。所以，人们送给了他一个"倪迂"的绰号。

## "痴画家"——史忠

明朝时，金陵（今江苏南京）有一位名画家叫史忠。这史忠本姓徐，名端本，字廷直。史忠幼时木讷，17岁才会说话，人视他为傻子，称他为"史痴"。这"史痴"常常身披一件白布袍，头戴一顶方斗笠，还要插上花，坐在牛背上，一边拍手，一边吟诗，往来于闹市之中，旁若无人，任人嘲弄讥笑，也全不当回事。可令人奇怪的是，这个被人视为傻子的史忠却是一个吟诗绘画的天才。尤其是绘画，山水人物、花木竹石，他都会画，而且都画得精美无比。他最善画云山，有云行水涌之妙。开始时，史忠的画还不为人知，史忠孤芳自赏，曾写诗道："名画法书无

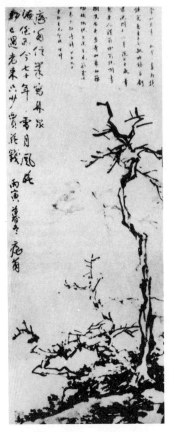

这是"痴画家"史忠的一幅《木石图》

识者，良金美玉恍精神。世间纵有空青卖，百斛难医眼内尘。"意思是说，凡夫俗子的眼都被尘灰所蒙住，看不懂他的书画，就是有医治眼疾的空青，也难使其眼明识真。后来，人们逐渐认识到了他的画的精美，他的名气也越来越大，最终成了金陵一带著名的画家。

史忠因人们称他"史痴"，他便以痴为名，自称"痴翁""痴仙""痴痴道人"。

有一次，史忠去苏州拜访著名画家沈周。拜访时，恰遇沈周外出。在沈周的画室，他看到堂上绷有一块待画的白绢，一时兴起，随手就在上面画了一幅山水。画完连名字也没题，就走了。沈周回家，一见此画，便惊叹道："吾阅人多矣，吴中（苏州）无此人，非金陵史痴不能也。"沈周遂派家人四处寻找史忠，找到后，将他邀到家中留住了三个月。此事足以说明"史痴"之名和他出色的画技在当时的影响。

史忠除了称自己为"痴翁""痴仙""痴痴道人"，还将自己的住处称作"痴楼"，并自题"痴楼"道："余年六十矣，发白精神尚健快。闲处终日，高卧痴楼，蒸香煮茗。四望皆远山拱翠，飞鸟时鸣，不留繁杂之冗。静观自得，车尘马足，了无所系于心。贫处如常，足以乐矣！"沈周等朋友来金陵，也都留住在他的"痴楼"中。

有"画状元"之称的吴小仙曾为史忠画过一幅小像，沈周为之题赞道："眼角低垂，鼻孔仰露。旁若无人，高歌阔步。玩世滑稽，风颠月痴。洒墨淋漓，水走山飞。狂耶？怪耶？众问翁而不答，但瞪目高视于天上也！"

"史痴"成名之后，仍时有痴态流露，做出一些令人发笑的趣事来。

他的女儿长大成人要出嫁时，因夫家贫不能置办彩礼而无法迎娶，"史痴"竟瞒着女儿，以带她去观灯为名，和妻子一起把她送到了夫家，然后取笠而别。这在封建礼教极为讲究的时代，确实是一件新鲜事。

"史痴"80岁时，还搞了一场闹剧，他为自己出"生殡"。他约了亲友从南京城内一直送到他在聚宝门外的墓地，他也夹杂在其中。大约又过了一年，他真的死去了，而且是无疾而终。这位痴画家真是有趣，死之前还要显示一下自己的痴态。

## "人中神仙"——石涛

石涛是我国清初著名画家，名气很大，他与另一位名画家髡残（字石溪）并称"二石"，又与八大山人、弘仁、髡残合称"清初四画僧"。

石涛是朱元璋的第十二世孙，家世高贵显赫。明朝灭亡时，他年仅4岁，10岁时，清军攻陷南京。其父朱亨嘉因在广西桂林自称"监国"，代行皇帝职权，被唐王朱聿键捉至福州处死。石涛被太监带走，后入了佛门，做了和尚。

石涛原名朱若极，小字阿长，字石涛，法名原济。石涛曾为自己起过许多绰号。他做了和尚，称自己是"苦瓜和尚"，他有感自己的身世和处境，称自己是"零丁老人"，晚年又称自己为"瞎尊者"。他在游南京时，得长竿一枝，便由此给自己起了一个"枝下叟"的绰号。

石涛自幼有画才，出家后一直致力于绘画与诗文的研究。他曾遍游江浙皖一带的名山大川，尤其是黄山的云海、怪石、古松、流泉更是让他迷恋。他"披霞踏雾攀青壁，搜尽奇峰打草稿"，与梅清、孙静庵等人共画黄山，成为独树一帜的"黄山画派"。

石涛作画构图新奇，无论是黄山云烟、江南水墨，还是悬崖峭壁、

有"人中神仙"之称的清初著名画家石涛

枯树寒鸦，都力求布局新奇、意境翻新。他尤其善用"截取法"，以特写之景传达深邃意境。石涛还十分注重画的气势，他的笔墨雄健朴素，于豪放中寓静穆之气，又有一种野性之美。当时著名画家王原祁评价他是"大江以南，当推石涛为第一"。石涛的画法融古汇今，独具风格。郑板桥认为他的画技是无法之法，无法而又有法，不可端倪，非凡人所能企及，他也因此被人称为"人中神仙"。

石涛对后世影响极大，他的作品历来为藏家所钟爱。正因如此，赝品也多。大多数赝品技法低劣，属"皮匠刀"的笔法，很容易辨其伪。张大千仿石涛的画却能乱真，极难分辨。张大千仿古的水平极为高超，有人评价说是"五百年来第一人"。张大千也以此为骄傲，他曾刻过一枚印章"大千毫发"，意思是他仿画就如拔一根毫发一般轻松。

张大千曾花大功夫钻研古代绘画，对石涛的画钻研得尤为深透。他仿绘的石涛作品国内外都有流传，连英国大英博物馆都收藏有他仿绘的石涛作品。日本人也喜欢石涛的作品，但常常将张大千的伪作说成是真迹，而将真迹说成是赝品。这也足以说明张大千仿古技法的高超。

张大千还因仿绘石涛的作品而与张学良有过一段有趣的交往。1930年，张学良在北京以重金购得了几幅石涛的山水画，非常得意，邀好友和名家前来鉴赏，没想到却被鉴别出是张大千仿绘的赝品。张大千得知张学良误买了他绘制的石涛赝品，非常紧张。不久，他收到了张学良邀请他参加大型宴会的请柬。张大千心想，张学良肯定会借此为难自己。没想到，张学良见到他后，不仅没有责难他，反而向赴会的要人和名流介绍他的画技高超，仿石涛的作品到了以假乱真的地步，使其名声大扬。

张大千和张学良也由此结下了友谊。

## 朱耷之名本是一个绰号

朱耷本名朱统鎐，是明朝皇室的后裔。他出生在明末危亡之时，自幼聪慧，8岁就能作诗，少时就能悬腕写米家小楷。其书法、绘画、篆刻无一不精，并且都有自己的风格。他是清初画坛著名的"四僧"之一。

朱耷的父亲是个哑巴，朱耷早年却讲话幽默风趣，喜欢议论。19岁时，明朝灭亡，不久，父亲去世，朱耷从此变得沉默不语，如同哑巴一般。他在扇子上写了一个"哑"字，有人要与他交谈，他便打开扇子展示"哑"字；他还在门上写了一个"哑"字，使来人一进门便知他是一个不与人说话的人。有时，他急于想表达自己的意思，就用打手势和书写的办法与人交流。所以，人们给他起了一个"哑巴"的绰号。他虽不说一句话，却喜欢笑，有人请他喝酒，他就缩着脖子，拍着手掌"哑哑"地笑。喝酒时，猜拳赌胜了就"哑哑"地笑，输多了，就用拳击胜者的后背，更是"哑哑"地笑个不停。

后来，他出家当了和尚。做和尚不久，他便癫狂了，整日又哭又笑，又唱又舞，戴着布帽，穿着长领袍，满街乱跑，疯态百出。人们都叫他"疯和尚"。癫狂了一年多后，他慢慢地好转了，又为自己起号叫"个山"，后来又改叫"个山驴"，据说这是他联想有人骂和尚为"秃驴"而给自己起的。他的名字朱耷可能也是这时起的，"耷"乃是"驴"字的俗写，朱耷即"朱驴"，这显然是个绰号。

朱耷为自己起过许多号，大都是怪怪

这是朱耷的一幅画，其落款"八大山人"的写法很奇特

125

的，如"驴屋""刃庵""雪个"，等等，其中最有名的是"八大山人"。"八大山人"是朱耷还俗之后为自己起的。他当和尚的时候，妻子和孩子先后去世。有人对他说，没有了后代，中断了对先人的祭祀，先人要怪罪的。朱耷很有感触，于是开始蓄发，准备娶妻生子。就在这个时候，他给自己取了"八大山人"的号，意思是四面八方数我最大，没有比我再大的人。而且，在"八大山人"的写法上，他也很有讲究。他将"八"字作了变化，将四个字写得很靠近，看起来既像"哭之"，又像"笑之"，意思是"哭笑不得"。他还常常在他的作品上加盖一个很奇特的章，这个章呈椭圆形，像个"龟"字，但它并不是一个字，而是由"三月十九"四字组成。三月十九正是当年李自成攻陷北京城，崇祯皇帝吊死在煤山的日子。朱耷使用变形的"八大山人"署名，加盖奇特的章，反映了他对明朝灭亡的切肤之痛和强烈的反清情绪，表达他不向清朝屈服的意志。他的画作也多表达有这种思想。他所画的鸟，奇特雄健，但眼圈特别大，眼珠又黑又圆，给人以"白眼向人"的感觉。他还喜欢画一足鸟，古时称一足鸟为"商羊"，并说商羊出即预兆国运不昌，祸患将至。显然，这种画法是朱耷用以影射现实，暗喻清朝政权不会长久，借以抒发自己的悲愤之情。

## 郑板桥之名源于绰号"板桥郑"

郑板桥是我国清代著名的书画家，其字和画颇有个性，很受世人推崇。人称其为"怪才"，他是著名的"扬州八怪"中的杰出代表。他一生喜欢画竹、石、兰。其画用笔秀劲潇洒、生动挺拔，具有一种坚韧不拔的精神。在书法上，他将真草隶篆融为一体，创造了一种奇特的写法，自称为"六分半书"，世人称"板桥体"。这种字道劲妩媚、奇秀雅逸，十分招人喜爱，像人们熟悉的"难得糊涂"四字，就使人感到妙趣横生、韵味无穷。

郑板桥天资聪颖，又多才多艺，但在科场仕途上并不顺畅。他在康熙年间就考中了秀才，到了雍正年间才中举人。而进士则是在乾隆年间才考中。那时，他已44岁。从秀才到进士，历经了三朝。为此，郑板桥很是感慨，他专门刻

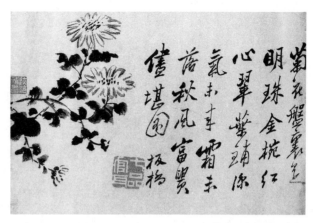

这是郑板桥署有"板桥"之名并加盖"七品官"印的画作

了一枚"康熙秀才雍正举人乾隆进士"的印章，以此作为自己的绰号，聊以自嘲。

郑板桥本名郑燮，字克柔，这是他的父亲为他起的，"燮"是和顺的意思，"柔"是柔顺的意思。父亲为其取此名和字，就是期望儿子能一生和顺，以柔顺处世。但儿子一生不柔顺，他不愿与权贵为伍，又孤高傲世，一生坎坷不顺。罢官后，为生活所迫，不得不以卖画为生，过着清贫的日子。

关于郑板桥名字的来历，郑板桥自己在《板桥自叙》一文中有所说明。他说："兴化有三郑氏，其一为'铁郑'，其一为'糖郑'，其一为'板桥郑'。居士自喜其名，故天下咸称为郑板桥云。"意思是说，在他的家乡兴化有三位姓郑的，前二位都是手艺人，因手艺而有绰号，一个叫"铁郑"，一个叫"糖郑"，而自己的绰号叫"板桥郑"，这是因为自己家乡有一座古板桥。人们喜欢这个绰号，所以，后来都叫他郑板桥了。如此说来，郑板桥这个名字也算是一个绰号。

郑板桥家乡的这座小木桥，还算有点名气。郑板桥的家坐落在江苏兴化城东南的郑家巷。这里离城墙很近，城墙外有护城河，护城河上有一座建于宋朝的小木桥，人称"古板桥"。郑板桥的家就在城墙与护城

河的夹角处，人称"牛角尖"。这里风景优美，还有一片竹林，郑板桥小时常来这里玩耍，非常喜欢这里的竹林和那座古朴的小木桥。长大以后，他长期漂泊在外，常常思念家乡，尤其思念给他童年留下美好回忆的"古板桥"。为了寄托对家乡的眷恋之情，便给自己起了个"板桥"之号，由此有了"板桥郑"的绰号，最终有了"郑板桥"之名。为此，郑板桥还自刻了一枚"二十年前旧板桥"的印章，还自书"古板桥"三字，刻一石碑，立在桥旁以示纪念。

郑板桥成名之后，其家乡的"古板桥"也因他而闻名于世。清朝道光年间，故乡的人们重修"古板桥"，将木桥改修为砖桥，但桥名一直没有改动。解放以后，护城河填平了，桥也不存在了，人们为了纪念郑板桥，就将原来古板桥所在的地方称作"古板桥"，作为这里的地名。郑板桥的故居至今还在，就在现今的江苏兴化市古板桥西郑家巷。

## "东床快婿"——王羲之

王羲之，字逸少，琅邪（今山东临沂）人，是我国东晋著名书法家，曾任右军将军和会稽内史，故世称王右军、王会稽。他的儿子王献之也是著名书法家，世人合称其父子为"二王"。王献之被人称为"小圣"。

王羲之自幼酷爱书法，少时，随卫夫人学习书法，后又学习张芝、钟繇、李斯、蔡邕等书法家。他博采众长，一变汉魏以来波挑用笔，独创圆转流利之风格，自成一家，影响深远。其书法平和自然，笔势委婉含蓄，遒美健秀。人们常用"飘若浮云，矫若惊龙""龙跳天门，虎卧凤阁"来赞美他的书法，并尊称他为"书圣"。

王羲之隶书、楷书、草书、行书皆精。其行书作品《兰亭序》被人誉为是"天下第一行书"，备受人们推崇。令人遗憾的是，他的真迹已难得见，我们所看到的，包括《兰亭序》在内，都是摹本。但即使是摹本，也精美无比，尽显"书圣"的魅力。

王羲之能言善辩，文章书法皆精，气度非凡，深受王敦、王导器重。他与王承、王悦并称"王氏三少"。

传说，王羲之的婚事也由书法而定，并由此得了一个"东床快婿"的绰号。王羲之的叔父王导与郗鉴是好朋友。郗鉴有一个如花似玉、才貌出众的女儿。一日，郗鉴对王导说，他想在王导的儿子和侄儿中为女儿选一位满意的女婿，王导当即表示同意，并说可由他任意去挑选。王导回家后，将此事告知了诸儿侄。儿侄们久闻郗家小姐德贤貌美、多才多艺，都想得到她。郗家来人选婿时，诸儿侄都忙着更冠易服精心打扮，唯王羲之不问

"书圣"王羲之还有一个"东床快婿"的绰号，这个绰号的来历很有趣

此事，仍坦腹躺在东厢房床上专心琢磨书法艺术。郗家来人看过王导诸儿侄之后，回去向郗鉴回禀说："王家诸儿郎都不错，只是知道是选婿，有些拘谨不自然，只有东厢房那位公子坦腹躺在床上毫不介意，只顾用手在席上比划什么。"郗鉴听后，高兴地说："东床那位公子，必定是在书法上学有成就的王羲之，正是我意中的女婿。"于是，把女儿嫁给了王羲之。王导的其他儿侄十分羡慕，羡慕王羲之躺在床上竟得到了这位容貌出众的才女，于是，便给他起了个"东床快婿"的绰号。从此，"东床"也成了女婿的美称了。称别人的女婿为"令坦"也是由此而来。

## 被人称作"草圣""张颠"的书法家

张旭是唐朝著名的书法家，他精楷书、草书，尤以草书著称。他的

书法得于二王，而又有独创新意。韩愈形容他的草书是"变动如鬼神，不可端倪"。唐朝的文宗皇帝曾发过一道诏书，称李白的诗歌、张旭的草书、裴旻的剑舞为天下"三绝"。足见张旭的草书在当时的影响之大，故人称其为"草圣"。

张旭喜欢饮酒，世人将他和李白、贺知章、李适之、李琎、崔宗之、苏晋、焦遂称为"酒中八仙"。张旭的草书作品大都是在醉酒的情况下完成的。喝酒大醉后，张旭往往大叫狂走，然后回到桌前挥毫作书。有时甚至以头发沾墨写之，其状如痴如狂。醒后再看，自己也感到神异，再写，却无法复得。所以，人们给他起了个绰号叫"张颠"。

杜甫在《八仙歌》中写道："张旭三杯草圣传，脱帽露顶王公前，挥毫落纸如云烟。"再现了张旭潇洒不羁、傲视权贵、醉中书写的情景。

世人极为推崇张旭的草书，认为他的草书已经达到了"无所短者"的尽善尽美的境界，说他的草书中有音乐的旋律、诗歌的激情、绘画的色彩、舞蹈的身段。

人们视他的作品为珍宝，多方设法求之。张旭曾任常熟县尉，到任不久，就有一老翁前来告状。张旭给他写了一张判书。但不久，老翁又来求判，张旭生气地责问老翁，你怎么敢为一小事又来求判，吵扰衙门。这个老翁说，我不是来吵扰，是看到你判书上的字写得太奇妙，想多得一点珍藏。张旭听后，方知老翁来意，便又给他写了一份，老翁高兴而去。

常熟人为纪念张旭，在城内给他修了一座"草圣祠"，还将城东门方塔附近的一条街称作"醉尉街"，此街名如今还保留着。当年他洗砚的那口池塘，如今也还在，称为"洗砚池"。

## 被人称作"醉僧""醉素"的书法家

继张旭之后，唐朝又出现了一位大书法家怀素。张旭和怀素都以草书著称。两人都喜欢酒醉后作书，写字时又都癫癫狂狂。故人们并称他

怀素家贫无纸，便种芭蕉取叶练字，为此，还将自己的居所取名"绿天庵"

俩为"颠张醉素"。

怀素本姓钱，年幼出家，跟随伯祖父惠融禅师。惠融禅师醉心于书法艺术，造诣很高，两人的书法艺术在当时很有影响，人们称他们为"大钱师"和"小钱师"。

怀素练习书法非常刻苦，因家贫无纸，他便种了万株芭蕉，取芭蕉叶练习写字，为此，他给自己的居所取名"绿天庵"。后因芭蕉叶不够用，他又找了一板一盘，漆过之后，用来练字，反复书写，板和盘竟然被他写穿了。这种刻苦精神，使他的书法艺术日臻完美，他也成为张旭之后独步一时的书法大家。李白就曾在他的《草书歌行》一诗中赞叹怀素"草书天下称独步"。

怀素的草书，狂怪怒张，其气势如暴风骤雨、万马奔腾，字字飞动，圆转之妙，宛如有神。怀素本人对自己的草书也很欣赏，他曾写过一首《草书歌》："含毫势若斩蛟蛇，挫骨还同断犀象。兴来索笔纵横扫，

满座词人皆道好。一点二笔巨石悬，长画万岁枯松倒。叫啸忙忙礼不拘，万字千行意转殊。"

怀素喜酒后书写。他虽出家为僧，却照旧吃肉喝酒，一日数醉。每至酒醉兴发，即奋笔疾书。寺壁里墙，衣裳器皿，无不信手而书。时人称之为"醉僧"，称其字为"醉僧书"，将他与张旭并称"颠张醉素"。同是僧人的著名诗人贯休写了一首《观怀素草书歌》，诗中写道："张颠颠后颠非颠，直至怀素之颠始是颠。师不谈经不说禅，筋力唯于草书妙。"笑说了这位"醉僧"的书法成就。钱起称他是"狂来轻世界，醉里得真知"。李白则写诗赞叹道："起来向壁不停手，一行数字大如斗。恍恍如闻神鬼惊，时时只见龙蛇走。"

## 被人称作"书中豪杰""杨疯子"的书法家

杨凝式是五代时期的一位著名人物。说他著名，一是因为他是一位著名的书法家，字写得好，有"书中豪杰"之称；二是因为他历经五代的后梁、后唐、后晋、后汉、后周，为官不倒，是官场上的一位"不倒翁"；三是因为他常犯疯病，人称"杨疯子"。

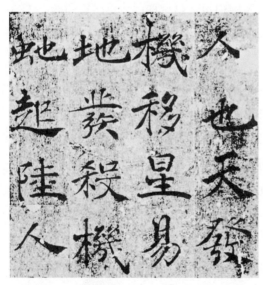
这是被人称作"杨疯子""书中豪杰"的杨凝式的书法作品

杨凝式出生于官宦家庭，父亲杨涉是唐末的宰相。当时天下已经大乱，唐政权被农民起义军叛徒朱温所取代，杨涉承担了押运传国玉玺的差事。杨凝式得知后，对父亲说："您身为宰相，将传国玉玺交给别人，保自己的富贵，那千年之后，人们将如何评论您？"要父亲推辞此事。杨涉听后，大为惊骇，说："你这是要灭我全族啊！"因当时遍布朱温的爪牙，如被其所知，必遭杀戮。杨凝式见父亲如此惊骇，知自己惹祸，便装疯癫狂起来。他因此有了"杨疯子"之称。所幸，父子俩的谈话未被窃听。朱温建后梁之后，杨凝式父子仍然在朝中为官，杨凝式的疯病也好了。在以后的朝代更换中，杨凝式凡遇到危险，其疯病就会复发。就这样，杨凝式运用装疯的办法，趋利避祸，保全了自己，并保住了自己在频繁更迭的各朝代中的官位，成为一个"不倒翁"。

杨凝式的"疯"虽说是装出来的，但他平时也有一些怪异的行为。如有一次，他乘车回府，说车马走得太慢，干脆下车，自己拄着手杖在车前步行。街上的人看他有车不坐，拄着手杖与车竞走，都指着他笑，他却毫不在意。有一年，冬天到了，他的妻子和儿女还没有棉衣，他却不管不问，反而将朋友送给他的绢棉送给了寺院。孩子们冻得直叫，地方留守官得知后，急忙给他家送去了棉衣和粮米。杨凝式得意地笑着说："我早知道他们会救济我们的。"

杨凝式的书法比他的疯病更有名，他喜欢在墙壁上书写。他在洛阳居住时，洛阳的二百多所寺院的墙壁几乎被他写了个遍。杨凝式游寺庙，只要看到空墙壁，就立即来了精神，兴发若狂，乃信笔挥洒，且吟且书，直到粉壁书尽才肯作罢。各寺的僧人，也以能够得到他的题壁墨书为荣耀。为此，寺僧们见有可题写的墙壁，总是先将其粉饰好，等待他来题写。来寺院的游客见到他的墨迹，无不赞叹叫绝。

杨凝式的书法遒劲豪放、别具风格，有人将他的书法和颜真卿的书法合称"颜杨"。杨凝式的草书写得狂，被人称作"颠草"。有人说这是与他的疯癫、纵逸狂放分不开的。米芾形容他的草书如"横风斜雨、落纸云烟、淋漓快目"，给人以美的享受。

人们对杨凝式的书法极为推崇，苏东坡称他是"书中豪杰"，说他的书法笔迹雄杰，有二王、颜、柳之余绪。黄庭坚则称他是"散僧入圣"，说他的书法脱尽风尘气，并写诗赞叹道："世人尽学兰亭面，欲换凡骨无金丹。谁知洛阳杨疯子，下笔便到乌丝阑。"

近现代政界名人绰号

# "六不将军"——叶名琛

在第二次鸦片战争中兵败被俘的两广总督叶名琛是个很特殊的人物。

在英法联军兵临广州城时，身为两广总督的叶名琛既不备战，也不允许人民抗击，而是求神占卜，以求神灵保佑。他在广州城建有一座十分考究的长春仙馆，供奉着吕纯阳、李太白两位"大仙"。当时求得的卜辞是："静静，自然定。"于是，叶名琛坚信，敌军会自己退去。没想到，敌军攻城猛烈，城被攻破，他自己也做了俘虏。

说起叶名琛，确实很特殊。当敌军进攻之时，他说这是敌人虚张声势，不予抵抗；当敌军进攻激烈时，他也并不惧怕，还坚持整理重要文件，"坚不肯避"。当他被俘上船时，随从人员曾示意他投水自尽，以全名节。他却没做，还要活着去见英王，理论他们为何不守信用，无端起衅。然而，当他被押到印度之后，也尚能保持民族气节，还惦记着国内战事。每日念念经、吟吟诗、写字画画送人，自称"海上苏武"。在自带的食物吃完之后，他坚决不食外国食物，最后绝食

第二次鸦片战争时的两广总督叶名琛。他是个很特殊的人物，有"六不将军"之称

而死。

我国史学界对叶名琛多持否定态度，认为他在大敌当前之际不理防务，虚骄自大、昏聩糊涂。有人讥讽他是"不战、不和、不守、不死、不降、不走，相臣度量，疆臣抱负，古之所无，今亦罕有"，给他起了个绰号叫"六不将军"。马克思在他的《英人在华的残暴行动》一文中，却称赞叶名琛在极端专横的侵略者面前，表现出"心平气和，冷静沉着"的总督风度。马克思是站在被侵略的中国人民的立场上这样评论的。其实，叶名琛既有迂腐、虚骄、固执的一面，也有忠贞、不屈、反侵略的一面，不能全盘否定他。他的悲剧是由清政府的腐败造成的。

## "五不居士"——翁同龢

翁同龢是清朝末年颇具影响的高官。祖籍江苏常熟。他1830年出生于北京一个世宦家庭，自幼聪慧，22岁中举，26岁中状元。他曾担任过同治、光绪两个皇帝的老师。翁同龢政治思想比较进步，1885年中法战争中，力主抵抗；1894年中日甲午战争时，反对李鸿章求和；康有为、梁启超进行维新变法时，他也积极支持。

曾为同治、光绪两位皇帝老师的翁同龢，变法失败后避居故里，自号"瓶庐居士""五不居士"

翁同龢支持变法、企图让光绪皇帝亲政的态度遭到慈禧太后的忌恨。为了打击维新运动，削弱帝党势力，在"百日维新"开始不久，慈禧便强迫光绪皇帝下诏，以翁同龢"渐露揽权狂悖情状，断难胜枢机之任"为由，将其开缺回籍。戊戌变法失败后，翁同龢又因保荐过康有为等人遭到弹劲，加重处分，"革职永不叙用，交地方官严加管束"。

回到故里常熟的翁同龢，深知慈禧居心险诈，为避杀身之祸，他将自己的住处起名"瓶庐"，并为自己取名"瓶庐居士"，寓意守口如瓶。

按"交地方官严加管束"的要求，翁同龢须于每月的初一、十五向地方官汇报思想。为了避免这一难堪的局面，每逢这两天，翁同龢便早早离开家到虞山墓地。地方官也不愿为难这位前高官，并且担心有一天他官复原职不好交待，于是到这两天也只是到翁府走走过场。

翁同龢虽为地位显赫的高官，却能严格要求自己，廉洁自律。他被罢官回到居住地"瓶庐"，曾在门上贴了一项规约，上写五条"不"："一不写荐信，二不受请托，三不赴宴会，四不见生客，五不纳僧道。"人们因此称他为"五不居士"。

1904年，翁同龢在常熟病逝，享年74岁。去世后被安葬在虞山鹁鸪峰下的家族墓地，墓前立着他生前手书的"清故削籍大臣之墓"的墓碑。1982年，此墓被江苏省人民政府列为江苏省文物保护单位。

## 曾国藩"曾剃头"绰号的由来

曾国藩是中国近代史上一位很有影响的人物。他所处的年代，正是清王朝走向衰败、内忧外患日益严重的时代。在这动乱年代，曾国藩踏上了仕途之路，凭借着自己的才智与努力，步步升迁。后又组建湘军，镇压太平天国，被清王朝封为一等毅勇侯，成为清代以文人而封武侯的第一人。

曾国藩满腹经纶，深受中国传统儒学思想影响，在政治上有自己的见解，对于"修身、齐家、治国、平天下"自有一套理论，对后世也有一定的影响。他办洋务、拒外敌也是有功有过。曾国藩俨然一副读书人的形象："貌之过人者，眼作三角形，常如欲睡，身材仅中人，行步则极厚重，言语迟缓。"但在镇压太平天国起义上，他是一副凶神恶煞

曾国藩一副读书人的模样，在镇压太平天国起义方面，却是凶残成性，杀人如同剃头一般，故人们给他起了个"曾剃头"的绰号

的形象。在进攻太平军时，他采取的是屠杀政策和焦土政策，并认为杀得越多越好。湘军攻陷安庆后，在不到半天的时间里，就杀死了一万多名太平军战士。曾国荃怕到阴曹地府受到惩罚，写信给曾国藩，流露出后悔之意。曾国藩立即回信说："你现已带兵，自然要以杀贼为志，何故后悔杀人多？"可见曾国藩残忍嗜杀的程度。所以，人们送他一个绰号叫"曾剃头"，喻指他杀人和剃头一般，不眨眼，不手软。

湘军对天京的烧杀屠戮，更使其"曾剃头"的形象暴露无遗。当时湘军攻到哪里抢到哪里，抢完即放火焚烧，大火一连烧了十余日，将一座繁华古都直烧得残墙断壁，一片废墟。屠杀更是残忍，大量太平军将士和天京城内的平民百姓遭到惨杀。整个天京城内，尸骸塞路，秦淮河里积尸如麻，河水也被鲜血染红。

据《太平天国》一书统计，仅江浙一带，几年之内，被湘军所杀的，就有287万人之多。曾国藩"曾剃头"的称号可谓"名不虚传"。

## 慈禧太后"老佛爷""亲爸爸"绰号的由来

慈禧太后最喜欢别人叫她"老佛爷"。关于这个名字的来历，民间有一个传说，说光绪初年，慈禧太后的心腹太监李莲英让人在万寿寺大雄宝殿的后面建了一尊佛。建好之后，李莲英对慈禧说："听说万寿寺大雄宝殿常有双佛显光，这是大吉大利之兆，奴才想请太后驾临观看。"

慈禧听后非常高兴，于是挑了个吉日，来到了万寿寺。当她进了大雄宝殿后，看到仍是原来的一座佛像，没有什么双佛显光，顿时勃然大怒。李莲英忙说："太后息怒，请您到后殿观览。"慈禧转到佛像的后面，果然看到还有一尊慈眉善目的观世音菩萨像。正当她惊讶之时，李莲英忽然喊"老佛爷到"，早已恭候在这里

慈禧自比观世音菩萨，喜欢别人叫她"老佛爷"，这是她装扮成观世音的照片

的文武大臣立即跪地齐声高呼"恭迎老佛爷"。慈禧见状已经明白，却故作不解地问："你们迎接的是哪位老佛爷呀？"李莲英等答道："就是迎接太后您老佛爷呀！""您就是当今救苦救难的观世音菩萨啊！"一席话说得慈禧心花怒放。从此，"老佛爷"这个称呼就传开了，大臣们都以称她为"老佛爷"为敬重，慈禧也以此自喜。其实，"老佛爷"就是一个绰号，一个阿谀奉承的绰号。

慈禧还有一个"亲爸爸"的绰号，这个绰号是慈禧逼着光绪皇帝叫的。慈禧为什么要逼着光绪叫她"亲爸爸"呢？原来，慈禧身为太后，却居于太上皇的地位。太上皇的位置本是皇帝父亲享有的，让光绪称她"亲爸爸"，她居于太上皇的地位，似乎就名正言顺了，这真是一种权欲熏心的心理。为此，慈禧还找理由说，光绪是她亲妹妹生的，她妹妹的儿子就跟她生的一样。

慈禧的旨意，光绪当然不敢违拗。这样，光绪皇帝在称呼她时，不

仅叫"爸爸",还要叫"亲爸爸"。曾经在宫廷里生活过两年的德龄女士在她的《清宫二年记》中就写过,她曾亲耳听到光绪皇帝每次向太后请安时,都要说:"亲爸爸吉祥!"

## 袁世凯几个绰号的由来

袁世凯,字慰亭,号容庵,河南项城人,故又称袁项城。

袁世凯最有名的绰号是"袁大头",这个绰号缘于当时流通的银元。因银元上印有他那肥头大耳的头像,人们称这种银元为"袁大头",这也成了他的代称、绰号。

袁世凯还有一个绰号叫"袁宫保",这是他喜欢的一个绰号,这个绰号缘于八国联军侵华时期。据袁世凯的三女儿袁静雪回忆,清廷认为湖广总督张之洞、两江总督刘坤一和袁世凯三人在八国联军入侵时保卫东南疆土有功,于是都晋为太子少保衔。太子少保本是一个空衔,但在封建王朝得到这个头衔是很荣耀的。所以,袁世凯很喜欢这个头衔,喜欢人称他"袁宫保"。当时袁府家中的人包括佣人都叫他"宫保"。

袁世凯另一个绰号是"洹上渔人",这个绰号缘于戊戌变法失败后。

戊戌变法期间,袁世凯表面赞成维新运动,暗地却向荣禄告密,出卖维

袁世凯自称"洹上渔人",头戴斗笠,身披蓑衣,意在昭示世人自己彻底隐遁

新派，致使戊戌变法失败，六君子被杀，光绪皇帝被囚禁瀛台。他由此取得慈禧太后宠信，官运亨通，步步高升，担任了直隶总督、军机大臣、外务部尚书，成为清政府握有军政大权的实权人物。

1908 年，光绪和慈禧先后去世，醇亲王载沣为摄政王，掌握了权力。此时，要求惩治袁世凯的呼声很高。据传，光绪皇帝死前留下一道遗诏，写了一个"斩"字，"袁"字写了一半，光绪就不行了。还传说，光绪皇帝交给隆裕皇后一纸片，并对隆裕皇后说："杀我的是袁世凯。"也有说，光绪皇帝亲自用朱笔写了"必杀袁世凯"的手谕，放在他的砚台盒内，后为隆裕皇后发现。虽然这些说法都无法证实，但光绪皇帝 1900 年逃到西安后，经常"画成一龟，于背上填写项城（即袁世凯）姓名，粘之壁间，以小竹弓向之射击，既复取下剪碎之，令片片作蝴蝶飞……"这是见于史书记载的，足以说明光绪皇帝对袁仇恨之深。

载沣也极其仇恨袁世凯，他掌权之后，决心除掉袁世凯，一为其兄报仇雪恨，二为杜绝后患。袁得知这一情况后，自然恐慌，终日提心吊胆。后载沣虽没杀掉袁世凯，但还是借口他有足疾将其罢官，让他回老家养病去了。

袁世凯回河南之后，到了彰德洹上村，这里有他的一座大庄园。此时的袁世凯自知处境危险，为了迷惑清政府，使其消除对他的注意，他在彰德装出一副陶醉于闲情逸致的样子：或扶杖漫步，花前月下；或吟诗作画，饮酒作乐；或泛舟洹水，披蓑垂钓。他长吟"散发天涯从此去，烟蓑雨笠一渔舟"，并让人为他拍了一张戴笠披蓑、静坐垂钓于船头的照片，到处送人，还给自己起了两个绰号"洹上渔人""渔上钓叟"。他极力宣传他的这两个绰号，目的是让更多的人知道。他与人相见时，总是以这两个绰号自称，借此表示自己已经淡泊名利，决心彻底隐遁了。

其实，袁世凯从未停止过恢复权力、东山再起的活动。据说，他密室中的电报机每天都在忙碌着，他装扮"洹上渔人"只不过是一种韬光

养晦的手段罢了。果然，两年后，他东山再起，重握实权。继而，他又疯狂镇压革命，迫使清帝退位，当上了中华民国大总统，后又称帝。所以，当时外国人又送他一个"皇帝总统"的绰号。

袁世凯的倒行逆施终于激起全国人民的强烈反对，他最后众叛亲离，在人民的声讨声中，忧惧而死。

## 张勋"辫帅"绰号的由来

1854 年，张勋出生在一个小商贩家庭。从军之后，他从一名厨子逐渐升到提督高位，因而对清王朝的皇恩念念不忘，发誓以保留辫子来表示自己对清王朝的忠心。辛亥革命胜利后，他依附了民国，但提出一个条件——不剪辫子，不仅他不剪，他手下的几万官兵也不准剪。他的军队因此成了辛亥革命后唯一留有辫子的"辫子军"，他也成了唯一留有辫子的将帅。所以，人们送他一个绰号叫"辫帅"。

张勋是辛亥革命后唯一留有辫子的将帅，故有"辫帅"的绰号

开始时，张勋确实是死守着这条以示对清王朝忠心的大辫子的，任何人都说不动他剪去这条辫子。

据说，段祺瑞曾专门派员劝告他，要他带领官兵一起剪去辫子。张勋听报，大发雷霆，怒吼："头可断，发辫绝不可剪。"段祺瑞也拿他没有办法。还传说，张勋曾看中一位平剧女主角刘喜奎，想娶她为妾。刘喜奎不愿意，但又不敢拒绝他，灵机一动想出一个办法，对来说媒的张勋幕僚说："大帅要娶我，就请大帅把辫子剪掉。"幕僚说："这恐怕办不到，你知道，大帅可是视发辫如生命啊。"刘喜奎说："如果大帅不剪辫子，我誓死不从。"幕僚将刘喜奎的要求告诉张勋，张勋为难地说："这岂不是要难为老夫吗？"可见他保辫子的决心之大。但在他率辫子军进京复辟失败之后，情况发生了戏剧性的变化，他竟顺从地剪去了辫子，再次给人们留下了一个笑料。

复辟失败之后，张勋坐汽车逃入荷兰驻华大使馆。此时全国上下一片讨伐之声，要求将他悬首国门，吓得他坐卧不安，忙请荷兰公使帮忙。公使说："阁下现在最好也是唯一的办法，就是出国，但要剪掉辫子，穿上我们的衣服。"此时，视辫如命的辫帅，也顾不了"头可断，发辫绝不可剪"的誓言了，顺从地让外国人给自己剪去了辫子，剪时还说："我过去不剪，是不忘故主、不降民国的表示；今天要剪，是要去入外国籍了。"

## "贿选总统"——曹锟

曹锟，字仲珊，天津大沽人。出身贫寒，家有兄弟五人，他排行老三。早年靠贩布为生，无钱买车，只好将布扛在肩上去卖，因此有"布贩曹三"的绰号。

曹锟性情爽直，年轻时好酒贪杯，经常喝醉了酒便席地而卧，街上的顽童趁机把他的钱偷走，他也不当回事，只是一笑了之。当别人告诉他谁偷了他的钱，他也不去追讨，还说，我喝酒，图一乐耳，别人拿我的钱，也是图一乐耳。人们因此又给他起了个"曹

曹锟有许多绰号，最有名的是因贿选总统而得的"贿选总统"绰号

三傻子"的绰号。

后来，曹锟弃商从军，进了天津北洋武备学堂，毕业后，先在毅军当兵，后投奔了袁世凯，当上了右翼步兵第一营的帮带。据唐绍仪说，曹锟加入北洋军还有一个故事。袁世凯在小站练兵时，一日静坐幕中，忽听外面有卖布的吆喝声，其声洪壮，袁世凯听后觉得此人不同于常人，便让人将他叫进来。此人就是曹锟。袁世凯见其相貌雄伟敦厚，便将他留在军中，给予重用，屡屡提拔。这个故事与曹锟投靠袁世凯的时间有矛盾。对此，唐绍仪曾说，或许是为了说明袁世凯重用提拔曹锟而编撰的。不管此故事是真是假，曹锟在袁世凯手下步步高升却是事实。辛亥革命后，曹锟被袁世凯任命为师长、长江上游警备司令。袁称帝时，授其为"虎威将军"、一等伯，袁世凯死后，曹任直隶督军，后又兼省长。冯国璋死后，曹锟成了直系的首领。成了直系首领的曹锟，先是通过直皖战争赶走了段祺瑞，随后又通过直奉战争赶走了张作霖，完全控制了北京政府。此时的曹锟已不满足于只当一个地方军阀，他想当总统了。

在当时，当总统要通过国会议员选举，而当时支持曹锟当总统的议员不多，还有一些议员不在北京。怎样才能将国会议员聚集到一起，并投自己一票呢？曹锟采用了贿赂的办法，他明码标价，只要议员参加会议投他一票，就可获得 5000 元的谢礼。后来为了凑足选举人数，他又提出，只要来参加会议就可获得这份谢礼。后来，曹锟真的通过了选举，当上了大总统，贿选成功。为此，曹锟花去了 1300 万，这也成了中国近代史上的一段丑闻。曹锟也因此获得了"贿选总统"的绰号。可好景不长，仅仅一年，曹锟就被发动北京政变的冯玉祥赶下了台，软禁在中南海延庆楼。曹锟被赶下台交出大总统印信时，曾伤心地看着印信说："为了你花了 1300 万，花了 1300 万啊！"

后来，曹锟被冯玉祥的部将鹿钟麟释放。被释放后的曹锟投奔了吴佩孚，吴佩孚被国民革命军击败后，曹锟避入天津闲居。

曹锟的晚节尚好，日军占领天津后，要他出来任伪职，他严词拒绝。

当他听到台儿庄大捷的消息后，非常高兴，对女儿说："台儿庄大胜之后，希望国军能乘胜收复失地，我虽不得见，亦可瞑目。"为此，国民政府追赠他为陆军一级上将。

## "学者军阀"——吴佩孚

吴佩孚，字子玉，山东蓬莱人。吴佩孚出生时，他的父亲梦见了抗倭名将戚继光（字佩玉）。父亲敬仰这位英雄，于是便用戚继光的"佩玉"两字，为孩子取名佩孚，字子玉。

吴佩孚早年丧父，是母亲含辛茹苦地供他上学。吴佩孚学习很用功，22岁便考中秀才。后因得罪本地权贵，被迫外出避祸，后投了北洋军。

吴佩孚一介书生，初当兵时，常常因军训不合要求而被教官惩罚示众。受罚时，吴佩孚总是保持沉默，呆呆地站着。所以，大家给他起了个"吴傻子"的绰号。

吴佩孚后来当了勤务兵，在军中听差。有一天，吴佩孚为巡警营的一位幕僚郭梁丞送一份公文时，偶然发现郭梁丞在公文中用错了一个典故，便向他指了出来。郭后来知道吴佩孚竟是位秀才，便与他结为把兄弟。吴佩孚也在郭的保荐下，上了军校，当了军官。

1904年日俄战争时，清朝政府派了16个人帮助日本人收集俄国人的情报，吴佩孚是其中之一。吴佩孚在这次行动

吴佩孚曾一度拥兵几十万，势力波及大半个中国，为此美国《时代》周刊曾将他的头像印在了封面上

中表现得机警沉稳，遇到问题，他总是镇定沉着、不慌不忙地说："总会有法子的。"人们因此给他起了一个"总会有法子先生"的绰号。

1908年，吴佩孚在曹锟的部队中任一个营的管带，负责在东北一带剿匪。吴佩孚剿匪自有一套办法，他不与土匪直接交战，却始终盯着他们，使他们没有活动的机会。如有小股匪徒活动，他则派骑兵迅速赶到，予以消灭。为此，土匪给他起了个"吴小鬼"的绰号，认为他神出鬼没，很难对付。

吴佩孚屡立战功，很快成为北洋军阀直系集团的重要将领、曹锟的心腹悍将。1920年，吴佩孚在直皖战争中击败了段祺瑞。1922年，第一次直奉战争中，吴佩孚任直军总司令，将张作霖的12万人马赶出了关内。此时的吴佩孚虎踞洛阳，拥兵数十万，其势力影响了大半个中国。曹锟曾说："只要洛阳打个喷嚏，北京天津都要下雨。"连外国人也认为吴佩孚是当时"中国最强者"，美国《时代》杂志周刊曾将他的肖像印在了封面上。人们开始以"大帅"称呼他。

说起吴佩孚"大帅"这个称号，还有一段故事。吴佩孚称大帅之前，人们称张作霖和曹锟为"大帅"。曹锟是吴佩孚的顶头上司，如今吴佩孚称了"大帅"，曹锟再称"大帅"就不合适了，于是曹锟便改称为"老帅"了。张作霖和吴佩孚一向不和，张听说吴佩孚也称了"大帅"，当然恼恨，更不愿与他同称"大帅"，于是也改称"老帅"了。这样，吴佩孚"吴大帅"的绰号更有名了，因吴佩孚字子玉，所以其部下也称他为"玉帅"。

吴佩孚秀才出身，平时又喜欢读书、画画、写诗、写文章，早年，他军中传唱的军歌就是他写的。吴佩孚一生还坚持三条信念：不敛财，不纳妾，失意后不进租界。这些他都做到了。他虽为军阀，但文人气息很浓，所以人们称他为"儒将""儒帅"，美国著名史学家费正清则直接称他为"学者军阀"。

吴佩孚晚年寓居北平。1937年北平沦陷后，日本人希望吴佩孚出来维持大局，出任北平维持会会长，遭到吴佩孚严词拒绝。日本特务头子土肥原贤二亲自上门威逼利诱也没达到目的。后来日本人还专门为吴佩孚举办了一个记者招待会，为他写好了发言稿，让他公开露面，逼他就范。没想到，吴佩孚发言时，撇开了讲话稿，即席演讲，要求日军先行撤军再谈和平，弄得日本人狼狈不堪。于是，日本人决定除掉他。不久，吴佩孚患牙疾，高烧不退，日本人便假派牙医为其治疗，借机将其杀害。

人们对吴佩孚晚年能保持气节、维护民族大义表示赞许。吴佩孚去世之后，人们为他举行了隆重的葬礼，蒋介石亲自发来唁电。后来，国民政府还追赠他为陆军一级上将。

## 趣说军阀的绰号

民国初年，军阀纷争，给人民带来了深重灾难，人们憎恶他们，便根据他们的丑闻或生理缺陷起了很多绰号。

人们给段祺瑞起的绰号叫"歪鼻将军"。段祺瑞鼻子有毛病，平时鼻子就有点向左歪斜，如遇刺激，会突然严重向左歪斜，这时需要经过按摩才能慢慢正过来。

据传，段祺瑞有四次被气歪了鼻子，一次是袁世凯坚决不同意他推荐的心腹任国务院秘书长，另一次是听说他的得意门生在天津被杀，再一次是得知他的三姨太与儿子有染，还有一次是他带着一份《对德参战提交国会案》要黎元洪盖章，黎不同意，并怠慢了他。这几次歪鼻都是经过按摩才正过来的。

冯国璋的绰号是"糊涂将军"。冯国璋长相憨厚，处事优柔寡断，有时办事糊里糊涂。有一件事最能说明他的糊涂程度：袁世凯为了控制他，将自己的家庭教师介绍给了他。冯国璋与这位家庭教师结婚后，他的一言一行都被这位夫人密报给了袁世凯，而他直到死竟还不知内情。

孙传芳的绰号是"笑虎将军"。孙传芳表面上笑容可掬，实质上却

心狠手辣。1925年，孙传芳与奉军作战，俘虏了对方的前敌总指挥施从滨。施见到孙传芳，还向他行了一个军礼。孙传芳笑容满面地握着施从滨的手说："施老，你好啊，你不是来当安徽督办的吗？那就马上上任去吧。"就这样，施从滨被押出去枪杀了。

施从滨的女儿施剑翘得知后，发誓要为父报仇。后来，终于在天津的居士林将孙传芳杀死。

'张宗昌是民国时期的山东军阀，绰号很多，最有名的是"三不知将军"

山东军阀张宗昌的绰号是"狗肉将军"。张宗昌嗜赌，当地人称玩骨牌九叫"吃狗肉"，张宗昌赌时常要无赖，参赌的多是他的部下，不敢得罪他，只好背地里骂他是"狗肉将军"。他还有一个绰号叫"三不知将军"：一不知自己有多少兵，二不知自己有多少钱，三不知自己有多少老婆。他的兵太乱太杂，有招募的，有收编的，还有投降的外国兵；他的钱有抢来的，有骗来的，而且公私不分；他的老婆有正式的、非正式的，有长期的、短期的。以上三项，他自己常常说不清。据说，1931年，张宗昌在北京府第宴请新闻界人士，到席的女主人竟有25人之多。张宗昌死后三年，济南大观园还有一位名伶自称是张宗昌的第27位姨太太。

鲁迅在他的《在现代中国的孔夫子》一文中就提到了这位三不知将军，文中写道："钻进山东，连自己也数不清金钱和兵丁和姨太太的数目的张宗昌将军……"足见张宗昌的这个绰号流传之广。

还有一位直系将领叫王怀庆，他是袁世凯的心腹，曾任京畿卫戍司令，在当时也是一个赫赫有名的人物。他有一个很不雅的绰号"马桶将军"，也叫"厕所将军"。

王怀庆肠胃不好，时时离不开马桶，就是办公的时候也要坐马桶，为此，他让人专门给他做了一个高级的马桶椅。平时他就坐在马桶椅上办公，办公如厕两不误。如遇行军打仗，他则让挑夫挑着马桶椅紧随其后，以备随时使用。为此，人们给他起了个"马桶将军"的绰号。还有人叫他"王拉"。

## 北洋军阀中的"龙""虎""狗"

历史上，三国时期的诸葛亮和他的长兄诸葛瑾、堂弟诸葛诞曾被人们分别誉称为龙、虎、狗。清末民初，北洋军阀中的王士珍、段祺瑞、冯国璋也曾分别有过龙、虎、狗的称号。只不过诸葛三兄弟的龙、虎、狗，是人们赞誉他们的绰号，而北洋军阀中的龙、虎、狗，则是褒贬参半的绰号。

北洋军阀中的王士珍、段祺瑞、冯国璋，原来都是天津武备学堂的高材生。后来先后被推荐到袁世凯手下，到小站帮助袁训练新兵。三人

王士珍城府很深，在政坛上时隐时现，如潜龙一般，故时人以"龙"称之

段祺瑞办事干练，脾气暴烈，常发虎威，被人称作"虎"

冯国璋优柔寡断，办事总是跟在袁世凯之后，所以人们送他一个"北洋犬"的绰号

都是科班出身，段祺瑞和冯国璋还留过洋，王士珍虽没留过洋，但也精明老成。所以，兵都带得不错。一位德国将领在看过他们三人带兵操练后，大加赞赏。从此，三人名声大振，被称为"北洋三杰"。此后三人都得以发迹，官职越来越高，直至总统、总理等职。

三人虽都发迹军中，但性格禀赋各不相同，处事为人也各有特点，人们根据其特点，分别以龙、虎、狗称之。

王士珍善谋略而不露锋芒，看上去谨慎怕事，实际上却城府很深。民国初期，政潮纷起，王士珍却能左右逢源，抓住时机，谋取利益，如同潜龙一般，在政坛上时隐时现。故人们对他以"龙"相称，称其为"王龙""北洋之龙"。

段祺瑞办事干练、自命不凡，常摆出一副名将的架势。他性情暴躁，又刚愎自用，常常发威，如恶虎一般，故人们称他为"虎""段虎""北洋之虎"。其长相却没有虎威，脸膛扁平，眉毛疏淡，鼻子微歪，胡子散乱，毫无英雄气概。但值得一提的是，段祺瑞与其他军阀还有不同之处，他不抽不喝不嫖不赌不贪不占，没有积蓄，没有房产，人们为此给他起了一个"六不总理"的绰号。

还值得一提的是，段祺瑞晚年保持了气节，不与日寇合作。"九一八"事变后，日本扶持溥仪成立了伪满洲国，特务头子土肥原贤二又多次到天津秘密拜访段祺瑞，想请段出面组织华北政府，并许愿只要段同意，日本将会全力支持，但遭到了段祺瑞的严词拒绝。为避免日本人的要挟，段祺瑞举家迁去上海，公开表明自己的抗日态度。他接受《申报》记者采访时说："日本暴横行为，已到情不能感、理不可喻之地步。我国惟有上下一心一德，努力自求。语云：求人不如求己。全国积极准备，合力应付，则虽有十日本，何足畏哉？""爱国朝野一致，救国惟有自救耳。"

冯国璋生性优柔寡断，胸无主宰，遇事瞻前顾后，又贪婪嗜财，但他谦逊和气，广结善缘。他曾长期效忠袁世凯，貌似憨厚，却很有心计。故人们对他以"狗"相称，称他为"冯狗""北洋之狗"。

# "修道士外交总长"陆徵祥的爱与悔

陆徵祥是我国清末民初著名的外交家。他 22 岁时，便随清末外交家许景澄来到中国驻俄使馆任翻译官，后长期担任驻荷兰、俄国公使。民国初期，他曾多次担任外交总长，几乎亲历了当时中国所有的重大外交事件。他曾参与关于外蒙问题谈判，也为袁世凯签署了卖国的"二十一条"，同时又深怀爱国之情，拒绝在巴黎和会上签字。

陆徵祥出生在上海，8 岁丧母，由做传教士的父亲扶养成人。陆徵祥在出任中国驻俄使馆外交官时，认识了天主教女子培德·博斐女士。培德比他大约二十岁，但她那出众的才貌、高雅的谈吐，使陆徵祥一见钟情。两人冲破了重重阻力，于 1899 年在俄国圣彼得堡的一座天主教堂里举行了婚礼。婚后，两人相亲相爱，培德不仅在生活上精心照顾陆徵祥，而且还成了他政治、外交上的得力助手。陆徵祥对她非常敬爱，他曾说，在他的心目中，夫人的地位与父母和恩师同等重要。并说，生我者父母，助我者妻，教育以裁成我者吾师也，三者缺一不可。他还专门画了一幅《三友图》，三友者，一为其父，一为其师，一为其妻。画好后，还请溥仪皇帝的老师陆润庠为图题字，结果被陆润庠痛斥了一通，说哪有父师而可与妻并称三友者？

这是陆徵祥在 1947 年 4 月 6 日复活节时的一张留影

早先陆徵祥要与培德成婚，遭到使馆上下和国内舆论的激烈反对。陆徵祥的老师许景澄也激烈反对这段姻缘，后见无法阻止，便无奈而又幽默地说："子兴（陆徵祥的字），你学外国学得很彻底，连太太都娶了外国的。将来假如没有儿孙，你太太又先你过世，希望你能

进修道院去，这也是外国的习惯。"没想到这个玩笑最后竟成了现实。陆徵祥真的在妻子死后去了修道院，做了一名修道士，被人称作"修道士外交总长"。其实，陆徵祥去修道院做修道士，并非因为外国的习惯，而是因为他为袁世凯签署了"二十一条"后的沉重的负罪感所致。

1915 年，日本向袁世凯提出了旨在灭亡中国的"二十一条"，条件是帮助袁世凯称帝。袁世凯深知这是灭亡中国的条款，但为了称帝，他不惜出卖国家利益，决定接受这一条件。他令时任外交总长的陆徵祥去办理签字手续。陆徵祥深知签字的责任和罪孽，可又不敢违命袁世凯。在签字的前一天，陆徵祥将此事告诉了夫人培德，培德听了大为震惊，没想到自己的丈夫竟同意去签这样的卖国条约。她鄙视地说："真不了解你们中国人，以中国这样的广大民众，对付三岛的日本国，竟然老鼠见了猫一样的怕。"陆徵祥甚感惭愧，无言以对。陆徵祥为袁世凯在"二十一条"上签字之后，来见袁世凯，袁说："陆先生累了。"陆徵祥说："精神倒也支持得了，不过我签了字，就是签了我的死案。"此后，陆徵祥一直被沉重的负罪感所折磨。后来陆徵祥携培德去了瑞士当公使。1926 年，培德在瑞士病逝。去世前，她再次提及陆徵祥签署"二十一条"一事，说这事最不光彩，对不起她，也对不起国家。希望在她去世之后，他能去修道院，以取得上帝的赦免。陆徵祥依照夫人的遗言，去了比利时，在培德生前的神父的陪同下，进了布鲁日本笃会修道院做了一名修道士。后晋升为本笃会司铎，罗马教皇为他举行了隆重的晋升典礼。当时，蒋介石、冯玉祥、于右任、徐世昌等都寄来了礼物、书信、贺电等，以示祝贺。1945 年，陆徵祥被封为比利时刚城圣伯多禄修道院名誉院长。

陆徵祥虽人在修道院，但仍时时关心自己多灾多难的祖国。他对自己违心签署"二十一条"始终悔恨不已。1945 年，终于传来了抗战胜利的消息，他异常兴奋，感慨终于在自己的有生之年看到了祖国一雪前耻。

1949 年，这位中国近代史上富有传奇色彩的唯一的"修道士外交总长"病逝，享年 78 岁。

# "梁头康尾"——梁士诒

梁士诒是民国政坛上一位很有影响的人物。他曾担任过袁世凯总统府的秘书长、铁路总局局长、交通银行总理、财政部次长。徐世昌任总统时，他被任命为国务总理；段祺瑞任执政时，他又被任命为交通银行总理。他还曾因拥戴袁世凯称帝、参与张勋复辟和军阀之间的争斗，被四次通缉过。

梁士诒的一生，处在军阀混战、政权更迭的乱世之中，他在乱世中左右逢源，多次身居高位，掌管财政大权，并组成了自己的网络"交通系"，对政府的经济活动起着重要影响。因此，人们称他为"乱世财神"。

梁士诒善于理财，他对经济颇有研究。他在清政府举办的经济特科的选考中拔得头筹，并遥遥领先于第二名，但在张榜时，其名次却排在了后面。原因是慈禧太后看到他的名字，马上想到了戊戌变法的领袖康有为和梁启超。梁启超是广东人，而梁士诒恰恰也是广东人。于是，慈禧太后恶狠狠地问道："此人是不是梁启超的本家？"军机大臣们听了，没人敢说不是，只能说"太后明鉴"。有一个尚书更是迎合太后的心意，说："太后英明，此人定是乱党，单看姓名，姓梁启超的'梁'，同时，尾又与康有为的旧名相符，康逆的旧名叫康祖诒，而他又偏叫梁士诒。"众大臣听后也跟着点头称是。这

梁士诒善于理财，有"乱世财神"的绰号

样，梁士诒便有了一个"梁头康尾"的绰号。

梁士诒拥戴袁世凯称帝，并积极为他策划奔走，他曾召集交通系的干将开会，要他们表态支持袁称帝。当时参加会议的干将议论纷纷，莫衷一是。梁士诒听得不耐烦了，便毫不掩饰地大声说道："赞成帝制不要脸，不赞成就不要头，要头还是要脸，你们自己看着办。"大家听了，你看看我，我看看你，最后只好决定"要头不要脸"。由此也可见，梁士诒拥戴袁世凯称帝是何等卖力。这也是袁世凯死后，他被列为帝制祸首遭通缉的原因。为此，他逃到了香港。

梁士诒在香港时，倒做了一件受人赞扬的事。当时，港人自筹资金在新界的青山寺的入口处建了一座牌坊，请梁士诒和即将退休回英国的香港总督金文泰题词。金文泰精通中文，且写得一手好字，他为牌坊题写了"香海名山"四个大字，刻在牌坊的横额上，而梁士诒则题写了一副对联刻在牌坊两边的柱子上，对联是："楼观参差，清夜闻钟通下界；湖山如此，何时返锡到中原。"金文泰见到梁士诒的对联大为不满，当众质问梁士诒"返锡到中原"是什么意思，并高傲地说："香港现在在英国人手里，包括你自己现在也在大英帝国的庇护之下，你还指望香港能回归中国？你这样含沙射影，难道不怕被问罪吗？"梁士诒听后，笑了笑说："那只是时间的问题，但我想教你长点知识，这对联是出于典故'卓锡'，意为古时老僧人上山修行，都持一根锡杖。而'中原'是指佛教的最高境界。"说到这里，梁士诒停顿了一下，接着又不慌不忙地反问道："现在青山寺的僧人面对这里的幽山美水，不知何时要返佛教的乐土，不免有依依不舍之感。难道这对联不是很贴切吗？"其实，这副对联确有弦外之音，但梁士诒滴水不漏的解释使金文泰无以为答，只好点头称是。梁士诒在此事上所表现出来的爱国之心一直为后人所赞扬。

# "近代兵学泰斗"——蒋百里

蒋百里是我国近代著名的军事理论家和军事教育家，他的一生充满了传奇。

蒋百里原名蒋方震，百里是他的字。蒋百里自幼聪慧好学，过目不忘，16 岁时就考中了秀才，有"神童"之称。

蒋百里的父亲早逝，他与母亲相依为命。他对母亲极孝，14 岁那年，他见母亲病重无医可治，便效法古人"割肉疗亲"的故事，在自己左臂上割下一块肉，煎汤让母亲服用。母亲病愈之后，得知此事，心疼地抱着他大哭。

1901 年，蒋百里投笔从戎，东渡日本，进入东京士官学校学习。在学校，他与蔡锷、张孝准才华横溢，成绩突出，被誉为"中国士官三杰"。参加这期学习的日本学生有三百多名。毕业时蒋百里获得了第一名，第二名是蔡锷，第三名本应是张孝准，但据说毕业发布官认为按此宣布出来，日本人太丢脸了，也无法向天皇交待，于是临时将后面的两位日本学生提到了第三名、第四名，而将张孝准排到了第五名。按照规定，学校向第一名获得者蒋百里颁发了天皇奖赠的"神圣之剑"。蒋百里对天皇赠剑并不感兴趣，他只觉得这是长了中国人的志气。后来，蒋百里又去德国留学，学习军事。归国后，任保定陆军军官学校校长。当时他雄心勃勃，决心创办一流的军校，为国家培养一批优秀的将才。为此，他向学生承诺：如不称职，当自杀以明责任。为办学，他多次请求增加临时经费，但都遭拒绝，他感到绝望，于是，决定兑现承诺，以身殉校。

蒋百里是我国近代一位充满传奇色彩的军事家，也是一位著名的文学家

他将全校同学召集起来，向他们讲明经过，说，我做这样的校长，对不起学生，惟出最后之手段，以谢军界同胞，以明此心于天下而已。说罢，拔出手枪，对准自己的胸膛开枪自杀。所幸，受伤未死。此事传开后，舆论顿时铺天盖地。袁世凯知道事态严重，赶忙委托日本使馆派出最好的医生和护士去保定救治蒋百里。在疗伤过程中，美丽而善解人意的女护士佐藤屋子给他留下了深刻的印象，后来成了他的夫人。蒋百里为她取了一个中国名字叫"左梅"。左梅为蒋百里生育抚养了五个女儿，他们的三女儿蒋英后来成了著名科学家钱学森的妻子。

蒋百里有"近代兵学泰斗"之称，他的重要军事论著《国防论》是第二次世界大战时中国军队的战略指导依据。他早在1933年就指出，中日之间的大战不可避免。他最早提出了抗日战争是持久战的军事理论，后来，毛泽东、白崇禧所提出的相关理论都受到他的影响。蒋百里坚信，抗日战争，中国必胜，日本必败。他在《国防论》的扉页上，饱含深情地写下了"千言万语化作一句话，中国是有办法的"。

蒋百里不仅对军事理论深有研究，对文学艺术也有很深的造诣，有民国"半个文人"之称。他曾主编《浙江潮》，其思想之尖锐深邃不亚于《新青年》和《湘江评论》。他为《浙江潮》所写的发刊词，文采飞扬，传诵一时。他所撰的《欧洲文艺复兴史》至今仍是中央美院的教材。著名学者黄炎培曾赞誉他是"天生兵学家，亦是天生文学家"。

1938年，蒋百里因病去世。其好友于1947年为其迁葬，起棺时，发现其尸体竟然未朽。他的生前好友竺可桢大哭，说道："百里，百里，有所待乎？我今告你，我国战胜矣！"一时众人泣不成声。后将其遗体火化后迁葬西湖。

## 趣谈张学良的绰号

张学良大家都熟悉，他与杨虎城一起发动了西安事变，逼蒋抗日，促成了国共合作，共同抗日，为打败日本侵略者做出了贡献，被人称作"千古功臣"。

人们喜欢称张学良为"少帅"，许多影视片和纪念他的文章中也多用"少帅"称呼他。但张学良很不喜欢这个称号，这是什么原因呢？

原来，民国初期，各地军阀蜂拥而起，人们称这些军阀为大帅，老子称"大帅"，儿子自然称"少帅"了。而当时的大帅多

这是张学良年轻时的照片。张学良小时有个绰号叫"小六子"

如牛毛，这些大帅又大多妻妾成群，所以，少帅就更多了。在当时人们的心目中，少帅不是一个美称，尤其是对成年人，被称作少帅，则含有受老子庇荫、自己没有什么本事的意思。张学良心高气傲、自恃有才，当然不喜欢别人称他为少帅。据说，有一次，一位新来的勤务兵喊他："少帅，请您接电话。"张学良听见了，却装作没听见。事后，有人告诉这位勤务兵，以后千万不要再称他为少帅了，因为他最不爱听"少帅"这两个字。

张学良还有一个绰号叫"小六子"，实际上这是他的小名。说起这个绰号的来历，还很有趣。张学良小时候身体很弱，经常生病，家里人怕养不活他，于是就想到了当地有一种消灾避难的风俗：将多病多灾的孩子送到庙里去当和尚。然后，再让孩子跳墙逃跑，叫"跳墙和尚"。具体做法是，许愿当和尚的人进庙之后，把一个写有自己名字、代表自己的纸人留在庙里，自己则踏上凳子跳墙逃出寺庙。这样，就表示原来多病多灾的自己留在了庙里，而逃出来的自己则获得了新生，成了一个新人、一个健康的人了。既然获得了新生，原来的名字已同纸人一起留在了庙中，当然不能再使用了，必须重起一个名。而这个新名的起法有规定，就是跳墙出去时，听到的第一个喊声是什么，就叫什么。当时，张学良跳墙出来听到的第一个喊声，是有人在喊"小六子"。这样，张学良就叫"小六子"了。这段有趣的来

历是张学良接受采访时亲口说的。当时,张学良还风趣地说,如果当时他听到的第一个喊声是"王八旦",那他就叫"王八旦"了。

## "鉴湖女侠"——秋瑾

秋瑾是我国近代史上著名的民主革命烈士。她1875年出生在浙江绍兴一个官僚家庭,原名秋闺瑾,小名玉姑,后去掉名中温婉的"闺"字,改称秋瑾。秋瑾从小便有着不同于寻常女子的志趣。少年时代的秋瑾喜欢读经史、作诗词,敬慕《史记》中所赞颂的"游侠"。她喜欢骑马击剑,穿男士服装,16岁时又随舅父学习武艺。她性格倔强豪放、嫉恶如仇,具有豪侠气概。她曾说自己是"身不得,男儿列;心却比,男儿烈"。为探索救国救民的道路,她冲破封建家庭束缚,只身东渡日本留学。在日本留学期间,她参与创办《白话报》,积极宣传革命思想,并参加了光复会和同盟会,成为同盟会浙江省主盟人。回国时,她在送行会上,从靴中拔出短刀,猛地插在桌上说:"若回国后卖友求荣,欺压汉人,吃我一刀。"表现了她反清斗争的决心。秋瑾和当时另外两位著名女革命党人尹锐志、尹维峻,被人并称为"近代中国三女杰"。尹锐志和尹维峻是亲姐妹,两人都有一身好武艺,都曾担任过孙中山的保镖。孙中山说她们曾十余次救过自己,称她俩为"革命女侠"。

秋瑾的祖居,在鉴湖之畔的福金乡。鉴湖,古称镜湖,风景优美,

秋瑾是我国近代著名的女革命家,她性格倔强豪放,自称"鉴湖女侠"

人才荟萃，文物史迹丰富。秋瑾热爱鉴湖，鉴湖也激发了她热爱家乡、热爱祖国的情感。当她看到清政府的腐败、列强的入侵、国家主权的丧失、人民生活的困苦时，她痛心疾首，决心要为拯救祖国、拯救人民而斗争，要做一名"革命女侠"，于是，她为自己起了一个"鉴湖女侠"的称号，积极投身到革命斗争中去。人们很敬佩她的勇气和精神，认为"鉴湖女侠"很符合她这位女中豪杰的身份，所以也喜欢用"鉴湖女侠"称呼她。

## 杜月笙也有两个有趣的绰号

杜月笙是 20 世纪二三十年代上海滩有名的大亨。他与黄金荣、张啸林并称上海的"三大亨""三闻人"。杜月笙的一生颇富传奇色彩。他出身低微，父母早逝，却能闯荡大上海，最后成为大上海的青帮老大，并成为上海滩唯一能横扫华、英、法三界的大亨人物。他不仅能出入黑白两道，游刃于商界、军界和政界，而且还涉足金融、工业、新闻报业、文化娱乐等领域，成为这些领域的财富大亨。这在当时的中国，可以说是绝无仅有的。所以，他有"三百年帮会第一人"之称。

当年，杜月笙在上海滩履风蹈浪、叱咤风云、左右逢源，上至高官权贵，下至三教九流，无不为他所用，就连外国人也要看他的脸色。当时上海滩流行着一句话"杜先生没有摆不平的事"，足以说明他的势力影响之大。所以，人们又称他是"中国第一帮主"。

杜月笙"中国第一帮主""三百年帮会第一人"等绰号与其纵横于上海滩的大亨身份和名声是一致的。但杜月笙还有两个绰号，很难与他的大亨身份联系在一起。这两个绰号，一个是"莱阳梨"，一个是"水果月笙"。

其实也不奇怪，因为这两个绰号源于他发迹之前。杜月笙出身很苦，父母双亡，他只好一个人去上海闯荡。刚开始，他在一家水果店当伙计，

20世纪二三十年代"上海三大亨"杜月笙、黄金荣、张啸林合影

后来自己摆了个水果摊，也到茶楼、烟馆、赌场里叫卖。杜月笙做事很精明，他知道，要想将水果生意做得好，就要有与众不同、引人注意的方法。他在卖水果时，练就了一手高超的削水果的手艺。他在赌场卖水果时，站在别人身后，看着别人搓麻将或推牌九，嘴里和大家说着话，眼睛不看水果，就能很快地削下果皮，而且削下的果皮还是厚薄、宽窄一致，并且一刀到尾不折断，如同耍杂技一样，令人称奇。人们也因此喜欢买他的水果，并送他一个"水果月笙"的绰号。

当时，上海人很喜欢吃莱阳梨，这种梨肉细、味甜、汁多。杜月笙的水果摊也以贩卖莱阳梨为主。莱阳梨长途贩运到上海总有不少烂梨，杜月笙却能凭着他高超的削水果的手艺，将烂梨也派上了用场。当顾客到他水果摊前一站，他便借与人搭话的时间，将烂梨削好了，完全看不出烂梨的模样，只闻到那诱人的香甜的梨味。随后，他把削好的梨往空中一抛，雪亮的水果刀准确地把梨接住，递到顾客的面前，说道："甜脆喷香的莱阳梨，价钱便宜，来一个。"让人不好意思不品尝，更乐意购买。为此，杜月笙又多了一个"莱阳梨"的绰号。

杜月笙的这一手绝活，在上海滩很有名气，杜月笙对此也沾沾自喜。据说，他发迹之后，与朋友和弟子们相聚时，还常常即兴表演一番，一显身手。

近现代文化名人绰号

# "章疯子"——章太炎

章太炎是我国近代著名的民主革命家和名扬中外的国学大师。

章太炎博学多识，才华出众。早年他在台湾当记者时，曾和同事李书谈起读书之事，说自己所读之书，百分之九十五至今仍能背诵。李书不信，搬出自己读过的经书来考章太炎，谁知章不仅能背诵，甚至哪一句在哪一部分、第几页都说得丝毫不差，将李书惊得目瞪口呆。可就是这么一位博学多识的国学大师却被人称作疯子，送绰号"章疯子"。这是何故呢？原因有两方面，一是他生活上不修边幅，行为颇为怪异，一是他大骂袁世凯，骂得疯狂。

说起他不修边幅，趣事很多。他留着一种两边分梳的头发，春天常穿长袍，外套一件式样特殊的坎肩；夏天则穿半截长衫，袒胸赤臂。一年四季，不管寒暖，手里总握一把团扇。他长年不更洗衣服，两袖积满污垢，油光发亮，讲课或演讲时，鼻涕流下来，就用袖角抹擦。章太炎烟瘾特别大，即便讲课之时，也手不离烟，一手拿粉笔，一手拿香烟，有时写黑板，竟将烟当作粉笔，吸烟时，又将粉笔当作烟，引得大家哄堂大笑。

在生活上，他更是不能自理。有一次，他去孙中山处，回来时，坐上一辆人力车，车夫问他到哪里，他只说家里，车夫又问他家在哪里，他说在马路弄堂里，再问，说弄堂口有一家纸烟店。车夫只好拉着他到处找。后来，家里和孙中山那里都知道了，两边都派人去找，发现他时，

他正在车上左顾右盼呢。

这些有趣而怪异的行为，让人感到他有点如痴如癫。

章太炎大骂袁世凯，更让人感受到了他的癫狂、他的勇气和斗争精神。

章太炎对袁世凯实行独裁统治、镇压革命党人非常不满。二次革命时，他连续发表讨袁文章，支持孙中山的革命活动。袁世凯对他恨之入骨，但慑于他的名声不敢轻举妄动。二次革命失败后，共和党本部在北京推举章太炎为副理事长。袁世凯借此机会，用计将章太炎从上海骗至北京。章太炎一到北京，就被袁世凯软禁起来。章太炎十分气愤，终日大骂袁世凯。喝酒时，就着花生米，一边吃，一边自言自语"杀了袁世凯的头"。他在墙上、纸上大书"袁贼"，然后把写着"袁贼"的纸堆起来烧掉，大呼"袁贼烧杀矣！"袁世凯派他的儿子送去一床锦缎被褥，章太炎点起香烟，将被褥烧出一个个窟窿，然后扔出窗外。章太炎决计到总统府找袁世凯当面辩理。去时，他蓬头垢面，身穿蓝布衣衫，足蹬破靴，手执团扇，扇柄上挂着袁世凯授予他的二级大勋章。来到总统府招待所，他指名道姓要见袁世凯，袁世凯自然不敢见他，便派财政总长梁士诒出面。章太炎大怒，大骂："你是何物？乃鸡鸣狗盗之辈，敢在'老爷'面前逞威！"梁被骂得灰溜溜退去。袁手下一班人都互相推诿，谁也不肯再来找骂。天色已晚，袁世凯还不出来见面，章太炎气得一面嚷着要把铺盖搬来，夜宿于此，一面大骂"袁贼"，摔碎茶碗。最后袁派人将章送至龙泉寺软禁起来。章在龙泉寺决定以绝食来斗争。袁世凯怕这位名士死在他手里，于他不利，便又无可奈何地将章太炎迁到钱粮胡同，并自我解嘲地说："他是一个疯子，我何必与之认真。"实际是袁世凯惧怕章太炎揭露他。袁曾说过，他一生最怕两支笔，一支是梁启超，一支是章太炎。章太炎文笔可扫千军，是最可怕的东西，这是袁世凯软禁章太炎的根本原因。章太炎被袁世凯软禁了三年，直到袁世凯死去，才得以解脱，重新回到上海。袁世凯称章太炎为"疯子"是出于无可奈何、自我解嘲。一般人称章太炎为"章疯子"，则是因他的打扮和行为有些怪异。对他大骂袁世凯时的表现，虽也视为疯癫，但并无贬义，而是对他的勇气和斗志加以赞扬。鲁迅对章太炎的斗争精神就很赞赏。1936 年 6 月 14 日，章太炎病逝之日，鲁迅也在重病之中，当他得知这一噩耗时，抱病写下了《关于太炎先生二三事》一文，以示纪念。文章中写道："我以为先生的业绩，留在革命史上的，实在比在学术史上还要大……考其生平，以大勋章作扇坠，临总统府之门，大诟袁世凯的包藏祸心者，并世无第二人；七被追捕，三入牢狱，而革命之志终不屈挠者，并世亦无第二人；这才是先哲的精神，后生的楷范。"鲁迅给了这位"章疯子"以高度的评价。

## "辫儒""怪杰"——辜鸿铭

在中国近代史上，有两个因留辫子而闻名的人物。一个是被称为"辫帅"的张勋，一个是被称为"辫儒"的辜鸿铭。

"辫帅"张勋搞复辟，在中国历史上留下一段丑闻。"辫儒"辜鸿铭却因知识渊博、学贯中西、对中华文化爱得发狂而名扬中外。

辜鸿铭出生于马来西亚，母亲是英国人。他的经历颇富传奇色彩。13 岁之前随父母生活在马来西亚，13 岁时，随义父去了欧洲，先后在英、法、德、奥留学。娶过一位日本妻子。归国后，他在张之洞府中做了二十多年的幕僚。为此，他说自己是"生在南洋，学在西洋，婚在东洋，仕在北洋"。

辜鸿铭通晓英、法、德、拉丁、希腊、马来文等 9 种语言，获过 13 个博士学位，因此，孙中山称誉他是"中国第一"。1891 年，俄国皇太子尼古拉和希腊亲王一行来中国游历，到达武昌时，辜鸿铭随张之洞一起前往欢迎。在欢迎宴会上，尼古拉和希腊亲王用俄语、法语和希腊语窃窃私语，诋毁中国文明和张之洞。他们认为在场的中国人没人能

辜鸿铭是中国近代史上的一位怪才，因始终留着辫子而被人称作"辫儒"

听懂，没想到却被辜鸿铭当场戳穿，这让他们大为吃惊。尼古拉说："各国无此异才。"为此，尼古拉特意送给他一只刻有皇冠的怀表，以示崇敬和歉意。辜鸿铭精通西方文化，但他更爱博大精深的中华文化，而且爱得发狂，甚至以偏激地娶小脚女子为妻、留辫子的形式表示自己的爱。所以，有了"怪杰"和"辫儒"的绰号。

说起他的辫子，趣事很多。他是混血儿，头发发黄，扎的辫子又黄又细，拖在脑后，样子怪怪的。更为有趣的是，为他拉车的车夫也留着一个大辫子，有人说可能是从"辫帅"张勋的辫子兵中找来的。还说他在北大上课时，一进课堂学生们就哄堂大笑。辜鸿铭知道学生笑什么，却仍不动声色地走上讲台，慢吞吞地说："你们笑我，无非是因为我的辫子，我的辫子是有形的，可以马上剪掉，然而，诸位脑袋里面的辫子，就不是那么能剪掉啦。"一席话把学生给镇住了，再也没人敢嘲笑他了。据说，他这辫子一直留到去世，他是带着辫子入葬的。

辜鸿铭留辫子以示对清室的忠诚，他一生主张皇权，却反对袁世凯称帝。袁世凯死时，全国举哀三天，辜鸿铭却特意请来了一个戏班子在家里大开堂会，热闹了三天。慈禧太后过生日，他却当众吟诗给予讽刺："天子万年，百姓花钱。万寿无疆，百姓遭殃。"这在当时都被人视为怪。所以，他"狂士怪杰"的绰号在当时很有名。

说起辜鸿铭爱女人的小脚也很有趣，他的妻子淑姑是一位典型的东方女性，娴淑温顺、知书达理，有着一双长不及掌的"金莲"，辜鸿铭对这双小脚爱得入迷，他曾戏称自己的成就主要归功于那双"金莲"，称其为自己的"兴奋剂"。为此，康有为送他一幅横联"知足常乐"，辜鸿铭还很高兴,说:"康有为深知我心。"后来,辜鸿铭还娶了一名日本女子吉田贞子为妾。吉田贞子温柔、恬静、乖巧,很受辜宠爱。辜曾说:"吾妻淑姑是我的'兴奋剂',爱妾贞子,乃是我的'安眠药',此两佳人,一个助我写作,一可催我入眠,皆吾须臾不可离也。"吉田贞子病逝,失去"安眠药"的辜鸿铭哀伤不已,特意留下了她的一缕头发,每晚必将其置于枕下。辜鸿铭去世后,儿女将这缕一直与他相伴的头发与他一起下葬。

辜鸿铭崇拜孔子,对儒家学说研究至深,是他第一个将中国"四书"中的《论语》《中庸》《大学》用英文和德文翻译到西方,向西方介绍中国的经典,宣传中国古老的文明、灿烂的文化。中日甲午海战后,日本首相伊藤博文到中国漫游时,辜鸿铭曾见过他。当时,辜鸿铭将他刚刚出版的《论语》英译本作为见面礼送给伊藤博文,伊藤却颇带讥讽之意地说:"听说你精通西洋学术,难道还不清楚孔子之教能行于两千多年前,却不能行于二十世纪的今天吗?"辜鸿铭随即驳斥道:"孔子教人的方法,就好比数学家的加减乘除,在数千年前,其法是三三得九,如今二十世纪,其法仍然是三三得九,并不会三三得八。"伊藤听了,一时间无言以对。

辜鸿铭的学术成就,他的思想,他的才气,他的怪异行为,在国外也是很有名气的,法国文豪罗曼·罗兰说:"辜鸿铭在欧洲是很著名的。"印度圣雄甘地则称他是"最尊贵的中国人",俄国大文豪托尔斯泰也曾"怀着很大的兴趣"阅读了他的著作,并同他通信,向他表示敬意。尤其在德国,他被推崇到了无以复加的地步,许多地方组织了"辜鸿铭俱乐部""辜鸿铭研究会"。辜鸿铭在东交民巷使馆区内的六国饭店用英语演讲他的《春秋大义》,前来听演讲的要买票,票价比梅兰芳的戏票还要贵。外国学者争先恐后地前来,唯恐买不到票,足见他的影响之大。所以,当时流传着一句话:"到中国可以不看紫禁城,不可不看辜鸿铭。"

## "怪和尚"——苏曼殊

苏曼殊是我国近代一位很特殊的人物。他多才多艺，既精通英语、日语和梵文，又擅长文学、绘画和书法。他写爱情小说，风行一时；他搞翻译，和严复、林纾齐名，是晚清三大翻译家之一。他出家做了和尚，做和尚又不守清规，酒肉女色他都好，被人称作"怪和尚""浪漫和尚"。

就和尚而言，苏曼殊就有好几个绰号。他诗写得好，留下了许多令人叹绝的诗作，故人称他为"诗僧""诗和尚"。又因他画画得好，格调不凡、意境深邃，很受人喜爱，故人们又称他为"画僧""画和尚"。他虽做了和尚，却关心革命，参加过兴中会、光复会等革命组织，参加过反对沙俄侵略我国东北的"抗俄义勇队"，参加过反对袁世凯的斗争。他还曾计划刺杀保皇派康有为。他与孙中山、宋教仁、陈独秀等革命者都有密切的交往。所以，人们又称他是"革命僧人""革命和尚"。

苏曼殊还有"一代

苏曼殊对书法、绘画都有研究，这是他的一幅绘画作品

情僧"之称。传说，一日苏曼殊在戏院看戏，邻座是一位美丽的少妇，这少妇手中夹着一支烟，也许是看戏看得太入迷，烟头烧到了苏曼殊的僧衣还不知道。朋友提醒苏曼殊，但他并不理会，任其烧灼，待大家闻到焦味时，僧衣已被烧了一个大洞。朋友奇怪地问他，为何听凭烟头烧衣服？苏曼殊竟说，为美人，损失一件衣服又何妨。还有一次，他在东京的马路上看到一位漂亮的艺伎正在搭电车，他急忙去追，因跑得太快，摔倒在地，磕掉了两颗门牙。朋友因此讥笑他是"无齿之徒"。

博学多才的苏曼殊出家做了和尚，却又不守清规，故有"怪和尚"之称

苏曼殊还经常出入妓院，他的朋友陈陶遗批评他说："你是和尚，和尚本应戒欲，你怎么能这样动凡心？"其实陈陶遗不知，苏曼殊进妓院，经常是孤坐，很少跟妓女说话，而且他还有洁癖，不许妓女碰他的衣服。遇到妓女向他倾诉出身之苦，他就毫不吝惜地将所带之钱送给妓女。陈独秀曾说："像曼殊这样清白的人，真是不可多得了。"别人是在禅堂开悟，他却在妓院开悟，因为他从小缺失母爱，需要在这里得到补偿。

苏曼殊还有一个"糖僧"的绰号。这是因为他特别喜欢吃糖，吃甜食。他尤喜欢吃一种叫"摩尔登"的糖果，据说是法国小仲马小说《茶花女》中的女主角喜欢吃的一种糖果。苏曼殊只要有钱，总要买些来吃。有一次，他又想吃，却没钱，他竟将自己的金牙敲下来，换钱去买。他爱吃的甜食五花八门，吴江的麦芽塔饼、苏州的酥糖，还有糖炒栗子、八宝饭，他都喜欢吃。他因病住院，医生禁止他吃糖炒栗子，但他忍不住，还是私下里藏起来吃。医生让他戒糖，他也戒不了。据说曼殊死后，朋友在他的枕头下仍发现不少糖果。著名的小说家包天笑曾写过这样一首诗来调侃苏曼殊："松糖桔饼又玫瑰，甜蜜香酥笑口开；想是大师心

里苦，要从苦处得甘来。"

苏曼殊有时行为怪异，让人感到吃惊。他在日本曾经和刘师培夫妇住在一起，有一天半夜三更，他突然一丝不挂地闯入人家卧室，对着洋油灯足足骂了两分钟后扭头就走。他跟章太炎住在一起时，有一天半夜突然大哭起来，章太炎问他为什么哭，他说我最好的朋友刘三以前说要给我介绍女朋友，但因为我现在出家他就不给我介绍了，连我最好的朋友都欺骗我。

苏曼殊出家后开始翻译拜伦的《哀希腊》，译完后，他泛舟湖上再读时，时而大声歌唱，时而嚎啕大哭。船夫以为他是个神经病，吓得丢下船跑了。

苏曼殊在长沙任实业学堂舍监时，常被调皮的学生侮弄，他则常常独坐无人处，歌哭无常。见人时目光炯炯直视，数分钟不动。人们都称他是"苏神经"。

苏曼殊是一位"怪才"，也是一位"奇才"。不幸的是，年仅35岁时，他便因肠胃病去世了，死后葬在西湖孤山。郁达夫、刘半农等人对他评价很高，柳亚子则说他"不可无一，不可有二"。

## "二一老人"——李叔同

李叔同是中国近代史上充满传奇色彩的人物，他出身豪门，曾留学日本。他博学多才，是著名的艺术家、教育家，诗词、篆刻、书法、绘画、戏剧、音乐，无一不精。他还是中国话剧的创始人之一，也是中国人体艺术绘画的创始人，他也是我国第一个用五线谱进行音乐教学的人。由他填词创作的歌曲《送别》（"长亭外，古道边，芳草碧连天，晚风拂柳笛声残，夕阳山外山"）至今仍受人喜爱，传唱不衰。他还培养了一大批在中国近现代史上有重要影响的文史艺术人才，像丰子恺、潘天寿、刘质平、吴梦非等皆出自他的门下。

李叔同本有一个美满的家庭。他有两位妻子，第二任妻子是一位日本姑娘。他的两位妻子都非常美丽贤惠。然而，他却在断食20余天后开始食素，并于1918年毅然到杭州虎跑寺剃度出家，做了和尚。他的妻子带着孩子到寺庙跪下磕头，请他回心转意，头都磕破了，他的儿子也呼号着要他回去，他的日本妻子也来寺庙苦苦恳求，但他始终不为所动。

李叔同出家之后，黄卷青灯，芒鞋破钵，潜心研究佛法，而且提出"念佛不忘救国，救国不忘念佛"。他对南山律宗的研究和传播做出了重要贡献，被人尊称为"重兴南山律宗第十一祖"。

李叔同幼名成蹊，学名文涛，字叔同，号漱筒，法名演音，号弘一。李叔同学识渊博，对名、字、号很有研究，曾为自己起过二百多个名、字、号，而且每一个都有深刻的含义，都有来历和故事。一般人所熟悉的是他出家前的名字李叔同和出家后的法号弘一，因此多称他为"弘一大师"。李叔同的二百多个名、字、号中，有一个"二一老人"的别号尤受人推崇。这个别号也可以说是一个绰号，最能表现他的情操和睿智。

李叔同对他这个别号的由来是这样说的："到今年民国二十六年，我在闽南所做的事情，成功的却是很少很少，残缺破碎的居其大半。所以我常常自己反省，觉得自己的德行，实在十分欠缺，因此近来我自己起了个名字叫'二一老人'。什么叫'二一老人'呢？这有我自己的根据。记得古人有句诗，'一事无成人渐老'，清初吴梅村临终的绝命词有'一钱不值何须说'。这两句诗的开头都是'一'字，所以我用来做自己的名字，叫作'二一

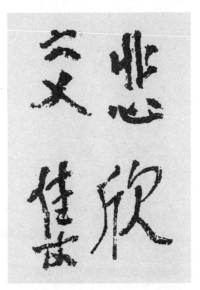

李叔同的书法备受人推崇。这是他去世前留下的书法绝笔

173

老人'。"实际上，李叔同在闽南的十年，正是他明倡佛法、广结善缘之时。此时的他已在海内外享有极高的声誉，而他却称自己是一事无成、一钱不值的"二一老人"，这是何等高尚的境界。著名演员濮存昕对李叔同十分敬仰，对他的这一称号尤为推崇。为此，他刻了一枚"二一之徒"的印章，自称是李叔同的徒弟。正是这份情怀，使他在《一轮明月》中将"弘一大师"的形象表演得如此深刻传神，获得巨大成功。弘一大师的"二一老人"称号也得以广泛传播。

1942 年 10 月 10 日，一代才子、名僧李叔同圆寂于泉州不二祠温陵养老院中，享年 62 岁。

李叔同去世前三天，手书了"悲欣交集"四字赠送给了法师妙莲。这四个字完整地表达了他告别人世前的心境：悲的是人世间苦人多，仍未脱七情六欲的红尘；欣的是自己的灵魂超脱，即将远赴西方净土。

## "译界之王"——林纾

林纾画像

林纾是我国近代最具影响的翻译家，以翻译世界各国文学名著而著名。其翻译风格独特，被人称为"林译小说"。而且，其翻译速度之快，翻译作品数量之多，也是绝无仅有的。有人统计，他一生翻译过美、英、法、俄、德、日、瑞士、比利时、希腊、西班牙、挪威等 11 个国家的近一百名作家的作品，计 180 多种。所以，人们为他起了一个"译界之王"的绰号。

林纾 1852 年出生于福建的一个小商人家庭。林纾自幼嗜书如命，20 岁时已博览群书达数千卷之多，奠定了其深厚的文学根基。30岁时，考中举人，后放弃科举，致力于文学研究，终于取得了丰硕成果，成了名闻中外的学者和翻译家。林纾的故乡南台，历史上很少出现过名士，他成名之后，人们便送他一个绰号叫"土名士"。

说起林纾"译界之王"的由来，非常有趣。恐怕很少有人会相信，这个名闻中外的"译界之王"竟然不懂外语。他所翻译的外国小说，全靠听取别人的口译，然后自己再用文言文将其翻译成汉语，成为风格独特的"林译小说"。另外，他从事翻译活动也颇具戏剧性。他有一位好朋友叫魏翰，是一位造船专家，当时在船政局任职。魏翰对西方文化很有研究，建议林纾从事翻译，林纾开始并没把魏翰的建议当回事，后来魏翰多次相劝，林纾被说动了，但提出一个孩子般的条件，要魏翰请他游览闽江滨海大川，否则就不译。魏翰满足了他的要求。游览时，魏翰让自己的学生、时任船政学堂法文教习的王寿昌与林纾讲述法国名著《茶花女》，配合他翻译。当时王寿昌手持《茶花女》法文原著，逐字逐句地将原著意思说出来，林纾耳聪手疾，立即用汉语文言文写出来。王寿昌读声一停，林纾也已译好停笔，其速度之快，令人惊叹。就这样，中国翻译史上第一部外国长篇小说译著《巴黎茶花女遗事》诞生了。这部译著于1899年刊印出版，一上市即引起轰动，备受赞赏，"一时洛阳纸贵，风行海内"。林纾也因此名声大振。

《巴黎茶花女遗事》翻译上的成功，极大地激起了林纾的翻译热情，在此后的时间里，他与许多口译人合作，翻译了大量的外国小说，为西方文化在中国的传播做出了重要贡献。有人评论说："他于新文化运动的功绩就像哥伦布发现新大陆。"

林纾多才多艺，他的诗词和绘画也很出色。尤其是绘画，当时很多社会名流向他求画，他曾为康有为画过《万木草堂图》，为严复画过《尊疑译书图》。他的画当时售价很高，一幅五尺堂幅要卖28块大洋。他的译著稿费也很高。在他的书房中有两张桌子，高一点的用来作画，低

一点的用来译著。只要他一动笔，银元就滚滚而来。因此，有人戏称他的书房是"造币厂"，称他是"造币者"。而他却在书房门楣上写了"磨坊"两字，意思是，他像驴子下磨坊磨面一样，一天不磨，就无法生活。

林纾还有一个绰号叫"补柳翁"。他曾在杭州生活过。他非常喜欢杭州的湖山之美，也很爱护杭州的美景。他每游西湖时，总是留心察看何处缺树，并一一记在心中，待到第二年清明，便亲自购买垂柳树苗，让人补栽到缺柳之处。他的这一行动，一时在杭州被传为佳话，人们也为此送他一个"补柳翁"的绰号。他自己也特意自号为"西湖补柳翁"和"六桥补柳翁"，还专门刻了一枚"补柳翁"的印章，常常加印在他的画上。

## "性学博士"——张竞生

现在很少有人知道张竞生，可在20世纪二三十年代，他可是一位大名鼎鼎的人物。当时文坛有"南有张竞生，北有梁漱溟"之说。

张竞生，广东饶平人，自幼聪颖异常，学业优秀，又留过学，故家乡的人们称他为"秀才"和"状元郎"，这是他最早的绰号。

留学回国之后，他开始在北大任哲学教授，授课之余，致力于性学及社会学的研究。1923年他开始在北大讲性学，并公开进行性意识、性经验调查，1926年，出版了《性史》一书。此书一出，举国哗然。讽刺、批评、谩骂之声四起，为此，人们给他起了个绰号叫"性学博士"，甚至有人还称他为"卖春博士"。张竞生也因此名声大噪。

《性史》的出版虽遭讽刺谩骂，购买者却很踊跃。据当时的著名学者林语堂说，买书和卖书的人忙作一团，警察为维护秩序，甚至用水管子去冲散人群。《性史》一书也因此一印再印，甚至还有人冒张竞生的名字出版《性史》的续集。

对张竞生的《性史》一书，当时的学者大都持反对态度，鲁迅就公开表示反对，张伯苓执掌的南开学校明文规定，凡阅读《性史》者一律给予记大过以上处分，直至斥退。但也有一位文化名人公开表示支持，他就是鲁迅的弟弟周作人。周作人说："假如我的子女在看这些书，我恐怕也要干涉，不过我只想替他们指出这些书中的缺点或暗谬，引导他们去读更精确的关于性知识的书籍，未必失色发抖，一把夺去淫书，再加几个暴栗在头上。"尽管张竞生本人也再三强调："这部《性史》断断不是淫书，断断是科学与艺术的书"，但还是被当局以有伤风化而查禁，相关书店也被封门。奉系军阀张作霖甚至以有伤道德人伦、伤风败俗的罪名对他进行通缉。张竞生被迫避居到西子湖边，后又去了杭州的一个寺庙做了一段时间的和尚，最后又去了法国继续留学。

张竞生讲性学，写《性史》，在当时的社会环境下，确实是大大超前，很难为人所接受，或者不敢公开接受，如放到现在，那是再平常不过的了。所以，台湾地区的名人李敖曾把他和主张人体写生的刘海粟、唱《毛毛雨》的黎锦晖并称为"三大文妖"，不过他又说："时代的潮流到底把'文妖'证为先知。"现在应该称张竞生为"先知"，他应是中国性学的启蒙人。张竞生不仅是中国性学的启蒙人，还是中国计划生育最早倡议者。张竞生留学法国归来，曾向当时的广东省省长陈炯明呈交过一份节育、避孕的建议书，他的这一建议比马寅初的主张整整提前了37年。现在看来，张竞生在性知识领域的研究和贡献是应该肯定的。

张竞生还有一个"怪博士"的绰号，这是他第二次留法回国之后，乡人给他起的。

张竞生留法归来之后，在故乡的田间建了一座木房，上覆芦苇，以铁纱为窗，不用玻璃。屋内除了桌椅板凳和一张帆布床，都是书。他在这里的生活极有规律，几时起床，几时进餐，几时开始工作，都是严格规定的，不差分毫。每顿吃多少也是定死的，吃之前还要用磅秤称过。

他有时带着儿子到田间掘取土样、化验土质，论证取土之处宜种何种植物。有时则巡视各村巷，见水沟不通、垃圾不除，则命人打扫干净。

乡人称他是"状元游全街"。有时他见到妇女裹胸，则劝导她们不要束胸，要放天乳。人们见他怪怪的，便又给他起了个绰号叫"怪博士"。

# 鲁迅与绰号

鲁迅这位语言大师对绰号也很有研究。在他文章里，随处可见幽默精彩的绰号。如人们所熟悉的"阿Q""豆腐西施""假洋鬼子""九斤老太""孔乙己""小D"，等等，无不给人留下深刻的印象。

鲁迅在生活中也常常使用绰号。生活中的鲁迅是一个很幽默的人，爱开玩笑，也爱给人起绰号。他曾给弟弟周建人起过"谗人""眼下痣"的绰号，还给房客沈四太太起过"肚子痛"的绰号。这是因为小时候他们冬天吃冰，受到沈四太太的阻拦，说吃了要肚子痛。上学时，鲁迅给一个好哭鼻子的女同学起过一个"四条"的绰号，意思是眼泪鼻涕一块流。他还给夫人许广平起过"乖姑""小刺猬""害马"等多个绰号，当然，这些绰号都是表示亲切之意。鲁迅自己有个绰号叫"白象"，于是便给儿子海婴起了个绰号叫"小红象"。海婴出生时，鲁迅还专门将他抱在怀里，唱起了小象儿歌："小红，小象，小红象。小象，小红，

鲁迅与夫人许广平、儿子海婴合影

小象红。小象，小红，小红象。小红，小象，小红红。"用以表达自己的喜悦之情。

在日本留学时，有一个同学面大多须，鲁迅便给他起了个绰号叫"熊"，有时还当面叫这个同学为"熊兄"。在北大教书时，有一位青年教授留了个学生头，在教授中很突出，鲁迅便称其为"一撮毛"，见面时还亲切地叫他"一撮毛哥哥"。

鲁迅在浙江两级师范学堂教书时，新上任的学监夏震武无礼于教师，鲁迅等教师对这位学监不明时务、冒然逞强的做法很愤怒，便给他起了一个"木瓜"的绰号。这位学监辞职后，鲁迅和许寿裳等教师还专门合影一张以示纪念，并称这次行动为"木瓜之役"。

鲁迅所起的这些绰号风趣幽默，充满了情趣。

鲁迅喜欢给别人起绰号，别人也给他起过不少绰号。

鲁迅小时候身材短小，却灵活好动，动作敏捷利落，邻居为此送他一个绰号叫"胡羊尾巴"。"胡羊尾巴"在绍兴话中含有聪明、伶俐、讨人喜爱的意思。鲁迅在日本留学时，曾对中国留学生将长辫子盘在头顶、压在帽下的做法很厌恶，他在和同学们谈起这种打扮时说，帽子被顶得高高耸起，就像富士山一样。同学们听到这种描绘都忍不住地大笑起来，都为他这个"富士山"的比喻叫绝，有一同学就此称鲁迅为"富士山"。这样，鲁迅便有了一个"富士山"的绰号。

鲁迅还有一个"猫头鹰"的绰号。鲁迅的朋友曾在回忆中说，鲁迅在大庭广众之中，有时会凝然冷坐，不言不笑，偶尔说两句、笑两声就很引人注意。衣冠上，他又一向不注意修饰，毛发蓬蓬然的。所以，有人就给他起了个"猫头鹰"的绰号。鲁迅似乎很喜欢这个绰号，他自己就曾亲自画过猫头鹰。他曾认为，中国是个喜好吉祥，欢迎喜鹊，忌讳恶兆，讨厌乌鸦、猫头鹰之类不祥之物的国家，从来就有报喜不报忧的传统。鲁迅却偏偏要像猫头鹰那样，即使睡着，也要睁了眼看。所以，这一绰号对鲁迅来说是非常贴切的。

另外，前文所提到的"白象"这个绰号是鲁迅的好朋友林语堂给他起的。林语堂说，鲁迅是"一头令人担忧的白象"。鲁迅夫人许广平解释说，大多数象是灰色的，白象非常少，所以就显得非常珍贵，非常特别，也正是因为特别，所以令人担忧。鲁迅很喜欢这个绰号。他给许广平写信时，常常在署自己名字的地方画一头大象，以大象为名，而且不同的信中，所画的大象的形象也不一样，有时是抬头翘鼻的大象，有时是低头垂鼻的大象，以此表达自己的心情。前面提到，他还为自己的儿子海婴起了个"小红象"的绰号，据《柔石日记》所记："鲁迅还说，人应该学一只象。第一，皮要厚，流点血，刺激一下，也不要紧。第二，我们强韧地慢慢地走去。我很感谢他的话，因为我的神经末梢是太灵动得像一条金鱼了。"由此可知，鲁迅喜欢"白象"这个绰号，是欣赏大象的宽厚和坚韧的精神，愿像象那样生活和战斗。

## 胡适的绰号

胡适是我国著名的学者和教育家，在国内和国际都享有很高的声誉。胡适博学多识，一生中获得了35个博士学位，写下了二千余万字的学术著作，为世界所罕见。胡适的这35个博士学位中，法学27个、文学7个、人文学1个。就获得国家和地区而言，美国31个、加拿大2个、英国1个、香港1个。

在这35个博士学位中，有一个比较特殊，而且还由此使胡适得到了一个"侯（候）博士"的绰号。胡适于1917年在美国哥伦比亚大学完成了《中国古代哲学方法之进化史》的博士论文，当时虽然也进行了博士学位的最后考试——口试，却没得到正式的博士证书。回国之后，人们就称其为博士了。直到十年后的1927年，哥伦比亚大学才正式补发他博士证书，这份迟到的证书使胡适等候了十年。胡适曾任美国大使，外交活动很多，外国人在称呼他时，因发音不准，就将他叫成了"侯（候）博士"。人们联系他那迟到的博士证书，觉得这个叫法很有意思，于是就把它当成绰号叫开了。

胡适的绰号很多。小的时候，他身体很弱，不爱活动，母亲对他要求又严，于是，他无论在什么地方，都显得规规矩矩，文绉绉的，人们都说他"像个先生样子"，因为他原名叫嗣

胡适一生中获得了 35 个博士学位。这是一张向他颁发博士学位证书的照片

穈，所以就给他起了个"穈先生"的绰号。这个绰号叫出去之后，更约束了胡适。有一次他和门口的孩子们一起玩"掷铜钱"，一个老者看到后，笑着说："穈先生也掷铜钱吗？"胡适听了感到很羞愧，好像有失他"先生"的身份。

14 岁那年，胡适考上了中国公学，当时，他年纪最小，个子又矮，多数同学都比他大，视他为小孩，并学日本人对小孩的叫法，给他起了个绰号叫"子供"。

胡适书读得多，5 岁就开始读"四书"、"五经"、《孝经》、《百家姓》、《千字文》，8 岁时就能读懂《资治通鉴》，后又去国外留学。博学多识，著作颇丰。于是，人们便给他起了一个"大书箱"的绰号。他出使国外时，人们则称他为"学者大使"。

胡适还有两个绰号是与他提倡白话文有关的。胡适在新文化运动中，积极提倡白话文，并身体力行运用白话文写诗写文章。1916 年 8 月，胡适尝试用白话写了一首名为《窗上有所见口占》的小诗。诗的开头两句是："两个黄蝴蝶，双双飞上天。"这本是一首很平常的白话文小诗，

却引来了反对白话文学者的猛烈攻击，说白话诗是"驴鸣狗吠"，并直呼胡适为"黄蝴蝶"。一时间，"黄蝴蝶"成了讥讽胡适的时髦绰号。

在反对胡适提倡的白话文运动的学者中，章太炎是最为突出的。当时章太炎和胡适同在北大任教，观念却大相径庭。章太炎是赫赫有名的国学大师，一生重视国学，最反对胡适提倡的白话文，认为白话文虽然浅显易懂，但将来就没有"文人"了。所以他对胡适很反感，一有机会就要贬胡适，且语言尖酸刻薄。有一次，章太炎在学生中竟戏称胡适是"著作监"。学生不懂这个绰号是什么意思，就去问他，章太炎即说："著作者，写书著书也；监者，太监也，太监者，下面没有也！胡适著作《中国哲学史大纲》上册，而下册没有也，故曰著作监也。"由此这个绰号被迅速传开了。

## "砚兄""礼部总长"——周作人

周作人，原名櫆寿，号起孟，又作启孟、岂明，是鲁迅的二弟。

周作人早年留学日本，通晓日文、俄文、希腊文、梵文等多种文字，也是我国著名的作家，他的散文尤其写得好，其风格独树一帜，很受推崇。周作人早期受革命思想影响，思想进步，发表过许多推进文学革命的文章，颇有影响。五四新文化运动中，他与鲁迅都是新文坛上著名的骁将，得到文化界同仁的尊重和拥护，受到年轻人的崇拜和爱戴。

五四运动高潮过后，周作人大病一场，其间受到佛学影响，他开始追求宁静、平和、恬淡的生活，思想也变得消沉起来。

周作人性格平和、爱清静，平时很少言语，为此，他得到过两个绰号，一个是"砚兄"，一个是"鹤"。"砚兄"是他的好朋友刘半农给他起的。1927 年，张作霖占据北平后，逮捕杀害了许多革命知识分子，李大钊就是在这一年被张作霖杀害的。当时，周作人和刘半农一起避难到菜场胡同的一位朋友家。他们住的是三间房，中间一间是吃饭的地方，左边一间是寝室，右边一间是书房，书房中只有一桌，桌上只有一块砚台，他俩就在这里共用一砚写文章。那时，周作人戴着一副圆眼镜，留着八字胡，天天默不作声，神情冷峻，而刘半农天性幽默活泼，耐不住这冷清和寂寞，常常说笑逗趣。有一天，两人又在书房共砚写文章，周作人依然只是低头写作，沉默无语。刘半农看着他，沉思了一会，突然对着他喊了一声"砚兄"。周作人以为来了什么客人，抬起头来，左右环顾，不见一人，感到纳闷，呆呆地看着刘半农，刘半农也不说话，只是狡黠地笑着，周作人更感奇怪，只见刘半农突然用手指了指砚台，又看着他，周作人恍然大悟，原来刘半农将他比作了学问从中而来又不会说话的砚台。两人都情不自禁地大笑起来。从此，"砚兄"作为周作人的绰号传开了。

"鹤"这个绰号是周作人在日本时，蒋抑卮给他起的。当时，周作人随鲁迅一起来到日本东京，大家相聚时，别人谈笑，不善应酬的周作人常常是在一旁听着，沉默着。和他同住在一起的蒋抑卮以为他很高傲，便给他起了个"鹤"的绰号，有时就用"鹤"称呼他。周作人并不恼，反认为这个绰号不错，后来还用鹤为自己起了个叫"鹤生"的笔名。

"礼部总长"则是鲁迅给他起的。1924 年，江绍原曾在《语丝》杂志上发表了一篇致周作人的通信《礼的问题》，讨论旧礼教的问题。此事曾引起关注，热闹了一阵子。后来，渐渐地冷淡下来，不再被人提起。1927 年，鲁迅在《语丝》上发表了一篇《补救世道文件四种》。文中有"又近日看《语丝》，知岂明先生亦已卸礼部总长之任"的话，"岂明"是周作人的号。没想到，鲁迅在文中戏称的"礼部总长"竟成了周作人的又一个绰号。

周作人晚节不保，抗战时期在北平为日本人所利用，出任伪职，从此名声扫地，令人惋惜。

# "幽默大师"——林语堂

林语堂是中国近代著名学者、文学家、语言学家。早年与鲁迅、周作人等同是享誉文坛的名人。

林语堂是一个充满生活情趣、语言幽默的人。据考证，他是最早将英语"humor"译成汉语"幽默"的人。当时翻译家李青崖主张译为"语妙"，语言学家陈望道主张译为"油滑"，另一位语言学家唐栩侯则主张将其译为"谐穆"，但又都感到不够确切，最后，还是林语堂的译法被世人所认可，一直沿用至今。

林语堂认为："没有幽默滋润的国民，其文化必日趋虚伪，生活必日趋欺诈，思想必日趋迂腐，文学必日趋干枯，而人的心灵必日趋顽固。"

林语堂对幽默很有研究，其生活、教学、演讲、文章无不充满了别具情趣的诙谐与幽默，人称"林氏幽默"，人们也因此称他为"幽默大师"。

林语堂的幽默在演讲中表现得尤为突出。有一次，林语堂在台北参加一个学校的毕业典礼。在他讲话之前，上台讲话的人都是长篇大论，待到林语堂讲话时，时间已是十一点半了。只见林语堂走上主席台，清了清嗓音说道："绅士的讲演，应当像女人的裙子，越短越好。"说完便转身回到了自己的座位。台下的人一时没反应过来，都在发愣，全场鸦雀无声，短暂的静寂之后，随即爆发出热烈的掌声和欢笑。

还有一次，在美国的一次书展上，林语堂作为著名作家被邀请在会上演讲，那时，他在美国已很有名气，他的《吾国吾民》《生活的艺术》等书，

林语堂是一位充满情趣、语言诙谐幽默的学者、语言学家。有"幽默大师"之称

已成为美国最畅销的书。他的《生活的艺术》在美国重印了 40 次，并被译成多国文字，成为欧美各阶层的"枕上书"。到会的读者争相目睹他的风采，聆听他的演讲。林语堂用流利的英语演讲，他那雄辩的口才和俏皮精湛的演讲内容，令听众为之折服。正当大家听到入神处，林语堂却突然收住了语气，说道："中国哲人的作风是：有话就说，说完就走。"说完，便飘然而去。开始听众尚没反应过来，稍停，听众反应了过来，开始为他欢呼叫好。因为他们已意识到林语堂最精彩的内容已讲完了。

还有一次，林语堂在古巴的一次集会上演讲，在讲到什么是世界大同理想生活时，他说："世界大同的理想生活，就是住在英国的乡村，屋里安装有美国的水电煤气等管子，有个中国厨子，有个日本太太，再有一个法国情妇。"听众听了，无不为之拍手叫绝。后来，这段话成了幽默的经典，广为流传。

林语堂应邀在美国哥伦比亚大学讲授"中国文化"课程时，向美国青年学生大谈中国文化的好处。有一位女学生见林语堂滔滔不绝地赞美中国文化，便站起来问林语堂："林博士，您好像是说，什么东西都是你们中国的最好，难道我们美国没有一样东西比得上中国吗？"林语堂略一沉思，乐哈哈地说："有的，你们美国的抽水马桶要比中国的好。"这机智幽默的回答引得大家大笑不止。

林语堂不仅在美国和欧洲有很高的知名度，在南美也很有名气。当时，巴西有一位贵妇人很钦慕林语堂，恰好这时有人赠给她一匹名马，于是她便给这匹马取名为林语堂。后来，这匹马参赛，巴西的各报都以大幅标题登出"林语堂参加竞赛"。比赛结束，这匹马没得到名次，于是，当晚的报纸又以大幅标题报道"林语堂名落孙山"。后来，有人将此事告诉了林语堂，这位幽默大师风趣地说"并不幽默"。

林语堂在教学中也尽显幽默与风趣。在东吴大学法学院兼英语课时，开学第一天，林语堂带了一个装满花生的皮包来上课，只见他登上讲台

之后，不慌不忙地打开皮包，将花生分给学生。同学们不知他是何意，也没人敢吃。这时，林语堂用流利的英语说道："吃花生必须吃带壳的，一切味道与风趣，全在剥壳。剥壳愈有劲，花生米愈有味道。"说到这里，他将话锋一转，说道："花生又叫长生果，诸君第一天上课，请吃我的长生果，祝诸君长生不老！以后我上课不点名，愿诸君吃了长生果，更有长性子，不要逃学，则幸甚幸甚。"同学们听了，被他的幽默逗得笑声不止。笑声中也开始响起了剥花生的声音。

林语堂为学生打分的方法也很有趣。他教授的英语课从不举行任何形式的考试，但他在课堂上总是随时指认学生起立回答问题。因此，对每个学生的努力程度是清楚的。待到期末结束为同学评定成绩时，他采用的是"相面打分"。他坐在讲台上，拿着学生名册，轮流唱名，请唱到名的学生站起来，他像相面先生一样，看上几眼，便定下了分数。个别吃不准的，则将学生叫到讲台前，谈上几句，也就知其水平了，分数随即定了下来。林语堂用这种相面打分的方法，竟然评定得准确。同学们也都很服气。

林语堂在生活中也是一个充满情趣和幽默的人。

林语堂和妻子廖翠凤结婚后，马上提出来要把结婚证烧了。妻子问为何要烧？林语堂说："结婚证书只有离婚才用得上。"烧掉结婚证是表示永远相爱、白头偕老的决心。妻子欣然同意。

林语堂到了晚年，仍洋溢着孩子一样天真无邪的童趣，依然表现得很幽默。他很喜欢他二女儿的两个孩子，常常和他们在一起玩耍，还不时地和他们一起搞点恶作剧。有一次，他把他和两个孩子的鞋子故意放到了桌子上，他们则躲进了衣橱。当妻子回来，发现桌子上的鞋子正感到奇怪时，他和两个孩子一起冲了出来，大喊大笑，搞得妻子哭笑不得。

还有一次，林语堂突然产生了要把自己变成孩子的奇想。于是，他把自己小时候的照片拿出来，与两个孩子的照片拼接到一起，然后冲洗出来给人看，说："你们看，我们都是孩子。"

林语堂就是这样一个人，一直到老都充满情趣和幽默，是一位不折不扣的"幽默大师"。

## "三不来教授"——黄侃

当年在北大，若提起黄侃，人们都知道他就是大名鼎鼎的"黄疯子"。之所以如此有名，一是因为他国学造诣很深，名声很响，与他的老师章太炎并称为"章黄之学"，另一个原因则是他行为怪僻，喜欢骂人，人皆知之。

黄侃与钱玄同都是章太炎的学生，两人又同在北大教书，黄侃却在课堂上公开骂钱，说钱玄同的讲义是他一泡尿得来的。黄侃讲得绘声绘色，说，当时他与钱同在东京，一天钱到了他的住处，他因要小便，离开了屋子，回来时则发现他的一本笔记没有了，问钱拿了没有，钱说没见。现在看钱的讲义，则完全是他笔记中的文字，钱能赖吗？说是他的一泡尿成就了钱。可见黄侃骂人骂得够刻毒的。

黄侃还曾骂过胡适。胡适对墨子很有研究，一次宴会，胡适与黄侃坐在一起，便与他谈起了墨子。而黄侃竟骂道："现在讲墨子的人，都是混账王八蛋！"胡适知道这位"疯子"喜欢骂人，也就没理会他。没想到，黄侃竟又接着骂道："胡适的父亲，也是混账王八蛋！"胡适不愿意了，便责问他为何侮辱自己的父亲。黄侃却笑着说："你不要生气，我只是考考你，你知道墨子是讲兼爱的，所以墨子说他是无父的。而你的心中还有你父亲，可见你不是墨子的标准信徒。"胡适无可奈何，只好不说话了。

还有一次，黄侃对胡适说："你口口

黄侃坐像

声声说要推广白话文，未必出于真心。"胡适不解其意，问何故。黄侃说："如果你身体力行的话，名字不应叫胡适，应称'往哪里去'才对。"胡适顿觉啼笑皆非。

黄侃对国学的研究，确实是下了一番功夫的，常常废寝忘食。一日，一友人登门拜访，一进门，见黄侃一手拿书，一手拿馒头欲食又止。友人知其正沉溺书中，不便打扰，便坐下等候。突然，听到"啪"的一声，友人吓了一跳，站起来一看，原来是黄侃读到精彩处，在桌子上猛击了一掌，击掌之后，正将馒头蘸着墨汁往嘴里塞呢，嘴和脸已花了一片。

黄侃在北大讲课时，课讲得很好。每讲完一篇文章或一首诗，他总要高声念一遍，念得抑扬顿挫，很好听，听课的同学也跟着念，当时称"黄调"。"黄调"与《广韵》吻合，古味十足。学生很喜欢，所以，每到晚上，宿舍里到处都可以听到"黄调"。

黄侃上课很认真，却从不给学生布置作业，到了期末考试，他不看试卷，也不打分。教导处逼急了，他就写了个条子，上写"每人80分"。他的意思是，学生总想得甲等，给90分，学生不配，他也不愿意，给70分，学生又不愿意，80分正合适。教导处不满意，但又知他的名气和脾气，只好不了了之。说起黄侃的脾气，还真与人不同。他在北大教书时曾与校方约定：下雨不来，降雪不来，刮风不来。所以，人们送他一个绰号"三不来教授"。学生都知道他的"三不来"条件，每遇天气变化，学生便会戏言："今天天气黄不到。"往往戏言成真。黄侃虽脾气怪异，但也有"三怕"：一怕兵，二怕狗，三怕雷。尤其怕雷，打雷时，他甚至怕得钻到桌子下躲起来。

黄侃很受章太炎赏识。章太炎一生清高孤傲、目中无人，但对他的这位得意门生赞许有加。1935年，在黄侃50岁生日时，他还特意为黄侃写了一副对联表示祝贺。对联曰："韦编三绝今知命，黄绢初裁好著书。"对联无意中藏了"绝命书"三字。黄侃看到，大为惊愕。没想到，黄侃真的在当年的10月8日，因饮酒过量，胃溃疡病突发，吐血而死。

据说章太炎也对自己这副对联竟成谶语而悔痛不已。

## 趣说刘文典的绰号

刘文典，字叔雅，安徽合肥人，是我国著名的学者。刘文典学识渊博，学贯中西，通晓英、德、日等多国文字，尤其对《庄子》、校勘学、版本目录学、唐代文化史的研究，成就卓著，是我国杰出的文史大师、校勘学大师和研究《庄子》的专家。

刘文典是同盟会会员，曾担任过孙中山的秘书、安徽大学校长、北京大学等几所大学的教授。中华人民共和国成立之后，曾任全国政协第一届、第二届委员。

刘文典博学多识，性格外露张扬，恃才自傲，有"民国狂士"之称。他自己也承认："我最大的缺点就是骄傲自大。"

说起刘文典的狂傲，有许多逸事。他曾自夸，狂妄地说中国懂得庄子的共有两个人，一个是庄子本人，另一个就是他。他在北大任教时，对已有些名气的沈从文也不看在眼里。在沈从文升为教授时，他尖刻地说："在西南联大，陈寅恪才是真正的教授，他应该拿四百块钱，我该拿四十块钱，沈从文该拿四块钱。可我不会给他四毛钱。沈从文都是教授，那我是什么？我不成了太上教授了吗？"

刘文典的性格还表现在他的不畏权贵上。他在安徽大学任校长时，因发生学潮被蒋介石召见，被召见时，他不脱帽、不行礼，称蒋介石为"先生"而不称"主席"。结果被蒋介石以"治学不严"而拘押。章太炎听到此事后，对刘文典的骨气非常欣赏，特亲手书一联相赠："养生未羡嵇中散，疾恶真推祢正平。"这副对联至今还保存在刘文典次子刘平章家中。

刘文典性格狂傲，也很有气节。日本占领北平后，鉴于他的名望，曾让周作人给他做工作，让他出来任伪职，遭到他断然拒绝。刘文典对周作人说："国家民族是大节，马虎不得，读书人要爱惜自己的羽毛。"

日本人威逼他，他拒不回答任何问题，问他为何不用日语作答，他说：
"以发夷声为耻。"这表现出了他鲜明的爱国情感。

刘文典除了"狂士"的绰号，还有"兔子""二云居士""狸豆鸟""擦
皮鞋者"等绰号。

"兔子"的绰号缘于他在北大任职时，当时北大人才济济，其中有
六位著名教授都属兔，刘文典是其中之一。这六位"兔子"中，蔡元培
最大，被人称为北大的"老兔子"，陈独秀和朱希祖比蔡元培小一轮，
被称为北大的"中兔子"。刘文典、胡适、刘半农比蔡元培小两轮，被
人称作北大的"小兔子"。

"狸豆鸟"这个绰号是刘文典自己起的，学生们觉得很有趣，常常
以此绰号称呼他。刘文典字叔雅，"狸豆鸟"中的"狸"与"刘"古时
通读，"叔"就是豆子，"鸟"则为"鸦"，"鸦"是"雅"的异形字。
由此联系"狸豆鸟"就是"刘叔雅"，刘叔雅就是刘文典。

"二云居士"这个绰号里的"二云"指的是"云腿"和"云土"。
"云腿"是人们对云南宣威火腿的称呼，"云土"则是云南产的鸦片。
刘文典喜爱这两样东西，所以人送"二云居士"绰号。

刘文典爱吃云南宣威火腿，这属个人爱好，无可非议，喜吃鸦片则
是刘文典的污点了。刘文典染上烟瘾，据说是因长子之死，他神志消沉，
不能自拔，吸上了鸦片。后来刘文典戒掉了鸦片，但到了昆明西南联大
时，因地产云土，便烟瘾复发，又吸了起来，且烟瘾日增。为了筹得资
金购买鸦片，他便为各地土司和旧军人、官僚撰写神道碑墓志铭等，收
取酬金或鸦片。后来，为了鸦片，他还去了离昆明千里之外的磨黑，为
那里的大豪绅张孟希的母亲撰写墓志铭。张孟希则供给他鸦片和一家三
口的生活费用。此事在当时影响很大，以至于他回昆明后，西南联大不
再发给他聘书，他只好去了云南大学。解放之后，他彻底把鸦片戒了，
改抽"大重九"香烟，一天要抽两包。

"擦皮鞋者"绰号，是他1957年在北京开全国政协会议期间，在

写给次子刘平章信中使用的。当时，他在书店看到《苏联画报》上有一幅名为《擦皮鞋者》的讽刺溺爱子女的漫画。画中画的是一位满脸皱纹、衣着破旧的老头在严冬中蹲在地上为儿子擦皮鞋。此时，正好他的儿子来信向他讨生活费。他想到自己对孩子的溺爱，就像漫画上那位为儿子擦皮鞋的老头，不免有些自责，于是，给儿子写了一封落款为"擦皮鞋者"的信。儿子知道父亲的用意后，很受教育。

## 趣谈钱玄同的绰号

原子能专家钱三强的父亲钱玄同，是我国近代颇具影响的学者、语言文字学家，也是五四新文化运动的先驱之一。

钱玄同祖籍浙江吴兴（今湖州市），原名师黄，字德潜。

1904 年，钱玄同 17 岁时，开始对清朝初期的音韵学家刘献廷"造新字"的学说产生了浓厚的兴趣，决心在刘献廷的基础上，将中国文字学的研究工作发扬光大。

五四时期，钱玄同积极参加了新文化运动，思想也发生了很大的变化，由复古转为反复古，彻底否定封建文化，而且表现得甚为激烈。他曾说，"两千年来用汉字写的书籍都无是处"，"两千年来的国粹无一是处"，"要祛驱三纲五常的奴隶道德，当然以废孔学为惟一之办法"，并说"共和与孔经是绝对不能并存的"。这时，他给自己起了个别号叫"疑古"，并更名"玄同"。"疑古"本是著名史学家刘知几《史通》中的篇名，他使用这一别号是表示要"用历史的眼光来研究批判一切古籍"。当时，他给人题字署名用的就是"疑古玄同"，鲁迅也将"疑古玄同"作为钱玄同的绰号称呼他。

钱玄同还有两个很有趣的绰号，一个是"爬来爬去"，一个是"金心异"。

"爬来爬去"这个绰号是鲁迅和许寿裳给他起的。这是因为在日本东京听章太炎课的学生中，钱玄同最活跃，同学都称他"话匣子"。他

在听课时，总是坐不住，谈话时，总是指手画脚，像是在座席上爬动。所以，鲁迅给他起了个"爬来爬去"的绰号，通信时，称他作"爬翁"。

"金心异"则是小说家林纾为他起的。林纾反对五四新文化运动，是位守旧派人物。他对当时在北大任教的陈独秀、胡适和钱玄同反对旧礼教、旧文化的言行非常反感，他要求北大校长蔡元培撤换他们三人，在遭到拒绝后，他便写小说《荆生》借题谩骂泄愤。在小说中，他用田其美影射陈独秀，用狄莫影射胡适，用金心异影射钱玄同。钱玄同也因此有了"金心异"这个绰号。鲁迅就曾多次借用过这个外号称呼钱玄同。鲁迅在《呐喊》自序中就直称钱玄同为"金异兄"，在给他的信中也称他"金异兄"，在给朋友的信中还称他"金公"。鲁迅借此绰号反其意而用之，正是对其五四时期反复古功绩的肯定和赞扬。

钱玄同与周作人关系很好，常去他家做客。有一次还住在了他家里。谁知，夜里有一只青蛙跳进屋里，钱玄同胆小，见到突然出现的青蛙，非常惊慌，大呼救命。周作人见状，大笑不止，并随口吟诗两句："相看两不厌，玄同与蛤蟆。"钱玄同也因此有了一个"蛤蟆"的绰号。

## "一马"、"五马"和"三只兔子"

新文化运动时期，流传着两则以生肖为绰号的故事。一则是马寅初、马君武"一马"和"五马"的故事，另一则是蔡元培、陈独秀、胡适"三只兔子"的故事。这两则故事都很有趣。

马寅初和马君武是我国颇有影响的两位学者，两人曾同在中国公学工作，当时马君武任校长，马寅初任教师，两人感情很好，常在一起交谈。有一次闲谈中，两人互问年龄，马君武知道马寅初是光绪壬午年出生的，生肖属马，就戏对马寅初说："我姓马，你也姓马，不过我是一马，你是二马。"马寅初听后笑道："你说我'二马'，实际上我远远不止二马，我还是五马呢！"马君武问："怎么是'五马'？"马寅初说："我是壬午年农历五月初九日午时出生的，五月是午月，初九日是午日，再加上午时，年、月、日、时都是午，习俗以'午'属马，这样，连同我姓马，就有五个马了。"马寅初刚说完，多才博识的马君武马上说道："古人称太守为五马，那么你是'马太守'了。"马君武用"马太守"戏说马寅初，不仅续接得贴切有趣，而且还有深刻的含义。东汉时会稽有一位叫马臻的"马太守"，为人正直、勤政爱民、不畏强暴，治理鉴湖水利有功，后因触犯皇帝被杀害。马君武借此赞扬马寅初耿直敢言的无畏精神。

"五马"马寅初

后来，这事被传为佳话。两人也从此有了以生肖命名的"一马"和"五马"的绰号。更有趣的是，后来"五马"又有了发展，那是 20 世纪的 50 年代，马寅初因提出以节制生育、提高人口质量为中心的"新人口论"受到批判。

"一马"马君武

有人诬蔑他是英国经济学家、人口学家马尔萨斯的"马"，马寅初据理反驳，义正词严地说："我这匹'马'，是马克思的'马'！"这样，马寅初又多了一"马"，由"五马"变成"六马"了。

新文化运动时期，蔡元培任北大校长，他采用了"思想自由，兼容并包"的政策，延聘了一大批知识分子精英到北大任教，使北大成为当时中国思想活跃、学术兴旺的最高学府。他请陈独秀来北大主持文科，请胡适来北大任教授。陈独秀创办了《新青年》杂志，积极宣传马克思主义，进行文学改革；胡适主张运用白话文，强调写文章要言之有物。他们三人对当时影响很大，都是知识渊博、思想活跃、勇于开拓的著名学者，因为又都是属兔的，所以，人们称他们是北大的"三只兔子"。

"老兔子" 蔡元培

"中兔子" 陈独秀

"小兔子" 胡适

三人虽都属兔，但并不是一年生人，蔡元培生于 1868 年，陈独秀生于 1879 年，胡适生于 1891 年，依次相差一轮。胡适最年轻，来北大时还不到 30 岁，所以，当时人们戏称："北大添个青年人，玉兔常伴月照明。" 他们经常休息的地方也因此得到一个 "兔园" 的称号。

有趣的是，当时北大校园里不光他们这三只 "兔子" 有名，还有三只有名的 "兔子"，他们是朱希祖、刘半农、刘文典。朱希祖是 1879 年己卯年出生的，与陈独秀同年，刘半农和刘文典是 1891 年辛卯年出生的，与胡适同年，这五人当年都是北大著名的教授。当时北大校园有两个 "老兔子" 和三个 "小兔子" 的说法，那是将胡适、刘半农、刘文典叫作 "小兔子"，将陈独秀和朱希祖称作 "老兔子"。实际上，称陈独秀和朱希祖为 "老兔子" 是不合适的。因为北大的 "老兔子" 是蔡元培，陈独秀和朱希祖只能称 "中兔子"。当时北大老师的休息室是每人一间，因他们被人称作兔子，所以，他们的休息室也被人称作 "卯字号"。

这么多 "兔子" 名流齐聚北大，既是一种趣事，也说明北大人才济济。

## "民国第一写手" ——张恨水

张恨水是我国著名小说家，原名张心远，江西广信（今上饶地区）

人。恨水是他的笔名，这笔名出自南唐后主李煜的词《乌夜啼》："林花谢了春红，太匆匆，无奈朝来寒雨晚来风。胭脂泪，相留醉，几时重，自是人生长恨水长东。"张心远从中悟到光阴的宝贵，于是截取其中的"恨水"两字作了笔名，用以激励自己珍惜时间，不要让光阴像流水一样白白流逝。后来他用此笔名写小说而闻名，"恨水"也渐渐替代了他心远的本名，成了他的名字。在他的家中，家人和亲友都称他"恨水"，晚辈则称他"恨老"。

张恨水自小就喜欢读小说，听人讲故事。十一二岁时，便读了《三国演义》《红楼梦》《残唐演义》等小说。他的父亲反对他读小说，他便偷偷地读。

14岁时，他进了大同小学，在这里他利用一切课余时间，拼命地读小说，也读新书和报纸。这期间，他接受了一些新思想，为他以后写小说打下了基础。他读书的地方叫"老书房"，他因此得到一个"大书箱"的绰号。

后来，父亲去世，照管家庭的担子落到了他的身上。为了谋生，他演过文明戏，但演得很糟糕，只得回到老家，继续自修，磨炼自己的写作能力。这时候的张恨水穷困潦倒，又一味读书，不理家务，不会谋生，同乡人便给他起了个"大包衣"的绰号，意思是胎衣未脱，是个废物。张恨水感到压力很大，抬不起头来。

23岁时，经友人推荐，张恨水到芜湖《皖江报》当了总编辑，有了薪水。从此，他成了一个报人，也开始了他的写作生涯。

张恨水才思敏捷，又勤奋刻苦，有段时间他同时写六七部小说，平均每天要写五六千字才能够应付这些小说的连载需要。他的写作方法是轮流写这几部小说，先将一部小说一口气写好几回，够连载一段时间的了，再写另一部小说，以此轮替写下去。他每天9点开始写作，一直写到下午六七点钟才放下笔去吃饭，晚饭后还会写到很晚，日复一日，天天如此。张恨水自己也很感慨，为此，他给自己起了个绰号叫"推磨的

驴子"。

他写有《天上人间》《春明外史》《金粉世家》《啼笑因缘》《巴山夜雨》《纸醉金迷》《五子登科》等多部小说，都深受人们喜爱。尤其是《啼笑因缘》，更是受到广泛欢迎，据当时记载，"上至党国名流，下至风尘少女，一见着面，便问《啼笑因缘》"。他一生共创作了一百二十多部小说，为人留下了两千多万字的作品。有人称他是"民国第一写手"，著名文学家刘半农则称他是"大小说家"，还有人称他是"中国大仲马"。他是我国五四运动以来，著作最丰富、最出色的"章回小说家""通俗文学大师"。

## "人中麟凤"——柳亚子

柳亚子是我国近代著名的文人和革命者，他1887年生于江苏吴江。

柳亚子小时候有个绰号叫"小和尚"，这是他曾祖父给他起的。曾祖父非常喜欢他，希望他能成才，常常说："我老了，也不指望小和尚发科发甲，我只要能看到他上学的那一天，就心满意足了。"曾祖父为

柳亚子是我国近代著名文人和革命者，毛泽东称他是"人中麟凤"。这是他的一张画像

他起绰号"小和尚"，一是表示亲昵，二是怕他养不大。柳亚子对曾祖父对自己的疼爱，曾感激地说："他对于我的恩德，实在太大，而他对于我的印象，也实在太好。"

柳亚子初名慰高，后改名人权，号亚卢，意思是"亚洲的卢梭"，后又改为亚子，意思是"亚洲的浪荡子"。

1912年，柳亚子应邀出任南京临时大总统府骈文秘书。当时，他搭司法总长伍廷芳的便车从上海到南京，他前发齐眉，后发披肩，身披一件大红斗篷。时任大总统府秘书长的胡汉

民见了疑惑地问别人，这柳亚子到底是男还是女。

柳亚子个性倔强、脾气暴躁，动不动就拍桌子怒吼，但当他知错后，又会立即向人赔礼道歉。他的夫人说他，兴奋时，其热如火；衰弱时，其冷如冰，没有平和中正的一天。叫他"柳痴子"，说他承"章疯子"（章太炎）之道统，实际上是"俞神经"（俞樾）的衣钵嫡传。故，柳亚子又有"柳痴子"之绰号。

柳亚子是一位坚定的民主主义革命家，杰出的革命诗人。他18岁加入中国同盟会，是国民党最早的一批党员之一，他积极奉行孙中山联俄、联共、扶助农工的三大政策。在蒋介石叛变革命时，他又以笔代枪，同国民党斗争，用诗歌支持毛泽东领导的革命斗争。毛泽东也很赞赏他，说他是"有骨气的旧文人"，并说他既有清醒的政治头脑，是一位杰出的政治家，也是一位造诣很深的诗人。毛泽东非常喜爱他的诗，说他的诗"有趣味、有诗意、有内涵"，"慨当以慷"，"读之使人感发兴起"。毛泽东称他是"人中麟凤"，后人在评论他时，常常引用毛泽东这一说法。所以"人中麟凤"也便成了柳亚子的一个绰号。

## "国宝"季羡林的高风亮节

季羡林，字希逋，又字齐奘。中国著名文学家、语言学家、教育家、社会活动家、翻译家和散文家。他精通12国语言，学识渊博，品格高尚，名闻中外。2006年，他被授予"感动中国"人物，颁奖词中称他："智者永，仁者寿，长者随心所欲。一介布衣，言有物，行有格，贫贱不移，宠辱不惊。学问铸成大地的风景，他把心汇入传统，把心留在东方。……季羡林先生为人所敬仰，不仅因为他的学识，还因为他的品格。……他的书，不仅是个人一生的写照，也是近百年来中国知识分子历程的反映。"

温家宝总理曾五次看望他，称赞他："您最大的特点就是一生笔耕

不辍，桃李不言，下自成蹊。您写的作品，如行云流水，叙事真实，传承精神，非常耐读。"并说："您一生坎坷，敢说真话，直抒己见，这是值得人们学习的。"有一次温家宝总理看望他时还特意送他一盆君子兰花，以赞誉他君子般的高尚品格。

人们敬仰他的学识和品格，尊称他为"国学大师""学界泰斗""国宝"。

季羡林却不同意人们这样称呼他，他认为，他做得还不够，表示要坚决辞掉这三顶桂冠。

对于"国学大师"，季羡林说："说到国学基础，我从小学起就读经书、古文、诗词，对一些重要的经典著作有所涉猎。但是我对哪一部古典、哪一个作家都没有下过死功夫，因为我从来没想成为一个国学家。后来专治其他学术，浸淫其中，乐不可支。除了尚能背诵几百首诗词和几十篇古文外，除了尚能在最大的宏观上谈一些与国学有关的自谓是大而有当的问题比如天人合一外，自己的国学知识并没有增加。环顾左右，朋友中国学基础胜于自己者，大有人在。在这样的情况下，我竟独占'国学大师'的尊号，岂不折煞老身；我连'国学小师'都不够，遑论'大师'。为此，我在这里昭告天下：请从我头顶上把'国学大师'的桂冠摘下来。"

对"学界泰斗"，季羡林说，在教育界，他一生做教书匠，爬格子，在国外教书 10 年，在国内 57 年，没有做出什么成绩。在人文社会科学的研究中，虽说有些成绩，但这样的人，滔滔者天下皆是也。现在却偏偏把他"打"成泰斗，他说，他这个泰斗又从哪里讲起呢？为此，他也昭告天下，请从他头顶上把"学界泰斗"的桂冠摘下来。

对于"国宝"，季羡林说得更风趣。他说，在中国，一提国宝，人们一定会立刻想到人见人爱憨态可掬的大熊猫。这种动物数量极少，而且只有中国有，称之为"国宝"，它是当之无愧的。而自己被称为"国宝"，是不是因为中国只有一个季羡林，所以自己就成为"宝"了？但是，中国的赵一、钱二、孙三、李四，等等，也都只有一个，难道中国能有 13 亿"国宝"吗？所以，他也要昭告天下，请从他头顶上把"国宝"

的桂冠摘下来。

学术界许多人历来看重桂冠称号，梦寐以求地希望得到它，有的甚至自封。季羡林却坚辞不受，这是何等谦逊！真令人敬佩！

## "书痴"钱锺书爱书不爱钱

钱锺书是我国著名的学者，他 1910 年出生于江苏无锡的一个书香门第。浙江一带有"抓周"的风俗，就是到了孩子周岁的时候，在孩子的周围摆上各种食物、玩具、书等，看孩子最先抓到什么，以此来预测孩子将来的志趣。钱锺书"抓周"时，在众多的物品中一把抓了一本书，他的祖父很高兴，说这孩子独钟于书，就叫"锺书"吧。从此，"锺书"就成了他的学名。

钱锺书果然被其祖父说中了，独钟于书。他从识字开始，便喜欢读书，家中的《西游记》《水浒传》等小说很快就被他读完了，于是他又到书摊上租小说来读。他还喜欢画画，由于敬佩西楚霸王项羽，他还给自己起了个"项昂之"的别号，而且在他画的画上都要署上这个别号。那时他还不到 10 岁。

钱锺书报考清华时，数学只考了 15 分，按清华当时录取新生的规定，只要有一门不及格，就不能录取。可钱锺书由于书读得多，文科成绩非常突出，当时的校长罗家伦认为他是个人才，便破格录取了他。就这样，钱锺书因爱书而上了清华。

上学期间，他更是爱书如命，终日钻在书堆中。在国外留学时，为了阅读不易得到的书，他日夜埋首在图书馆的书丛中。他读书聚精会神，而且读得很快，一本厚厚的非常难啃的古

漫画家丁聪为钱锺书所画的漫画肖像

典哲学著作，别人要啃几个礼拜，甚至几个月，而他一二天便读完消化了。钱锺书什么书都读，而且读得津津有味，都能从中吸取精华和营养。他的夫人杨绛女士曾风趣地叫他"书痴"，说他"只要有书可读，别无营求"。后来，"书痴"的叫法传开了，成了他的绰号。

钱锺书爱书如命，对钱却看得很淡。他的小说《围城》被拍成电视连续剧后，电视台给他送来万余元的稿酬，他坚决不要。有一年，电视台拍《当代中华文化名人录》，决定拍摄他，他坚决拒绝了。有人告诉他被拍摄的人会得到一笔酬金时，他笑了，幽默而又风趣地说："我都姓了一辈子钱了，难道还迷信钱吗？"

钱锺书就是这样一位令人尊敬的爱书不爱钱的"书痴"。

钱锺书还有一个"人中之龙"的称号，这是著名学者，也是他的老师吴宓给他起的。钱锺书极有才气，又刻苦读书，学识非常渊博，吴宓很赏识他，曾赞誉他说："当今文史方面的杰出人才，在老一辈中要推陈寅恪先生，在年轻一辈中要推钱锺书，他们都是人中之龙。"

钱锺书还有"民国第一才子"之称。钱锺书博学强记。有一次，他去美国访问，在茶话会上，有人提及某一位英国诗人，钱锺书就用优美的英文背诵了一段那位作者的诗作。提及另一位德国诗人时，他又用标准的德文背诵了这位诗人的一篇作品，再提及一位拉丁诗人时，他也能用拉丁文来背诵一段。所提及的诗人并不是知名诗人，其诗作也非名篇，但钱锺书都能流利地背出。在场的美国人惊呆了。

还有一事也充分说明了他的才气。

1933 年 9 月，钱锺书在私立光华大学外文系任讲师，兼做国文教员。当时，钱锺书和同事顾献梁同住一个房间。一天，他看见顾正在埋头钻研一本外国文学批评史，于是随便说了句"我以前也读过这本书，不知道现在是否记得其中的内容，你不妨抽出其中一段来考考我"。顾不信钱锺书有如此好的记忆力，于是专门挑出最难念的几段，钱锺书却面带微笑，从容不迫，十分流利地全部背了出来。

钱锺书和他的夫人杨绛都是文坛的名人，但他俩都很低调，不见记者，不上报纸，不上电视，甚至一些所谓的艺术活动也不参加。有一次，一位英国女士来电话提出慕名求见。钱锺书却风趣地说："假如你吃了一个鸡蛋觉得不错，何必认识那下蛋的母鸡呢？"杨绛曾写过一本《隐身衣》的书，她在书中问钱锺书，如果给你一件仙家法宝，你要什么。钱锺书回答说，要隐身衣。钱锺书和杨绛都喜欢"隐身"，对此，杨绛的解释是："不是我们对媒体有什么偏见，主要是怕他们写我们，破坏我们的宁静。"

## "新潮老头"——周有光

周有光是我国著名的语言文字学家，通晓汉、英、法、日四种文字。他生于 1906 年，于 2017 年去世。一百多岁时，仍腰板硬朗，思维清晰，充满活力。有人说，人老了，活一天少一天，周有光却说："老不老我不管，我是活一天多一天。"他认为人过了 80 岁，年龄要重新算起。在他 92 岁时，有一位小朋友给他送贺年卡，上面写的是"祝贺 12 岁的老爷爷新春快乐！"他见了这张卡，高兴得三天没睡着觉。

周有光喜欢说笑话，有时讲着讲着就会像孩童一样笑出声来，这时他的一只手又会不由自主地挡在嘴前，好像很不好意思笑成这样。有人向他请教长寿秘诀，他总是开玩笑地说："上帝糊涂，把我给忘掉了。"还戏称自己是"漏网之鱼"，脱出 20 世纪那张网，进入 21 世纪。

周有光的夫人张允和是九如巷张家著名的四个才女之一，两人一起生活了 70 年。周有光常常骑着三轮车带夫人去逛街，为此著名漫画家丁聪还给他俩画过一幅漫画，很有趣。

周有光一生经历了晚清、北洋军阀、国民党政府和中华人民共和国四个时期，有人戏称他是"四朝元老"。

周有光的夫人张允和也是长寿老人，活了93岁。两位老人常常骑着三轮车去逛街。这是丁聪为他俩画的一幅漫画

周有光自幼喜欢读书，尤其喜爱读《不列颠百科全书》，他曾收藏有各种版本的《不列颠百科全书》。更为有趣的是，当中英文化合作，要翻译《不列颠百科全书》时，周有光竟然做了中文版的三个编辑之一。他的连襟，著名作家沈从文风趣地称他为"周百科"。后来，这个绰号传开了，有时有人就直接叫他"周百科"。

周有光一生充满传奇。早年专攻经济学，曾留学日本并在美国工作，后转向语言文字研究，《汉语拼音方案》就是在他参与主持下拟定的，他也因此被誉为中国汉语拼音的创始人之一。他的孙女小时候曾风趣地对他说："爷爷，你亏了，你搞经济半途而废，你搞语文半路出家，两个半圆，合起来是一个'○'！"周有光笑着说："一点不错，我就是这么回事。"

周有光一百多岁时仍笔耕不辍，100岁时，他出版了《百岁新稿》，105岁时，出版了《朝闻道集》，106岁时，出版了《拾贝集》，此外，每个月还要给《群言》杂志写一篇文章。2010年2月号上的一篇文章是《漫谈台湾的语文改革》，很有深度，评价很高。他不仅坚持写作，而且思想很新潮，他书架上的书，有很多是很赶时髦的，很多是从海外寄来的引领潮流的新书。于丹的书，他书架上也有，甚至连批驳于丹的书都有。他还知道"谷歌"的纠纷，还差点去看《阿凡达》。他写作用电脑，对一连串的电脑术语比年轻人还熟悉。所以，人们给了他一个"新潮老头"的绰号。

周有光喜欢交朋友，他的家里经常是高朋满座。周有光非常健谈，且文思敏捷、出口成章，颇多新意。聂绀弩形容他是："黄河之水自天倾，一口高悬四座惊。"

## "无齿之徒"——郑逸梅

郑逸梅是海内外知名的文史掌故作家。他善写短小精练的文史掌故，以补报纸版面，这种掌故人称"补白"。郑逸梅18岁起就开始写这种小品文体的"补白"，一直写到90多岁，写了70多年，数字超过1000万字。20世纪二三十年代，上海文坛就盛传"无白不郑补"，称他为"郑补白"，后来干脆送他一个"补白大王"的绰号。

郑逸梅的补白作品，多以清末及民国文人的逸闻趣事为内容，文章写得短小紧凑、简练生动，融知识性与趣味性于一体，别具一格，雅俗共赏，深受读者的欢迎。

有人曾问他，为什么喜欢写这类小文章？郑逸梅说："我喜欢写一些一鳞半爪的小品文，是有原因的。我平素爱读《世说新语》和《幽梦影》，觉得这一类的名作，虽寥寥数语，可是辞藻很隽永，叙述很精练，以少胜多，耐人寻味，这是非学有深造者不能道一字。"正是受此影响，郑逸梅爱上了这种小品文，而且写了一辈子。

郑逸梅本姓鞠，因自幼爱梅成癖，又梦见一巨石上刻有"逸梅"两字，故取来为名。他还为自己的书斋取名"纸帐铜瓶室"，此斋名也是由梅花而来。郑逸梅解释说，古人的咏梅诗中，多有纸帐、铜瓶之类的描述。若是直接在名字中嵌入个"梅"字，那就显得俗了。他取"纸帐铜瓶室"，取的是"暗藏春色"的意思。为此，他还特意为自己取了一个"纸帐铜瓶室主"的别号，还为自己的书斋题联"梅花数点，月色一寮"。

郑逸梅不仅爱梅成癖，他还有许多爱好。爱收藏，喜欢收藏名人的书札，也喜爱集邮；他爱剪报，也爱买书，尤爱买辞典，而且都爱得如痴如迷。

郑逸梅为人幽默风趣，晚年时，还曾自取绰号为乐。他为自己取了

"无齿之徒"和"独夫"的绰号。他在《自暴其丑》一文中是这样说明他这两个绰号的:"我今年九十三岁,两鬓早斑,顶发全白,所谓'皓首匹夫'这个名目,是无可否认的。加之,齿牙脱落,没有镶装,深恐镶装了不舒服,未免多此一举,索性任其自然。好在我食欲并不旺盛,能吃的吃一些,不能吃的也就算了。这岂不是成为'无耻(齿)之徒'吗?"又说:"《书经》有那么一句话:'独夫,纣',指无道之君而言。我是无妇之夫,单独生活,那'独夫'之名,也不得不接受。"

郑逸梅95岁时,台湾剧作家贡敏为他起过一个很有趣的绰号"九五之尊",这是贡敏在赠送给郑逸梅的书的扉页上写的:"九五之尊逸老存正。""九五之尊"本是指帝王之相,贡敏用此,是意指95岁的令人尊敬的老人,而非帝王之相。

## "美髯公"留髯和去髯的故事

爱国企业家胡厥文和爱国诗人闻一多都曾留过长髯,都有"美髯公"的美称,而且两人都有一段留髯、去髯的感人故事。

胡厥文是中国民主建国会的发起人和主要领导人之一,是著名的爱国企业家。他一生热爱祖国,热爱共产党,关心国家的建设和发展,是工商业界杰出的代表。解放后,曾任全国人民代表大会常务委员会副委员长、全国政协常务委员。

胡厥文是著名的爱国企业家,有"美髯公"之称

1932年"一·二八"事变爆发后,胡厥文为支持抗日斗争,领导上海机器业同业公会,汇集机床技术人员和工人,在南市设立兵工厂,专门制造手榴弹等军需品,支持十九路军抗日。胡厥文夜以继日地工作,连胡须都顾不上剃。"一·二八"抗日斗争结

束后，朋友劝他剃去胡须，他说："未逐倭寇，不容除剃。"从此蓄须明志，不逐日寇，誓不剃须。

1945 年 8 月 15 日日本投降时，胡厥文正任迁川工厂联合会理事长，此时的胡厥文已是长髯飘飘，人们都称他是"美

闻一多留有美髯的画像

髯公"。当时，迁川工厂联合会为庆祝抗战胜利召开执行委员会议。开会时，人们久等，不见胡厥文来，正感到奇怪，忽然发现一陌生"年轻人"，而这"年轻人"正是胡厥文。原来，胡厥文为庆祝抗战胜利剃去了长髯，变得年轻了，人们竟一时没认出来。胡厥文在剃去长髯前后，还各拍了一张照片，题为《二我图》，并在上面写了四句话："抗战胜利，父子昆季，勿怠勿忘，岂以为戏。"以此作为纪念和自勉。

胡厥文晚年又留起了长髯，此时的他银须飘飘，神采奕奕，别有一番风姿。

著名爱国诗人闻一多抗战期间也留有长髯，他是在 1938 年抗战失利时留起胡须的，当时他立誓，抗战不胜利绝不剃胡须。闻一多的长髯，加上他那诗人特有的气质，使他看上去确实是一位气度非凡的"美髯公"。这位"美髯公"在听到抗战胜利的消息时，立即将他的美髯剃掉了。闻一多是在凌晨得知这一消息的，当时，他的儿子闻立鹤从城里赶来，手里拿着号外，对他说："爸爸，胜利了！日本投降了！"闻一多听后，立即穿好衣服，准备进城参加庆祝。在进城的路上，他敲开了一家理发店的门，要老板帮他把胡子剃掉，老板看着他的胡子，惊讶地说："这样漂亮的胡子要剃掉？"闻一多坚定地说："是的，要剃掉，抗战胜利了，我要剃掉胡子庆祝胜利。"

胡厥文、闻一多为庆祝抗战胜利剃去美髯，在当时被传为佳话，也

深深地感动了人们。

## "耕砚牛"——齐白石

齐白石，著名画家、书法家、篆刻家、世界文化名人，曾被授予"杰出的人民艺术家"称号。

齐白石，湖南湘潭白石铺人，原名纯芝，小名阿芝。齐白石之名源于"白石山人"。"白石山人"是齐白石为自己起的别号，也可说是绰号。齐白石很喜欢家乡白石铺这个地方，他认为这里虽没有名山大川，但自然风光朴实无华、十分美丽，于是便为自己取了一个"白石山人"的别号。50岁以后，他开始称自己为"白石山翁"，晚年称"白石老人"。人们也喜欢这样称呼他，齐白石之名便由此而来。

齐白石小时候很受祖母疼爱，祖母在他的脖子上系了一个小铜铃，以求神灵保佑他平安无恙。齐白石很珍惜这段感情，在他晚年的时候，身上还佩有一铃，自称"佩铃人"，还专门刻了一方"佩铃人"的印章。

齐白石最早是以画肖像为主，并以此谋生，后来兼画山水、人物、花鸟草虫等。齐白石的仕女画画得尤其好，当时主要画西施、洛神一类美人，也画文姬归汉、木兰从军等。他的仕女画画得精细传神、美丽动人，很受人喜欢，他也因善画美人而闻名。为此，人们给他起了一个"齐美人"的绰号。

齐白石酷爱绘画、篆刻艺术，并为之刻苦努力，奋斗了终生。他曾为自己起过一个"耕砚牛"的绰号，意思是自己要像牛一样勤奋，"不让一日闲过"。他到老年时还提醒自己："不愁忘归路，且有牛蹄迹。"

齐白石在钻研篆刻艺术上所表现出来的刻苦精神和毅力很令人敬佩。他刻的第一方篆印就是"金石癖"。为提高篆刻水平，他曾请教过当时的篆刻大家黎铁安。黎铁安说，你到南泉冲去挑一担"楚石"回来，随刻随磨，待到石头都磨成了石浆，那时你的功夫就到家了。齐白石真的按照黎铁安的指点，运回许多石料，刻完磨，磨过刻，直到磨的石浆湿满了屋，终于练出了成就。他有感于这段经历，便给自己起了一个"三百石印富翁"的绰号，并刻了一个印章，还写下了"石潭旧事等心孩，磨石书堂水亦灾"的诗句。

齐白石还为自己起过一个"走狗"的绰号。齐白石极为推崇明代画家徐渭（号青藤道士）、清代画家朱耷（号雪个）、近代画家吴昌硕（号缶庐）。他自叹"恨不生前三百年"，如果与他们同世，他就要为他们磨墨理纸，如果"诸君不纳"，他就"于门之外，饿而不去"。为此，他在《老萍诗草》中写道："青藤雪个远凡胎，老缶衰年别有才；我欲九泉为走狗，三家门下转轮来。"表示他生前未能求教于他们，死后也要做这三位大师的"走狗"，还要在他们三家之中轮番地讨教。齐白石正是凭着对艺术的这种执着精神，虚心地学习他人的艺术，为己所用，并在此基础上创立自己的特色，终于成为享誉中外的艺术大师。

## "驴贩子"——黄胄

黄胄，我国著名画家，曾任中国美术家协会常务理事、中国画研究院副院长、全国政协常委。

黄胄是河北蠡县人，其父四十多岁时方得其子，为求平安，为其取乳名"老傻"。"黄胄"是笔名，是黄胄自己上初中时起的，当时他在学校的一次体育比赛中获得了一面写有"炎黄之胄"的锦旗，当他理解了此语的含义后，便为自己取名"黄胄"，意思是，自己一定要做一个真正的炎黄子孙。为此，他一生奋斗不息，终于成就了事业，并筹建了炎黄艺术馆。他的夫人称他是"炎黄痴子"，并写有一部《炎黄痴子——回忆我的丈夫黄胄》的著作。

黄胄是一位多才多艺的画家，人物、动物、花鸟无一不精。尤其是画驴，尤为精彩。他笔下的驴，无论是立，是卧，是奔，还是相互亲昵、

黄胄《迎丰收图》

这是黄胄的一幅极为传神的《双驴图》

相互踢踏、相互撕咬，都被他画得活灵活现、趣味无穷。有一幅《放牧图》，画的是一位维吾尔族少女赶一群毛驴迎面而来。其中二十多头毛驴，姿态各异，有的悠然自得地迈步，有的奋然前冲，有的在驴群中拥挤，呼扇着长耳朵，瞪着亮晶晶的大眼，充满了情趣，令人拍手叫绝。

黄胄画驴不仅画得好，画得传神，而且画得速度极快。他曾为邓拓一夜之间画出了《百驴图》，为另一位好朋友画了42只驴，用了不到两小时。他所画的驴每只神态都不同，而且是一气呵成，可见其功夫之深。故人们戏称他为"驴贩子"。他的这一成就，来自他对生活的热爱、对驴的长期接触和观察，黄胄曾说："如果胸中没有驴的千姿万态，就不可能有活生生的造型。"他曾多次赴新疆，住在新疆乡下时，他的隔壁就是一个为驴马削蹄钉掌的"打掌铺"，在那里他画了大量的毛驴速写。"文革"时，他被关进"牛棚"，工作就是放驴。长时间的放驴、观驴，与驴接触，和驴对话，使他和驴结下了不解之缘。据说，黄胄带驴出去时，每当路过酒馆，驴都会主动停下来，让黄胄进酒馆去喝酒，待黄胄微醉而出后，再随黄胄一起回去。人和驴到了心心相通的地步，其驴被画得传神，那是很自然的了。

黄胄画驴就像徐悲鸿画马、李可染画牛、李苦禅画鹰、吴作人画熊猫一样名闻中外，其作品备受推崇，被视为珍宝。邓小平访问日本时，就将一幅黄胄的《百驴图》作为国礼赠送给裕仁天皇，此画被日本视为艺术珍品加以收藏。

黄胄还有因作画而躲过人生一劫的奇事。那是1976年的7月，当时，黄胄正在北京西郊家中创作曹雪芹的肖像，正在此时，他接到了唐山市政府的通知，邀请他到唐山参加瓷器画展。这次活动艺术气氛很浓，对黄胄很有吸引力，黄胄本打算待曹雪芹画像画好后，便去赴会，没想到一向画速很快的黄胄，这次却几易其稿也不满意。于是，他忍痛谢绝了邀请，留在家中继续他的创作。没想到正是在活动期间，唐山发生了7.8级大地震，整个唐山被夷为平地，黄胄躲过了这一劫。有人戏说是曹雪芹画像救了他。应该说，是黄胄痴迷执着的艺术追求给了他这次奇遇。

## "肖像外交大使"——袁熙坤

袁熙坤是我国著名的画家、雕塑家，是享誉海内外的艺术大师。他曾受邀为152位国际政要创作水墨肖像画，为我国对外友好交往和艺术交流做出了重要贡献，他也因此被人称作"肖像外交大使"。他不仅为这152位国际政要画过水墨肖像画，还为50多位国际名人创作了雕像，所以人们又称他为"从平面到立体的肖像使者"。

日本首相海部俊树是第一个向袁熙坤发出邀请，请他为自己画肖像的政要。那是1991年海部俊树访华前夕，当时，日本外务省的一位官员提出来，希望袁熙坤能为首相画幅肖像，袁熙坤答应了。1991年7月26日，袁熙坤来到日本。在日本首相的大会议室，袁熙坤让首相坐在光线和角度比较好的一张单人沙发上，让他将眼光盯在墙上的一幅日本画上，不要动。海部俊树有点紧张，袁熙坤请他放松一点，说可以随便说点什么，

袁熙坤为奥委会主席萨马兰奇画的肖像

于是海部俊树便和袁熙坤聊了起来，说在日本，只有当了 25 年国会议员后，国家才给他画肖像，这是他第一次请人为自己画肖像。还说，按照中国人的说法，他的脸有福相。在海部俊树轻松的闲聊之中，袁熙坤仅仅用了 25 分钟便完成了他的创作。画像上的海部俊树精神饱满，意气洒脱。海部俊树没想到袁熙坤竟能在这么短的时间内将自己惟妙惟肖地画出来，非常吃惊，站在一旁的首相的两位秘书也大为惊讶，认为太神奇了。

袁熙坤在极短的时间内，成功地为日本首相画出了传神的肖像，令世人惊叹。从那之后，许多国际政要向袁熙坤发出了请其为自己画肖像的邀请。袁熙坤先后为联合国秘书长加利、南非总统曼德拉、日本明仁天皇、俄罗斯总统叶利钦、国际奥委会主席萨马兰奇、马来西亚总理马哈蒂尔、美国总统克林顿、美国前国务卿基辛格、巴基斯坦总统穆沙拉夫等 152 位政要名人画了肖像，并都得到他们的高度赞赏。为联合国秘书长加利画像，是在他访问中国时，袁熙坤在钓鱼台国宾馆的一个客厅里为他画的，只用了 17 分钟就画好了。加利看后，爱不释手，说他要把它挂在家中最显眼的位置。美国总统克林顿看了他为自己画的画像后题词："温馨的回忆，每日与你同在。"巴基斯坦总统穆沙拉夫看了自己的画像后，则题词："你把我满意的身影留在了这里，谢谢！"国际奥委会主席萨马兰奇看到袁熙坤为自己画的肖像后，为他题词："向您和所有的中国人致敬。"美国前国务卿基辛格看了袁熙坤给自己画的肖像连声赞叹："真功夫！"

有人曾问袁熙坤，你面对的都是世界上叱咤风云的人物，你给他们画肖像，心情不紧张吗？袁熙坤说："我画伟人，并没有把伟人当作神来画，而是把他们当作各民族的代表来画，他们是地球村的村民，他们

袁熙坤正在创作邓小平雕塑

那儿是一个寨子，我们中国还是一个大寨子呢！通过人与人心灵感情交流，文化的交流促进地球村的文明与进步。”

在中国申办 2008 年奥运会时，袁熙坤充分利用他“肖像外交大使”的特殊身份，积极展开活动，取得了显著的成绩。为了北京申奥成功，袁熙坤向他曾为之画过肖像、已成为他的朋友的各国元首们发去信函，请他们“对中国人民申办 2008 年奥运会给予关注支持”，先后有 40 多位元首和政要回信，表态坚决支持中国申奥。袁熙坤为中国申奥成功做出了贡献，人们因此又称他为“肖像申奥大使”。2003 年，袁熙坤应萨马兰奇的邀请访问瑞士洛桑奥林匹克总部，访问时，他将萨马兰奇的水墨肖像和大型油画《2000 年的萨马兰奇》赠给了奥林匹克博物馆。

袁熙坤为世界各国名人塑造的雕塑，同样受到高度赞赏，被一些国家的博物馆和广场收藏和安放。有 30 多个国家的元首纷纷致函袁熙坤，并亲自为其作品揭幕或为其授勋。袁熙坤也因此成为国际上因雕塑获总统最高荣誉勋章和各国文化部门权威艺术奖章最多的中国艺术家。

袁熙坤在国内最著名的一尊塑像是被命名为“中国改革开放总设计师邓小平”的邓小平的全身塑像。塑像的形象是邓小平安详地坐在藤椅上，右手夹一支标志性的纸烟，深邃的目光注视着远方，极具人格魅力

和艺术感染力。这一作品在国内外影响深远，受到广泛赞誉，被认为是一件难得的艺术杰作。

袁熙坤卓越的艺术成就和他为增进各国之间的友谊和艺术交流所做出的突出贡献，受到了海内外人民一致的赞誉。他那"肖像外交大使"的美名也因此传遍世界。

## "美髯公"——张大千

著名国画大师张大千，原名张正权，又名张爰。张爰之名的来历，颇具传奇色彩。传说，张大千的母亲在怀他之前做了一个奇怪的梦，梦见明月当空，一位鹤发童颜的老翁带着一只小猴从空中飘然而至。张母见小猴机灵可爱，十分喜欢，老翁见其喜爱，便说："送你如何？"张母接过小猴，正欲答谢，小猴因见从窗外照来的月光，急忙朝张母的腋下钻去，张母从此怀孕，第二年生下了张大千。"猨"是"猿"的异体字，"爰"与"猨"又同音，于是，张母便为其取名张爰。

张大千长大后，曾去日本留学，回国后，得知自己心爱的未婚妻去世，悲痛欲绝，遂产生了遁世的念头，于是便去了松江禅定寺，要求出家。逸琳法师收留了他，并为他起了个法号叫"大千"。后来，他怕烧戒，离开了寺院。还俗之后，张大千仍不忘这段历史，便给自己取号"大千居士"，有时也称"大千张爰"。

张大千还俗之后，留起了胡须，此后长髯伴随了他一生。张大千的胡须长而密，自耳而下，长垂胸前，且造型儒雅俊美，尤其到了晚年，银须飘逸，神韵十足，加上他那画家的气质和如诗如画的园林式的生活环境，远远望去，他真如仙人一般。故人称其为"东方画仙""美髯公"。

张大千十分珍爱他的美髯，精心进行养护。夏初，他提前把项下太浓的长须剪去一些，以免胡子堆胸太厚。夜晚睡觉前，他总要小心翼翼将胡须装入特制的须囊中加以保护。平时则时时细心梳理，让其始终保持飘飘如仙的状态。

张大千为自己的美髯而自豪，他曾画过多幅美髯自画像，多达近百幅，足见他对自己美髯的喜爱程度。其中以《至徐雯波七十自画像与黑虎》最为精彩。这是一幅泼彩作品，色彩绚丽。画中，张大千长髯飘逸、神态自若，身旁是一条他喜爱的圣伯纳犬。张大千非常喜爱藏獒，早年在国内曾养过一只藏獒叫"黑虎"。在这幅自画像中，他虽然画的是圣伯纳犬，但还是用了"黑虎"的名字，以纪念自己爱过的藏獒。

张大千是著名的"美髯公"，他也为自己的美髯而自豪。他曾画过近百幅美髯自画像，这是其中最为精彩的一幅

人们对张大千的长髯赞叹、羡慕有加，有时相聚时，也不免以他的美髯为题调侃一番。一日，多位艺术家相聚时，又说起了胡子，有一位女画家忽然说了一句："十个胡子九个骚。"众人听了，都笑了起来。张大千听了也不恼，说道，我给大家讲个故事。他说，张飞和关羽去世之后，张飞的儿子张苞和关羽的儿子关兴常常争执。张苞说他的父亲勇冠三军，在长坂桥前，眼睛一瞪，大喝一声，连长坂桥都被喝断了。关兴听了，则说他的父亲人称美髯公，雄伟勇猛，比张苞的父亲只会瞪眼要斯文得多。两人正在争执时，关羽在云端听到了，不觉大怒，怒斥他儿子道，你何以不讲你老子当年斩颜良、诛文丑、过五关斩六将的功绩，如今只讲你老子的胡子，真是不肖之子。众人一听，故事有趣，却意有所指，不禁面

露惭色。

## "梅痴"——张大千

国画大师张大千酷爱梅花。他爱梅花的高洁、馨香、凌寒，爱它不为世俗所伤的高风亮节。他植梅、赏梅、品梅、画梅，一生与梅为伴，到了如痴如醉的程度，自称"梅痴"。

早在20世纪20年代，张大千在上海居住时，每逢梅花盛开之际，他都要去杭州孤山和塘栖超山探梅。40年代初，他举家迁到四川青城山上的上清宫内居住。在这里他种下了许多红梅、绿梅，后来这些梅花成了上清宫的一景。从40年代末起，张大千旅居国外三十余年，但他依然深爱着梅花，无论是在巴西的八德园，还是在美国的环荜庵，都种有许多梅花。在八德园，他专门种了一处梅林，遍植各种梅花；在环荜庵，他建有百梅园，种植了100株各色名贵梅花，并衬以巨石，构成了一幅天然的"梅石图"，蔚为壮观。有一次，他和老朋友侯北人一起到加州一位华侨的花圃"竹林园"中赏竹时，发现竹林中一株古梅十分惹人喜爱，便向主人提出割爱的请求。他对主人说："请先生随便开个价吧，多少都行。"但主人也珍爱这株古梅，说什么也不肯出让。张大千非常失望，回到环荜庵后，还时时想着这株梅花。后来，他以这株令他心驰神往的古梅为素材，画了老梅册页，并特意题上了他画老梅册页的原因："壬子重九前一日，与北人道兄访竹林园买竹，于竹园见老梅一株，花虽未胎，而奇姿异态，为世稀有，求访不得归而写此，以贻北人共作水月之观也。"足见其对梅痴爱之深。

1975年，张大千在环荜庵附近的沙滩发现一块重五吨多的巨石，其形状很像台湾省地图，高一丈有余。他请人将其石移到环荜庵内，亲自题写上"梅丘"两字，并在周围种了许多梅花。"丘"是首丘的意思，人们常用"归正首丘"称死后归葬故乡，有怀念故乡之意。因避孔子名

"丘"，张大千还特意将"丘"字少写了一笔。那年，张大千迁回台湾居住，建摩耶精舍时，还特意将"梅丘"巨石运回了台湾，运的时候还颇费了一番周折，因空运不方便，最后找到了船王董浩云，托他从海路将巨石运到了台湾。

张大千在台湾的摩耶精舍，也与梅花分不开。据说，张大千在选地建园时，认为这里条件虽好，但交通不便。可当他来看这块地时，发现这里有一株傲然挺立的白梅正含苞待放，这让他非常高兴，于是毫不犹豫地买下了这块地，在此建起了他人生最后的一处宅院。这所住宅是仿北京四合院格局而建，后院有一座花园，种满了梅花，还摆放着许多梅花盆景。这里的许多梅花树都是张大千专门派他的两个儿子去日本寻找的名品，而且是用飞机空运过来的。1980年12月，梅花盛开时，台湾著名摄影家胡崇贤来摩耶精舍赏梅摄影并赠予大千。其中有月夜拍下的，张大千非常喜爱，他在照片后面题诗道："一枝入牖，众香失色。小窗挂月，疏影横枝。暗香入户，斜月当窗。六十九庚申十二月，崇贤兄来小园看梅，月夜摄此。爰。"到了第二年梅花盛开时，张大千再次邀请胡崇贤来园为梅花摄影，并在多幅梅花照片后面题写诗句，这成了他赏梅之余的又一爱好。

张大千酷爱梅花，他将梅花视为国魂，将自己深深的爱国之心和浓浓的思乡之情寄托在梅花之中。他曾写诗道："种梅结宅双溪上，总为年衰市中宣。海角天涯鬓已霜，挥毫蘸泪写沧桑。五洲行遍犹寻胜，万里迟归总恋乡。殷勤说与儿孙辈，识得梅花是国魂。"诗中所表达的就是他这种怀念祖国、思念家乡、渴望落叶归根的情怀。他还用梅花作比，痛斥背叛祖国的"台独"分子。他在诗中写道："百本栽梅亦自嗟，看花坠泪倍思家。眼中多少顽无耻，不认梅花是国花。"

在台湾的摩耶精舍，张大千最喜欢的是花园的梅丘。在这里，梅丘巨石矗立中央，四周点缀着大小不等的奇石，石间种满了梅花。张大千常在此赏梅，流连忘返。他曾多次表露，他死后愿葬梅丘之下。他曾在

诗中写道，"迳思焚笔砚，长此息丘园"，"独自成千古，悠然寄一丘"。他还在《梅丘石畔梅图》上题诗道："片石峨峨亦自尊，远从海外得归根。余生余事无余憾，死作梅花树下魂。"

1983年，张大千病逝后，其家人按照他生前的遗愿，将他葬在梅丘之下。梅丘前有张群题刻的青石一方，上书"大千先生灵厝"。一代国画大师，一生与梅花为伴，死后依然与梅花相守，埋在梅丘之下，做了"梅花树下魂"，也圆了他"梅痴"的美名。

## 张大千的美称有多少

张大千是享誉中外的大画家，不仅中国人对他无限崇拜和敬佩，外国人也视他为画神，佩服得五体投地。人们对他，赞美之声不绝于耳，赞誉之称不计其数。

早在20世纪20年代，张大千和他的二哥张善子就已名闻画坛，被人誉称为"蜀中二雄"。张善子以画虎闻名，他爱虎、养虎、画虎，人称"虎痴"，张大千当时以画水仙闻名，他的水仙画画得清秀传神，时人称他为"张水仙"。

也就是在这个时期，张大千开始了对以石涛艺术为中心，连同八大山人、石溪、唐寅、徐渭、陈淳等人的研习，并取得了很大的成就。张大千对石涛尤为推崇，他用了大量的精力去学习石涛的绘画艺术，他把石涛的艺术比喻成万里长城，恢宏而又伟大。这期间，他模仿石涛的画，已到了以假乱真的程度，有时连名家也分辨不出真伪。所以，人们送他一个"石涛专家"的绰号。

20世纪30年代，他的艺术更趋于成熟，工笔、写意都已达到很高的境界，名气也越来越大，与已经成名的齐白石齐名，有了"南张北齐"的说法。不久，他便被国立中央大学聘为艺术教授。徐悲鸿曾盛赞他是"五百年来第一人"。

20世纪40年代，张大千赴敦煌临摹石窟壁画。在这里，他远离城市，过着艰苦的生活，专心临摹长达三年之久。敦煌壁画艺术给了他营养和力量，也给了他灵感，他的画风也为之一变，开始善用复笔重色，画作高雅华丽、潇洒磅礴、气势非凡，而且画中有诗，他也因此被人们称作"画中李白""今日中国之画仙"。

1949年，张大千赴印度展出书画，此后旅居阿根廷、巴西、美国等地，并在世界各地频频举办个人画展。所到之处，无不引起轰动。人们被他精美无比的作品所感染，尤其是被他那独创的泼墨山水的奇伟瑰丽和天地交融的气势所折服。人们为他高超奇妙的绘画艺术叫绝，称他是"当今世界最负盛誉的中国画大师"。也有人将他比作毕加索，称他是"东方的毕加索""东方之笔"。

## "梅知己"——吴昌硕

吴昌硕是我国近代著名的篆刻家和书画家，名俊卿，字昌硕，号苦铁道人。他一生酷爱梅花，生前种梅、赏梅、画梅、咏梅，死后葬于超山梅林。他的诗和画中，以梅花为主题的占了近三分之一。为此，他还为自己起过一个"苦铁道人梅知己"的绰号。人们也喜欢用"梅知己"来称呼他。

吴昌硕的老家在浙江安吉鄣吴村，村外十里处有一小溪名"梅溪"，因两岸遍植梅花而得名。吴昌硕小时常借钓鱼为名，步行十里到这里赏梅，与梅花建立了深厚的感情，也为其日后画梅打下了基础。后来他专门刻了一枚"梅溪钓徒"的印章。

吴昌硕早年专攻书法、诗词和篆刻，后在任伯年的鼓励下学习绘画，先从画梅花开始。他认为，梅花具有"冰肌铁骨绝世姿，世间桃李安得知"的孤傲冷艳和清逸豪放的气质，所以他以画梅来"缘物寄情"，以物附意。他画的梅花，不仅生动形象，还都配以寄情的诗词，以表达内心的情感。

在他60岁那年，一位日本友人出于对他的敬仰，赠他一柄日本古名刀，并希望能得到他的一幅墨梅。当时，中国正遭受列强的侵略，吴昌硕便为这位日本朋友画了一幅《古梅图》。他将老梅倔强不屈的虬干画成怒龙冲霄之势，并题诗道："报国报恩无蹉跎，惜哉秋鬓横幡幡。雄心空对梅花哦，一枝持赠双滂沱。"表达了自己忧国忧民的爱国情怀。

吴昌硕画梅很注重气势。他喜欢用大篆、草书的笔法画梅，作画之前，他总是先凝神静气，然后便运笔如风，一气呵成，自称为"扫梅"，所画之梅自然气势非凡。

吴昌硕认为，要画好梅，必须要做到胸中有"梅"。为此，每当梅花盛开时，他总要去苏州邓尉、杭州孤山、塘栖超山等赏梅胜地探梅、画梅。为了临摹方便，他还在自家地里种了几十株梅花，名"芜园"。有一年大雪，临家的瓜棚被压垮了，殃及芜园，将一枝初绽的梅花压折了。吴昌硕不胜惋惜，先是用绳绑扎救治，看看不行，又将其收入到瓦缸中供养。后来，还特意画了一幅梅花长卷，题以长句，记述了当时的痛惜之情。由此足见其爱梅之深。

吴昌硕梅花作品

对于赏梅胜地，吴昌硕尤爱超山的梅林。他说，超山的梅比邓尉的梅耐风霜，比孤山的梅古茂，为此，他还写过一首题画诗："十年不到香雪海，梅花忆我我忆梅。何时买棹冒雪去，便向花前倾一杯。"吴昌硕以此诗表达了对超山梅林香雪海的深深眷恋之情。

超山报慈寺旁有一株宋梅，虬枝枯干，苍老遒劲，逢时开花。吴昌硕每次来超山，总要在宋梅下反复观赏，不忍离去。1923年，周梦坡为宋梅筑亭，名宋梅亭。

吴昌硕则挥毫为之画了一幅《宋梅图》，并撰写了一副对联："鸣鹤忽来耕，正香雪留春，玉妃舞夜；潜龙何处去，有萝猿挂月，石虎啸秋。"由于当时他的兴致很高，《宋梅图》画得格外传神，是他的得意之作。

1927年，84岁高龄的吴昌硕再次上超山探梅作画，并在报慈寺的宋梅旁选定了长眠之所。当年11月，吴昌硕在其上海寓所病逝。五年后，家人按其遗愿，将他迁葬于报慈寺西侧山麓，距宋梅仅百余步，了却了他永远与古梅为伴，做梅的知己的心愿。

## "三毛之父"——张乐平

张乐平，浙江海盐人，我国著名画家，毕生从事漫画创作。他所创作的三毛形象备受人们喜爱，妇孺皆知，名扬海内外。

张乐平从1935年开始构思三毛连环漫画形象，先后创作了《三毛从军记》《三毛流浪记》两部长篇连环漫画集。这两部连环漫画，都是以连载的形式先在报上发表的。漫画通过对三毛形象的描绘，深刻地表现了旧中国流浪儿的苦难生活，揭露了旧社会的冷酷、残忍和不平。同时也赞扬了三毛的善良、坚决、机敏和幽默。漫画在连载期间就引起轰动，反响强烈。宋庆龄看到之后，非常感动，她特意在上海燕云楼设宴招待张乐平和报社的编辑。宋庆龄在宴席上动情地对张乐平说："你为流浪儿童做了一件大好事，真该感谢你，三毛不会忘记你。"她还提议创办"三毛乐园"，用以帮助贫苦儿童。

张乐平在回忆他创作《三毛流浪记》的动机时，说他在一个风雪交加的夜晚，在一个弄堂口，发现有三个流浪儿身披破麻袋，冻得发抖，正围着一个刚熄火不久的烤红薯用的炉子在吹火取暖。他在那里站了很久，心里很难过。从那时起，他就决心要为流浪儿画一套漫画，为他们向黑暗的旧社会控诉。

　　为了创作《三毛流浪记》，张乐平还曾专门到上海陈家木桥流浪儿集中的地方，与流浪儿交朋友，听他们讲他们苦难的生活和家史，听他们讲他们流浪中的故事。这为他的创作提供了丰富的素材，也激发了他的创作灵感。这也是他的作品使人感到亲切，受人喜爱的原因。

　　中华人民共和国成立之后，张乐平又创作了一系列反映儿童新生活的新的"三毛"漫画作品。其中有：《三毛翻身记》《三毛日记》《三毛今昔》《三毛新事》《三毛迎解放》《三毛爱科学》《三毛学雷锋》《三毛旅游记》等。这些漫画作品内容丰富、形象可爱、幽默风趣，受到人们的喜爱，尤其是儿童，更喜爱三毛的形象，其喜爱程度不亚于现在儿童对喜羊羊、懒羊羊的喜爱。他们感谢张乐平为他们创作了这么好的三毛漫画作品，都亲切地叫他"三毛爷爷"。

　　张乐平以创作三毛漫画作品而闻名，因此有"三毛之父"之称。其实，称张乐平为"三毛之父"，还有一层意思，那就是他是台湾地区著名女作家三毛的义父。

　　台湾女作家三毛，原名陈懋平，"三毛"是她的笔名，这个笔名缘于她对张乐平的敬仰。她从小喜欢看张乐平的《三毛流浪记》，她曾写信给张乐平说："我在 3 岁的时候，看了您的大作《三毛流浪记》。后来等我长大了也开始写书，就以三毛为笔名，作为对您创造的那个三毛的纪念。"1989 年，她来大陆访问，专程到上海登门拜访张乐平，与他亲切地交谈，并认他为义父。这样一来，张乐平真的成了"三毛之父"了。张乐平也于 1991 年写过一篇《我的"女儿"三毛》的感人文章，这篇文章还曾获得

台湾著名女作家陈懋平自幼爱看张乐平的三毛漫画作品，当了作家后，取笔名为"三毛"，并认张乐平为"义父"。这是她和义父张乐平在一起

中央人民广播电台"海峡两岸情"征文特等奖。

张乐平生活俭朴、品德高尚，他为人和善、关爱孩子，喜欢与平民百姓交流，人们尊称他是"平民画家"。1983 年，他拒绝了海外收藏家高价购买他的《三毛流浪记》《三毛从军记》原稿的要求，毅然将《三毛流浪记》的原稿无偿地捐献给了中国美术馆。后来，他的夫人又遵照他的遗愿将《三毛从军记》原稿无偿地捐献给了上海美术馆。

张乐平墓前的雕塑也有三毛陪伴

1992 年 9 月 27 日，这位受人尊敬的"三毛之父""平民画家""漫画大师"病逝于上海，享年 82 岁。

张乐平的墓坐落在上海宋庆龄陵园的名人墓园中，墓前有一尊 2 米多高的花岗岩雕塑，张乐平右手紧握画笔，搂着小三毛，左手托着下颌，微微低头沉思。碑石上刻着张乐平书写的一段文字："凡是老树大树都是从幼苗长大的。对每一棵幼苗我们都要精心培育。"

## "敦煌守护神"——常书鸿

常书鸿，满族，1904 年生于杭州，著名画家，我国第一代敦煌学家，敦煌石窟艺术保护与研究的先驱。

常书鸿 1927 年赴法国学习油画，后侨居法国。在法国时，他已是一位有一定知名度的画家，举办过个人画展，有五幅油画作品被法国国家博物馆和美术馆收藏。

常书鸿刚开始时对西方艺术很崇拜，可一次偶然的发现使他改变了

这种观点。那是 1935 年，他在巴黎塞纳河畔的一个书摊上看到六本《敦煌石窟图录》画册，他被画册中精美的佛教艺术壁画吸引住了。这是一些无与伦比的中西文化结合的艺术佳作。如此辉煌的古代绘画艺术，他还从没有见过，而这博大精深的艺术宝库就在自己的祖国，他以前却不知道。这使他感到震撼，也使他产生了一种强烈的情感——回祖国研究敦煌。

于是，常书鸿放弃了优越的生活条件和工作环境，放弃了在国外成名的机会，毅然回到了祖国，去了敦煌。他去敦煌前，梁思成送给了他"破釜沉舟"四个字。来到敦煌时，正赶上张大千要离开敦煌。张大千曾百感交集地对他说："我们先走了，而你却要在这里无穷无尽地研究保管下去，这是一个'无期徒刑'啊！"临行前，他送给常书鸿一卷纸，说待他走后再打开。这是一张指示图，画的是如何顺着小溪，在一片小树林隐秘的草丛中找到蘑菇。敦煌生活的艰辛超出了常书鸿的想象。这里的水是咸的，熬出的粥也是咸的。这里缺少蔬菜，常年吃的只有咸韭菜；这里缺乏燃料，生一次火，就要蒸够半个月吃的馒头。新蒸出的馒头，必须立即放到烈日下暴晒干透才能保存。宿舍和办公室是破庙和马棚改造成的。交通工具是牛车，后来有了一匹马，还是县政府破了一起贩毒案，从犯人那里得到的。面对如此的艰辛，常书鸿义无反顾地坚持了下来，为保护莫高窟艺术默默地奉献着，奉献了四十年，将自己的青春、才华都献给了敦煌艺术。

常书鸿对敦煌的贡献是巨大的。他在敦煌的几十年里，组织大家修复壁画，搜集整理流散文物，撰写了一批有较高学术价值的论文，临摹了大量的壁画精品，并多次举办大型展览，出版画册，向更多的人介绍敦煌艺术，为保护和研究莫高窟做出了卓越的贡献，受到了人民的尊敬和爱戴，佛教协会会长赵朴初赞赏他是"敦煌守护神"。此荣誉他当之无愧，人们也喜欢这样称呼他。

常书鸿的敦煌艺术画展曾赴许多国家展出，受到高度评价。尤其在日本，日本人对常书鸿的艺术才华和崇高的奉献精神极为崇敬，他们尊称常书鸿是中国的"人间国宝"。

常书鸿将自己的一生都交给了敦煌。1982年他被调任为国家文物局顾问，举家迁往北京，但他还想着敦煌。在89岁时，他还写了一幅"魂系敦煌"的书法，挂在室中。他的寓所中还挂有一幅他临摹的敦煌飞天壁画，上面有上百名他的朋友和学生的签名。他时时看着它，就像回到了敦煌。他还在自己屋子的窗前挂了一串铃铛，听到微风吹过铃铛发出的响声，他格外高兴。这是因为，他在敦煌时，有一座叫"九层楼"的建筑，檐角上都挂有铃铎，时时摇曳作响，常书鸿听了几十年，有着一种特殊的感情，如今听不到了，所以，他想了这个办法。晚年时，他患了老年失忆症，但有人来拜访他时，他却不忘敦煌，总要说："为什么要我住在这个屋子里？为什么把我弄到北京？为什么不让我回敦煌？我要回敦煌，我还要住我那个土房子。"

常书鸿曾对女儿说："我死也要死在敦煌，以后把我的骨灰送回去。"他还说："我不是佛教徒，但如果世上真有轮回，我愿意来生还是常书

为常书鸿所魂系的敦煌艺术石窟

鸿，去完成未完成的工作。"

1994 年，常书鸿在北京病逝，享年 90 岁。按照他的遗愿，其骨灰部分埋葬在了莫高窟。生前，他是敦煌守护神，去世后，仍要去敦煌做守护神。亲人们将他的部分骨灰和衣冠埋葬在了他生前居住和办公的莫高窟皇庆寺中的两棵大梨树下，这两棵梨树是他刚到莫高窟时种下的。如今已有五十多年的树龄。常书鸿的夫人李承仙说："常老当年是静静地来，今天也是静静地去。他的这部分骨灰和衣冠，将深埋在这两棵梨树下，不立墓碑，不留标记。只要能陪伴莫高窟，他的灵魂就会永远得到安宁的。"

## "梅花王"——王成喜

在我国画坛，有一位画梅花的传奇画家，人称"梅花王"，他就是北京"香雪斋"的主人王成喜。王成喜"梅花王"的绰号不仅国人尽知，而且享誉四海。

如今，在北京天安门城楼、人民大会堂、中南海勤政殿、钓鱼台国宾馆、外交部贵宾厅等国家国事活动场所都悬挂有他的巨幅梅花图。在日本众议院、莫斯科克里姆林宫、新加坡总统府等地也都藏有他的作品。中国领导人出访常以他的作品为国礼相赠，很多人以能收藏到他的一幅作品而感到骄傲。日本的著名演员高仓健在得到王成喜的一幅梅花图时，激动不已，不仅立刻将他引为"梅知己"，还专门用诗一样的语言给他写了一封情真意切的感谢信。还有一次，在国外举办的一次画展中，一位酷爱他作品的老者欲购买他的一幅梅花画。当老者得知，这里的作品只供展览而不出卖时，竟长跪不起，非要王成喜卖他一幅不可，直到王成喜答应回国后再照样给他画一张才罢休。

在日本众议院的贵宾室中挂有一幅《香远图》红梅画，这幅画长 4 米、高 2 米，画上红梅怒放，犹如千年巨龙跃然腾起，气势磅礴，极为雄伟。

"梅花王"王成喜的梅花作品

这幅红梅巨作是王成喜特意创作并无偿赠送给日本政府的。说起相赠的经过,还曾轰动一时。

1985年的一天,当时的日本首相中曾根康弘的秘书在一家书画馆里见到了王成喜的一幅梅花图,大为赞叹。他建议王成喜再画一幅,由日方买下来,悬挂在日本国会大厦。王成喜当即表示要无偿赠送。当画送到日本后,中曾根首相看了,赞叹不已,说这是他近些年来看到的中国画中最喜欢的一幅,并说一定要将它悬挂在一个重要位置,悬挂时还要请画家本人来,举行一个隆重的悬挂仪式,这是日中友好的象征。但也有人表示反对,说日本国会是神圣的地方,有史以来未曾挂过外国人的画。于是双方争论不休,最后竟交众议院表决裁定。结果,表决通过,以决议的形式同意将王成喜的这幅红梅巨画悬挂在众议院贵宾室,而且是永久悬挂。

据当时的议长原健三郎估价,王成喜的这幅巨画,其价值在10亿日元以上。王成喜无偿赠送,是希望这幅画能成为中日两国人民世世代代友好下去的见证。中曾根说,在经济上打动人是很容易的,但经济有它的不稳定性。但在艺术上打动人,那是精神上的力量,是永恒的。还说,他很崇敬王先生所绘的梅花,它能显示一种人类的崇高品质。因此,

他希望能有更多的日本人欣赏到这种精神力量。

后来，菲律宾总统阿基诺夫人来日本访问时，两国元首就是在这幅《香远图》巨画下举行的会议。会谈时，两人多次谈到这幅红梅图，对它大加赞美。

蒋介石的儿子蒋纬国也酷爱梅花，他对王成喜的梅花画赞叹不已，说他的画法既继承了宋元以来画梅大师的技法，枝瘦、梢嫩、花奇，画得疏而清、繁而动、老而媚、清而健，又独辟蹊径，师法自然。其笔下的梅花或俏丽，或冷逸，或清幽，或苍劲，或高洁，或热烈，皆笔墨洒脱、气韵不凡、妙得天成，给人一种生机盎然、蓬勃向上的感觉和美的享受。1993 年，蒋纬国特邀王成喜赴台湾举办梅花画展。画展开幕时，蒋纬国亲自为之剪彩，并四次前往展馆参观，欣赏他的作品。此后，两人因梅而结缘，王成喜书房的"香雪斋"匾额就是蒋纬国为之题写的。有人说，香是梅花的魂，雪是梅花的魄，"香雪斋"之名既富有诗意，也体现了画家的精神，更突出了画家"梅花王"的身份。

## "月季王"——罗国士

在我国画坛上，有一位以画梅花而闻名世界的著名画家王成喜，人称"梅花王"，还有一位以画月季花而闻名全球的著名画家罗国士，人们送他一个绰号"月季王"。

罗国士擅长山水、花卉画，尤擅画月季。他在山水、花卉画法上都有独创。他画山水，创造了弧面皴，用这种画法画出的山水画，清幽俊秀、浑厚苍茫、气韵生动。他画雪景，也有独创的画法，画出的雪景飘逸无极而深远。他画月季，画法也有独创。人们誉称他这三种画法为"罗氏三绝"。说起他月季画法的独创过程还很有趣。

有一天，他正在作画，他的夫人为他端来一杯茶，一不留神将茶水溅到了案儿的一张包装纸上。正好纸上滚落了一支饱蘸色墨的笔，没想到，水浸润了笔上的颜色，在纸上蔓延开来，竟似一片清秀透明的花瓣。罗国士在上面浅浅地勾勒出几条线，一朵栩栩如生的月季花便跃然纸上了。罗国士为之触动，灵感顿生，在此基础上，经过不断地探索，终于掌握了一种以白色为主创色，从而使花达到出神入化境界的艺术。运用这种画法画的月季花玲珑剔透、飘逸典雅、超凡脱俗、灵气逼人，让人赏心悦目。美学家王朝闻看了他的画后说："你献给了人民一束花。"酷爱月季花的冰心老人看了他的画说："你把月季花画活了。"法国总统密特朗的夫人得到了他赠的一幅画，惊呼："我闻到了它的花香。"罗国士应邀访美时，美国人看他现场作画，只见他勾抹点染，几笔便画出一枝活灵活现的月季花，其花蕾、花瓣、花朵、枝叶无不惟妙惟肖，就连花枝上的小刺都感到会扎手。众人看了，无不惊叹，赞美这是了不起的中国艺术，说罗国士有一双魔术师的手，是真正的艺术大师。从此，"月季王"的美名在美国也传开了。

罗国士还曾访问过日本、英国等多个国家，所到之处，无不引起轰动，人们都被他神奇的月季花画技所倾倒，赞叹他是真正的"月季王"。

罗国士的月季花作品，既有尺余的小幅，也有十几米的长卷。他曾创作过一幅长12米的《花香四季》月季图，将春、夏、秋、冬不同季节的月季花的形态、花姿同时展现在同一画面上，气势恢宏、奇丽无比，再现了他"月季王"的绝技。

有人评论说，罗国士笔

"月季王"罗国士的月季花作品

下的月季花有一种滋润的朦胧美和蕴藉的艺术效果，瞬间的视觉冲击力能够击中观赏者的心。中南海的钓鱼台宾馆就挂有他的月季花四屏，可见其作品的受欢迎程度。

## 自起"走狗"绰号的艺术家

"走狗"在现在许多人的心目中，是指那些受坏人豢养，专事拍马溜须、帮人作恶的人，是一个令人讨厌的称呼。但在古代，"走狗"一词是中性词，并非那么可恶。司马迁《史记·越王勾践世家》中有一段文字是："蜚鸟尽，良弓藏；狡兔死，走狗烹。"这里"走狗"就是指一般的狗或猎狗，没有褒贬的意思。更有意思的是，有人不仅不厌恶这个词，反而喜欢以"走狗"自称，将其作为自己的绰号。尤其是艺术界，不少艺术家特别喜欢这个绰号，他们往往自称是谁谁的"走狗"，他们将"走狗"看作是死心塌地地跟随主人、坚定不移地学习主人的最好比喻。

清代著名画家郑燮（即郑板桥），诗、书、画皆绝，个性鲜明，被人誉为"扬州八怪"之一。他极为崇拜明代著名画家徐渭（号青藤），一生都在揣摩吸取他的诗词书画艺术特长。为此，郑燮曾专门刻了一枚印章"徐青藤门下走狗郑燮"，以表示他心甘情愿地做青藤门下的忠实"走狗"。清代著名画家童二树在题青藤小像时写有一首诗，也谈到了郑燮甘愿做徐渭的走狗："抵死目中无七子，岂知身后得中郎。"又说："尚有一灯传郑燮，甘心走狗列门墙。"

现代著名画家齐白石也表示自己要做徐渭（青藤）、朱耷（雪个）、吴昌硕（老缶）的"走狗"，他对这三位大师佩服得五体投地。他自叹"恨不生前三百年"，如果与他们同世，他就要为他们磨墨理纸，如果"诸君不纳"，他就"于门之外，饿而不去"。为此，他在《老萍诗草》中写道："青藤雪个远凡胎，老缶衰年别有才。我欲九泉为走狗，三家门下转轮来。"这表示他不仅要做这三位艺术大师的"走狗"，还要在他们三家之中轮番地讨教。齐白石正是凭借着这种执着的精神，虚心地学习他们的艺术精华，为己所用，并在此基础上创立了自己的特色，终于成为享誉中外的艺术大师。

著名书法篆刻家邓散木，别号"粪翁"。他是一位颇有才气的艺术家，诗词、书法、绘画、篆刻皆精，时人以"南邓北齐（白石）"称誉他的书法篆刻艺术。邓散木的篆刻艺术师从赵古泥。赵古泥是清末民初的篆刻艺术大师，邓散木对其极为崇拜，他曾刻有"赵门走狗"一印，表示自己是赵古泥的忠实"走狗"，一定要紧紧跟随老师，忠于老师的艺术，将老师的技艺学到手。他学习非常刻苦，练习时，整天刻，刻了磨，磨了再刻，刻了再磨，直到领会了老师的精神才歇手。最后，终于成为享誉中外的篆刻名家。

当代著名连环画画家韩敏，也是一位才华横溢的艺术家，他不仅连环画画得好，文人画、仕女画也画得出色，被誉为三绝。他十分崇拜郑板桥，潜心研究其画艺，吸取他的艺术精华，早年就以"板桥门下走狗"自称。他还写诗道，"夜梦板桥笑我贫，醒来犹忆梦魂情"，表达了他对郑板桥的一番痴情。

## 自起"粪翁"绰号的艺术家

邓散木是我国著名的书法家、篆刻家。他原名铁，字钝铁，小名菊初，这是因为他生于农历九月初，正是菊花初开之时，故父母为他取此小名。学名士杰，后改名散木。

邓铁的书法篆刻艺术很受世人推崇，有"南邓北齐（白石）"之誉。其草书被著名学者金松岑称为"近百年来独步"。

邓铁为人清高孤傲，常有一些古怪行为。章士钊曾作诗说他"畸人畸行作畸字，矢溺有道其废庄"。

邓铁成名前，江南就有三位名铁的著名书法篆刻家，人称"江南三

铁"。他们是"苦铁"吴昌硕、"冰铁"王大炘、"瘦铁"钱瘦铁。邓铁成名后，书法篆刻界又多了一铁。于是，"铁"字在人们的心目中似乎成了一种艺术成就的标志，受到人们的喜爱。一时间，改名为铁或起名用铁成了一种时尚，社会上到处可以听到名叫铁的人。这使邓铁很厌烦，他决定为自己起一个别人不会效仿的名字——"粪翁"。邓铁不仅为自己取了"粪翁"这个名字（实际是一个绰号），还将自己在上海的居所改称为"厕简楼"。在举办个人书法篆刻作品展览时，还常用厕所中的手纸做请柬，报上登消息，有时竟写"看粪展""尝粪一勺"。

其实，"粪"字含有粪除之意，粪除即打扫、清除、涤荡瑕秽，如《左传·昭公三年》中的"小人粪除先人之敝庐"，就是指清扫房屋的意思。邓铁特意在粪上加一撇，将粪写成"粪"，并说："天下杂草污秽，遍地皆是，不打扫打扫还成。"但社会上总认为粪是污物，用以署

这是邓散木书写的在粪上加了一撇的粪字及为他住所所刻的"厕简楼"印

230

名似不太雅。曾有一富商求字，一高官求书墓志，要求邓铁改署名，都遭邓铁拒绝。但也有例外，邓铁与著名学者金松岑交谊很深，两人常小酌于上海各寺院，论文谈艺，很是投机。一日金松岑提出要邓铁为其写一副对联，但不能署"粪翁"。邓知金的用意，便请求他赐名，金即以"散木"赠之。此名典出《庄子·人间世》，是说某种树名散木，以不材终天年，这里是取其不材为用之意。邓铁对此名（实为号）非常满意，从此之后，便常以邓散木自称。后来，他收到了一封自署"林粪翁"的来信，信中说："吾年七十，君年几岁？名不可同，以幼避长。"邓铁没想到世上竟还有和他争"粪翁"之名的人，于是决定让名，从此，便正式启用邓散木之名了。

邓散木的古怪行为很多。如他在结婚时，在洞房门口挂上长锭，壁上贴着一撕为二的一元钞票，来了朋友就把两半张对起来买酒喝。他成名之后，社会上各种团体和人物不断发来请柬，或请他赴宴，或请他演讲，或请他写字篆刻。对此，邓散木非常厌烦。他将送来的请柬一一撕了，并在自己的"厕简楼"外贴了一则"款客启事"："去不送，来不迎，烟自爇，茶自斟，寒暄款曲非其伦，去、去、幸勿污吾茵。"这一招还真灵，从此之后，很少有人再无端打扰他了。邓散木不听戏，不看电影，不坐汽车，喜欢邀朋友畅饮。畅饮时，又常常借酒发牢骚、骂人。1935 年，他和徐悲鸿在南京的一所酒楼痛饮，两人边喝边骂时政腐败，结果把邻座都吓跑了。

20 世纪 60 年代，邓散木因血管堵塞，截去了左下肢，但他并未因此沮丧，而是乐观地为自己起了一个"一足叟"的绰号，以示自己虽然只有一只脚，但足矣。

然而，祸不单行，后来他右手腕又出了毛病，无法执笔握刀。对此，邓散木仍顽强不息，他刻了一方"谁云病未能"的闲章，表达他不惧厄运、百折不挠的精神。右手无法执笔握刀，他便改用左手书写篆刻，经过努力，左手刻写之字不仅不亚于右手所写所刻，而且透露出一股奇倔

之气，被人视为奇迹。

中华人民共和国成立后，邓散木为新政权的革命气象所感染，为自己刻了"孺子牛""为工农"等印章，表达了自己为人民大众服务的新思想。1963年，邓散木为毛泽东治了一方印章，此印呈立方体，石制，明黄色，顶部镂空琢双龙，印的边款刻有"1963年8月，敬献毛主席，散木缘时六十有六"字样。此印现保存在韶山毛泽东纪念馆中。

科技、文体名人的绰号

# "中国原子弹之父"——邓稼先

邓稼先是我国杰出的科学家，他参与并领导了我国核武器的研究、设计工作，是我国核武器理论研究工作的奠基者之一。他在原子弹、氢弹的设计和新的核武器的重大原理突破和研制试验中，均做出了重大贡献。在我国一共进行的 45 次核试验中，邓稼先参加过 32 次，其中有 15 次都由他亲自指挥。邓稼先也因此被人称为"中国原子弹之父""两弹元勋"。

邓稼先 1948 年赴美留学，用了不到两年的时间便完成了学业，取得了博士学位。当时他只有二十岁出头，被人称作"娃娃博士"。取得博士学位后九天，他便谢绝了恩师和朋友的挽留，于 1950 年回到祖国。回国后，参与了我国近代物理研究所的创建工作。

1958 年秋，二机部副部长钱三强告诉邓稼先，国家要放一个"大炮仗"，问他愿不愿意参加这项必须严格保密的工作，邓稼先毫不犹豫地接受了任务。从此，他的身影在人们的视线中消失了。连他的妻子也不知道他去了哪里，妻子常常梦见他背着包，拿着书，像是去工作，又像是去学习。问他到哪里去，他答道："老地方。"妻子问："老地方，是什么地方？"他回答："你忘了，老地方就是保密。"外国有一本书，叫《比一千个太阳还亮》，其中有一段文字这样评价邓稼先：邓稼先献身的事业，亮过一千颗太阳！他从 34 岁接到命令研制中国的"大炮仗"以来，告别妻子和两个幼小的儿女，隐姓埋名进入戈壁滩。二十多年来，

他和他的同事们没有任何人在报刊上占过巴掌大的版面。他们都把自己的姓名和对祖国、对人民的深爱埋在祖国最荒凉、最偏僻的地方。邓稼先的岳父是当时全国政协副主席许德珩。许老很长时间没有见到自己的爱婿，便问女儿许鹿希。女儿告诉他："稼先只是告诉我，他要去干一件事情，做好了这件事，一生都很有意义，就是为此死了也值得。"许老听了，知道爱婿在干一件重要的事情，但也猜不出是什么事情。直到1964年原子弹爆炸，他仍不知道有爱婿的重大贡献。后来，中国科学院副院长严济慈来许老家做客，许老还问："是谁有这么大本事，把原子弹搞了出来？"严济慈笑了，说道："你还问我，去问你女婿吧！"到这时，许老才突然明白，"失踪"的女婿是去搞原子弹了。

邓稼先的保密原则非常强。1972年，著名美籍物理学家杨振宁回到北京时，邓稼先与他相见，邓与杨是从小一起生活的好朋友。相见时，杨问邓："我听说中国试验原子弹，有一个美国人在帮助搞，这消息是否属实？"邓当时没有回答。后来，送别杨振宁时，他再也忍不住了，就请示周总理，周总理说你可以告诉他。在北京机场，邓稼先对杨振宁说："我告诉你句真话，中国这个原子弹，完全是靠自己的能力造的，我就在做这件事。"杨振宁听后，激动地流下了眼泪。

邓稼先对研制中国第一颗原子弹做出了重要贡献，研究中，曾遇到一个苏联专家留下的核爆大气压数字问题，邓稼先在周光召的帮助下，以严谨的计算推翻了原有结论，从而解决了关系中国原子弹试验成败的关键性难题。数学家华罗庚后来称，这是"集世界数学难题之大成"的成果。有人说，如果把共和国的第一颗原子弹比作一条龙，邓稼先他们所做的工作就是"龙头"。钱三强对此提法还不满意，他说："应该是'龙头'的三次方，'龙头'的'龙头'的'龙头'。"

在进行核试验的过程中，邓稼先总是在最危险的关键时刻出现在第一线。有一次，航投试验出现了降落伞事故，原子弹坠地被摔破，邓稼先深知其危险，不让别人靠前，他一个人前去把摔破的原子弹捡起来检验。回来后，一向不爱照相的他，特意照了一张照片。回北京后，身为医学教授的妻子强拉他去检查，结果发现在他的小便中带有放射性物质，肝脏破损，骨髓里也侵入了放射物。但他仍坚持回核试验基地，在他步履艰难之时，他还坚持自己去装雷管。别人要代他去装，他说："你们还年轻，你们不能去！"

1985 年，邓稼先被通知患了癌症，在医院的病床上，他平静地对妻子和前来看望他的国防部长张爱萍说："我知道这一天会来的，但没想到它来得这样快。"医生尽了一切努力，仍然无法挽回他的生命。1986 年 7 月 29 日，邓稼先病逝，享年只有 62 岁。

1986 年 6 月，也就是在邓稼先去世前一个月，中国政府向世界公开了这位为中国核武器事业做出卓越贡献的杰出科学家的身份。中国各大报纸均在显要位置报道了他的事迹，并第一次公开称他是中国的"两弹元勋"。

邓稼先的老朋友杨振宁也特地撰文悼念他。杨振宁在文中写道："邓稼先是中华民族核武器事业的奠基人和开拓者，张爱萍将军称他为'两弹元勋'，他是当之无愧的。"杨振宁还称赞他是"中国几千年传统文化所孕育出来的有最高奉献精神的儿子"。

## "杂交水稻之父""米神"——袁隆平

袁隆平是我国杰出的农业学家，是为我国水稻增产做出卓越贡献的科学家。

20 世纪 60 年代初期，我国遇到了严重的自然灾害，老百姓受饥挨饿，当时袁隆平做了一个梦，梦见他的试验田里种的水稻像高粱那么高，穗子像扫把那么长，粒子像花生米那么大。他和几个朋友散步累了，就坐在稻穗下面乘凉。从那时起，袁隆平就决心培育一种高产的杂交水稻，生产更多的粮食，来解决全国人民的温饱问题。

　　袁隆平在水稻杂交研究中，突破了经典遗传理论的禁区，提出水稻杂交新理论，实现了水稻育种的历史性突破。经过不断努力，袁隆平和他的助手终于在 1972 年培育成功了应用于生产的新品种，到 1974 年又培育出强势杂交组合新品种"南优 2 号"，这个新品种的试种亩产量已达千斤，比常规稻增产 20%。从 1976 年起，杂交水稻开始在全国推广种植。据统计，从 1976 年到 2000 年，全国累计推广 38 亿亩，增产 3600 亿公斤，极大地解决了我国人民的吃饭问题。袁隆平培育的杂交水稻，也因此被人称为"东方魔稻"。

　　1979 年，袁隆平参加在菲律宾首都马尼拉召开的国际水稻科研会议。会上，袁隆平用英语宣读了他的论文，并即席进行答辩。参加会议的许多世界有名的水稻培育专家一开始对袁隆平这位黑瘦的中国农业专家还有些怀疑，但当听了他的论文和答辩后，他们折服了，一致认为袁隆平所研究和培育的杂交水稻处于世界领先水平，是对世界的巨大贡献。他们对袁隆平的成就深感敬佩。

　　会后，幻灯银幕上反复打出"杂交水稻之父袁隆平"的字样和他的头像。全场响起了雷鸣般的掌声，大家一起起立，向袁隆平等中国专家致敬。袁隆平"杂交水稻之父"的称号也从此传遍了世界。

　　此后，袁隆平带领他的团队又开始了超级水稻的研究，并取得了辉煌的成就，先后于 1999 年、2005 年成功攻克亩产 700 公斤和 800 公斤两大世界性难关，又于 2011 年突破了亩产 900 公斤大关。其成就令世界震惊，他被称为了不起的"米神"。

　　鉴于袁隆平的卓越贡献，他先后获得了"国家特等发明奖"、"功勋科学家"、"美国菲因斯特拯救饥饿奖"、联合国粮农组织颁发的"粮食安全保障荣誉奖"、"先驱科学家"等多项大奖。2000 年又获得了首届国家最高科学技术奖，获得奖金 500 万元人民币。1999 年 10 月，中国科学院北京天文台还将新发现的一颗小行星命名为"袁隆平星"。

　　2000 年 12 月 11 日，以袁隆平命名的"隆平高科"股票在深交所挂牌上市，袁隆平也因拥有250万股而成为亿万富翁。

袁隆平爱好广泛，喜欢游泳、骑摩托车和拉小提琴。这是他拉琴时的照片

袁隆平虽富有亿万，生活却极其简朴。他没有名车别墅，也不讲究吃穿，在他的办公室里常年放着三样东西：草帽、毛巾和西装。每天下地查看试验田，总要戴上草帽，拿上毛巾。西装是接待客人时穿的。他也有爱好，他的爱好是游泳、骑摩托车、拉小提琴、打麻将。杨澜采访他时，曾提到他的这些爱好好像跟人们心目中的他的身份不太符合。说他已是68岁的人了，居然还游泳、骑摩托车；作为一位农业专家，成天跟泥巴打交道，却喜欢拉小提琴；已很有地位了，还打麻将。袁隆平解释说，骑摩托车，年轻时是有车瘾，现在是为了工作方便，因为他每天上下午都要去试验田一趟，来回一趟有四公里，靠走路不方便。拉小提琴是在大学里学会的，他喜欢音乐，尤其喜欢中外古典音乐，后来得了肩周炎，就不再拉琴了。至于打麻将，袁隆平说，他们玩的是卫生麻将，小钱也不赌，输了只是钻钻桌子。

## "月季夫人"——蒋恩钿

我国有一位著名的女园艺家，以培育月季而闻名，被陈毅元帅称为"月季夫人"。她的名字叫蒋恩钿。

蒋恩钿的成名，颇具传奇色彩。蒋恩钿不是学园艺的，她学的是西洋文学，她与月季花结缘纯属偶然。蒋恩钿的丈夫陈谦受是位银行家，

"月季夫人"蒋恩钿在自家的月季园中

他与北京的一位旅欧华侨吴赉熙关系很好。吴赉熙是一位月季花爱好者，并对月季颇有研究，在他家的花园中，种有他从国外引进的两百多个月季花新品种。蒋恩钿和丈夫常去他家花园欣赏月季花。20世纪50年代初，吴赉熙病重，想找一个能接替他养花的人，最后他看中了蒋恩钿。蒋恩钿喜爱月季花，却从没想过专门从事园艺。但为了不负吴先生的重托，她答应了他的请求。于是，在吴赉熙病逝之后，她将吴家的400株月季花移植到了自己北京家中的花园里。从此，她便与月季花结下了不解之缘。

后来，蒋恩钿的丈夫调到天津工作，这400株月季花也随之从北京迁往天津。从此，她对月季花开始了全面系统的研究和精心的培育、实验。她认真阅读了吴先生留下的所有有关月季花的书籍，并虚心地向园艺家陈俊愉、汪菊渊请教。经过几年持续不断的努力和实验，蒋恩钿终于成了月季花培育方面的专家，并为中国月季事业的发展做出了重大贡献。

蒋恩钿在短短的七八年中，先后为北京和天津建起了四座大规模的月季园。为建人民大会堂月季园，迎接国庆10周年，1958年，她将自己珍爱的400株月季花全部捐给了月季园。这是这批月季花第三次乔迁，凭借着她的技术和经验，这400株月季花全部移植成功。第二年国庆节，月季花准时绽放，为节日的首都增光添彩。后来，蒋恩钿又成功地主持建造了天坛月季园。到1966年前，天坛月季园已拥有三千多个月季花品种，成为全国最大的月季园。陈毅元帅在参观这个月季园时，对蒋恩钿的技艺和贡献大为赞赏，称她为"月季夫人"。从此，"月季夫人"的美名便传开了。后来，蒋恩钿又主持建起了陶然亭月季园和天津睦南道月季园。

蒋恩钿在研究月季花时还考证出，当今世界的月季品种里，占

90% 以上的"杂交茶香月季"具有中国月季基因。她明确指出："中国月季是世界近代月季之母。"

鉴于蒋恩钿对中国月季事业的贡献，中国生物多样性保护基金会设立了蒋恩钿月季基金会，因为她是中国当之无愧的"月季夫人"。

## 钱三强的名字是个绰号

恐怕很少有人知道，我国著名原子能专家钱三强的名字，是来自他上学时同学为他起的一个绰号。

钱三强原名钱秉穹。他在孔德学校上高年级时，有两个最要好的朋友，一个是著名作家周作人的儿子，名叫周丰一。周丰一聪明机敏，活泼好动，有些顽皮。另一个好朋友叫李志中，他性格文静，文质彬彬，很有文采，喜欢写诗，同学誉称他为"诗人"。

他们三人中，李志中年龄最大，个也最高，但身体瘦弱，排在第一，属老大，秉穹在三人中年龄最小，个也最矮，但身体结实，很强壮，排在第三，属老三。风趣而又调皮的周丰一，脑子一转，想到了两个绰号，一个叫"大弱"，送给了李志中，一个叫"三强"，送给了钱秉穹，两人也都大度，没有责怪他，都乐意地接受了。后来他们之间就这样称呼开了，有时相互通信也这样署名。

有一段时间，钱秉穹的母亲生病了，他经常请假在家照顾母亲，李志中和周丰一怕他落下的课太多，便经常登门或写信通报学校授课情况。有一次，李志中给钱秉穹写信，抬头对他的称呼就是"三强"，信末自己的署名是"大弱"。后来，这封信被秉穹的父亲钱玄同看到了。钱玄同是著名的学者、语言文字学家，也是五四新文化运动的先驱之一，对新事物有着浓厚的兴趣。当他看到儿子收到的这封信后，好奇地问，信头和信尾所用的"三强"和"大弱"是什么意思。秉穹便将这两个绰号的来历给父亲讲了，钱玄同听了，笑了笑，走了。

过了几日，有一天吃过晚饭后，钱玄同把秉穹叫进他的书房，很认真地和他谈起"三强"这个名字。他问儿子，你觉得"三强"这个名字怎么样？儿子说："那不是我的名字，是同学瞎叫的外号。"钱玄同却说："依我看，'三强'意思不错，可以解释为德、智、体都争取进步。你愿不愿意把名字改为'三强'？"秉穹一直很敬佩父亲，父亲是语言文字学家，知识渊博，既然父亲认为这名字好，自己当然没有意见，就说："只要父亲以为合适，我没有意见。"于是，钱玄同便正式为儿子改名为"钱三强"。随后，钱玄同又将小儿子钱秉充的名字改为钱德充。他还语重心长地对孩子们说："每个人的名字本只是一个符号。我过去给你们起名字，过分讲究文字音韵，其实不合实用。老大秉雄的名字，就不必改了，秉穹、秉充改一改，以免读音相近造成不便利，秉穹改为'三强'，这是他同学叫出来的，我以为意思还不错，符合现代进步潮流，也是父母所期望的。秉充可以只改一个字，叫'德充'。"

钱玄同为儿子改名的消息传出之后，立即成了新闻。最积极传播这一新闻的是周丰一，他为自己给钱秉穹起的绰号能被大学者采用而感到自豪。所以，他只要是见到秉穹，有事无事，都要大呼一声"钱三强"。

钱三强这名字很响亮，给人以奋发向上的感觉。有一年，彭德怀请钱三强到中南海讲课，讲完课，送走他后，彭德怀说："钱三强这名字取得好，我们就是要三强。"秘书以为彭德怀要调钱三强来工作，彭德怀说："同志，国家要繁荣富强，人民要发愤图强，军队要马壮兵强，这不也是三强吗？'三强'你要不要？"秘书听了恍然大悟。

## 聂耳的名字是人送给他的一个绰号

聂耳（1912—1935），原名聂守信，20世纪30年代参加上海明月歌舞剧社后，改名聂紫艺。当时，他是社里的一名小提琴手。聂守信有一项特技，他耳朵特别灵，且善于模仿，常常把周围同事的方言土语、言谈举止、面貌形态模仿得惟妙惟肖,逗得大家捧腹大笑。因为他的姓"聂"(繁体字为"聶")由三个"耳"组成,他听觉又特别灵敏,于是有人给他起了个绰号叫"耳多",并戏称他为"耳多先生"。

有一次,明月歌舞剧社参加联华电影厂总经理罗明佑的祝寿活动,聂守信表演了一个名为"非洲博士"的节目,内容是学各种人的讲话腔调及表演口技等,演出非常成功。罗明佑很高兴,给他送来一个大花篮,上写"送聂耳博士"。罗明佑是一个很风趣的人,他在给聂守信送花篮时,想到要给他一个惊喜。于是在他的名字上动了脑筋,既然有人给他起过"耳多"的绰号,为何不能在"耳多"的基础上再加一个耳呢?于是"聂耳"这个绰号便被罗明佑以名字的形式写到了花篮上。聂守信看了很高兴,风趣地说:"他们硬要把一只耳朵送我,也好,也好,你看,四只耳朵连成一串不是像一个炮筒吗!"从此之后,他就开始使用这个名字了,并常用这个名字发表文章。

1935年7月17日,年仅24岁的聂耳在日本藤泽市鹄沼海滨游泳时,不幸溺死。日本藤泽市为纪念这位著名的青年音乐家,在他溺水处修建了一座巨大的纪念碑,纪念碑的形状是一只大耳朵。纪念碑的铭文,引用了法国著名诗人约翰·可拉托的诗句:"我的耳朵宛如贝壳,思念着大海的涛声。"寓意聂耳有着非凡的耳朵,能听到大地深处的音响,能传给人们最美的声音。

## 周璇之名也是绰号

周璇是我国著名的电影演员和歌唱家。

周璇本名苏璞,1920年出生在常州的一个知识分子家庭。苏璞童年经历非常悲惨,3岁时被抽大烟的舅舅拐骗到金坛县的王家,后又被送给了上海的周姓人家。12岁时进了上海明月歌舞剧社。当时,她叫周小红,几乎是一个文盲。但她聪明伶俐、勤奋好学,剧团里的人都很

喜欢她，给了她很大帮助，加上她天资聪慧，进步很快，演技有了很大提高。有一次剧社演《特别快车》，主演因故没能出场，导演让她顶上去，结果她表演得非常成功，其艺术才能初露头角。

1932年初，"一·二八"事变前不久，周小红在一次演唱会上演唱了爱国歌曲《民族之光》，唱得非常出色，尤其是歌中"与敌人周旋于沙场之上"这一句，她唱得格外坚定有力，博得全场雷鸣般的掌声。社长黎锦晖也被她的出色演唱所感动，握着她的手激动地说："上海妹子了不起，依我看，你就叫周旋吧！"小红也很喜欢这歌词。从那以后，"周旋"就成了她的绰号。人们不再叫她周小红，开始叫她"小旋子"，后来，"周旋"这个绰号便成了她的名字。

周旋转入电影界后，在拍摄《风云儿女》时，有人建议她用"璇"代替"旋"，"璇"与"旋"同音，既保留了原来的发音，又含有纯洁如玉的寓意。她认为这一建议很好，于是正式改名周璇。

周璇16岁那年，被电影艺术家袁牧之选为《马路天使》女主角。她在这部电影中成功地塑造了一个上海旧社会底层贫苦歌女的艺术形象，受到人们的赞赏。尤其是她的歌唱得"又甜、又松、又柔"，"如金笛沁入人心"，更受人喜爱，于是人们给了她"金嗓子"的美称。这个赞美她甜美歌声的绰号，伴随着她的艺术生涯传遍海内外，也使她成了当时最具影响的歌唱家和电影明星。

正当周璇艺术青春绽放光华时，她却连遭厄运。先是夫妻感情不和，她结婚后发现丈夫对她并无感情，而且不断在经济上对她欺诈，后费尽周折才离了婚。抗战胜利后，她又被人怂恿去香港拍摄《清宫秘史》，受到恶势力的包围，精神和生活上都受到摧残和欺骗，曾一度精神失常。

1950年，周璇在朋友的关心下回到上海，参加了电影《和平鸽》的拍摄，正当其艺术才华得到重新绽放时，却不幸于1957年患脑炎病逝，时年还不到40岁。

244

# "中华女杰"——王莹

王莹是我国著名的戏剧、电影演员，是一位充满革命激情的表演艺术家，她演艺高超，品德高尚，热爱祖国，为革命和抗日救亡做过大量工作，深受人们的尊敬和爱戴。

王莹1913年出生在安徽芜湖，母亲是一位中学音乐教师。王莹从小喜欢唱歌，在母亲的培育下，学会了很多歌，她嗓音好，歌唱得甜润悦耳，人们都称她是"小歌星"。

不幸的是，王莹9岁时，母亲病逝。继母刁狠，11岁时，将她卖做童养媳，婆婆又心黑手毒，百般折磨她，有一次逼得她跳了河，也就是在这一次，她遇到了著名的美籍女作家赛珍珠。后来，在赛珍珠的帮助下，她跳出了火坑，找到了舅母，在舅母的保护下，考入了护校。在护校，她积极参加革命宣传活动，表现突出。1928年，她来到上海，进入上海艺术大学学习。1930年，王莹加入中国左翼作家联盟和中国左翼剧团联盟，并加入了中国共产党。这期间，她参加了不少演出，并成功地主演了多部电影，其表演天赋得到充分展露，成了著名的戏剧、电影明星。

王莹品德高尚，洁身自好，出污泥而不染，她成名之后，仍严格要求自己，不吸烟，不喝酒，不进舞厅，不参加宴会作陪，演出之余，总是静心在家读书，或抚琴吟唱，人们称她是"一颗洁白的女星"。

抗日战争全面爆发后，王莹参加了抗日救亡剧团，沿津浦、陇海、平汉铁路线演出，演出的《保卫卢沟桥》《放下你的鞭子》《最后胜利》等话剧，深受人们喜爱，影响很大，对抗日救亡起了积极作用。后来，王莹和金山一起率剧团到中国香港、新加坡、马来西亚等地进行抗日募捐演出，受到香港同胞和华侨的热烈欢迎，大家纷纷捐款捐物，支援抗日。王莹在新加坡演出时，时在新加坡的著名画家徐悲鸿看到他们在广

徐悲鸿、王莹一起在《放下你的鞭子》巨幅油画前合影

场演出，深为感动，对王莹的爱国精神十分敬佩。于是，他决定为王莹画像，将她表演《放下你的鞭子》的形象画下来。他用了10天的时间，完成了这幅油画作品。画高144厘米，宽90厘米。画中的王莹身穿白底蓝纹花服，手持红绸，微蹲展舞，围观的，有衣衫褴褛的难民，还有身穿军服的士兵，真实地表现了抗战时期的生活情景和王莹的卓越表演才能。徐悲鸿在这幅油画原作上题写了"中华女杰——王莹"一词。这幅油画影响很大，曾多次公开展出，王莹"中华女杰"的称号也随之传遍国内外。

王莹在南洋演出时，受到华侨领袖陈嘉庚、黄孟圭、黄曼士等人的关心和支持，他们对王莹的表演艺术十分欣赏，对她的爱国行动十分敬佩，称她是祖国的"一枝梅花"，并亲切地叫她为"冬梅"。

1942年，王莹和丈夫一起赴美国留学和宣传抗日。临行前，周恩来亲自接见她，鼓励她到美国好好学习，多做促进中美关系的工作。在美国，王莹与赛珍珠合作，将《放下你的鞭子》译成英文，同时组织剧团到美国各地演出，介绍中国的抗日战争。1943年，应美国政府邀请，王莹到白宫进行演出，赛珍珠为其主持和报幕，王莹情真意切、精彩绝伦的表演，令在座的包括美国总统罗斯福及其夫人在内的美国人为之震惊，尤其是王莹用英语表演的《放下你的鞭子》话剧，更让他们赞叹不已。演出结束，罗斯福夫人亲自上台祝贺。中国演员进白宫演出，这是第一次。王莹也因此被人称为"第一个在白宫演出的中国演员"。

1955 年，王莹夫妇回到祖国，当时，董必武、廖承志亲自设宴迎接他们。

"文革"中，王莹遭到迫害致死，1979 年得到平反昭雪。2006 年，王莹和她的丈夫被合葬在芜湖神仙台陵园。墓碑上刻着前外交部长黄华题写的"革命精神垂范千古"的碑文。

## 章金莱的猴王世家绰号

凡看过电视连续剧《西游记》的，无不为剧中孙悟空的扮演者的精彩表演拍手叫绝——他表演得太传神了。《西游记》中美猴王的形象被他演得活灵活现、淋漓尽致、入木三分。这位演员就是出身"猴王世家"的"六小龄童"章金莱。

说起这个"猴王世家"，祖孙四代共同演绎一个美猴王，已有一百多年的历史了。章金莱的曾祖父章廷椿演戏时就开始演猴戏，由于表演得出色，有了名气，人们送他一个"活猴章"的绰号。

到了章金莱祖父章益生这一代，开始把绍剧猴戏发扬光大。章益生年轻时曾在绍兴老家务农，但他酷爱绍剧猴戏，每逢农闲、过年过节，他都要演戏，主要演猴戏。他的猴戏演得生动活泼，人们敬佩他演猴的技艺，便送了他一个"赛活猴"的绰号。后来章益生到上海开了一个剧院，把家乡的绍剧搬上了上海大舞台，并且使绍剧猴戏传承了下来，章金莱的父亲和伯父就是在这样一个猴王世家的环境中熏陶、磨炼成长起来的。

章金莱的伯父叫章宗信，艺术天分很高，扮相也很漂亮。他 7 岁开始登台演出，取艺名"七龄童"，登台不久，便表现出了非凡的表演才艺，逐渐走红，因成功主演老生角色，被誉为"神童老生"。章宗信读书不多，但凭着自己的才气和努力，不仅成了著名的演员，还能编剧和

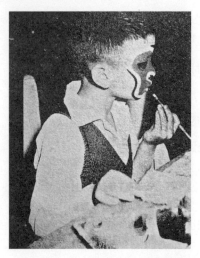

"六小龄童"的二哥"小六龄童"也极富演猴戏的天分，并且从小就会自己化妆。这是一位捷克友人为他拍的化妆照，当时他只有6岁

导演。享誉海内外的电影《三打白骨精》的原始剧本就是他编写的。

章金莱的父亲叫章宗义，从小就聪明，很有才气，6岁时便登台演出，取艺名"六龄童"。

"六龄童"为了演好孙悟空，看遍了上海滩的各种猴戏，吸取了他们的精华。他还专门养了一只小猴子，整天和它形影不离，观察揣摩它的动作和表情。就这样边学边演，他逐渐走向成功，成为当时最有名的猴戏演员，人们为他起了一个"南猴王"的绰号。

陈毅、周恩来、毛泽东等国家领导人都看过"六龄童"演的猴戏。他最有影响的一出猴戏就是《孙悟空三打白骨精》，后来被拍成电影。放映时，万人空巷，红遍了大江南北，并发行到世界72个国家和地区。郭沫若和毛泽东都为这出戏写过诗。

"猴王世家"传到章金莱这一代，更因电视连续剧《西游记》的拍摄而蜚声海内外。但在传承过程中也遇到许多波折。他们这一代，章金莱的二哥章金星最富有演猴戏的才华，他3岁就登台演出了，还会自己化妆，后来父亲给他起了个艺名叫"小六龄童"。有一次演出《孙悟空大闹天宫》，8岁的他在剧中演一个小皮猴，结果演得活泼风趣、惟妙惟肖，非常逗人喜爱。当时周恩来总理也来看戏，看完之后，上台接见全体演员时，还专门将他抱着高高举起来。正当他施展才华之时，却因白血病去世了，年仅17岁。

章金莱与二哥的感情很深，二哥弥留之际曾对他说："我就要死了。"他问："死是什么意思？"二哥说："死就是你再也见不着我了。"他问："那怎么样才能再见到你？"二哥说："如果你演成了孙悟空，你就能见到我了。"那时章金莱只有 7 岁，但他对这一情景记忆很深。为了实现二哥的遗愿，章金莱刻苦钻研猴戏。父亲在他二哥"小六龄童"的基础上，为他取艺名叫"六小龄童"。"六小龄童"终于在电视连续剧《西游记》中成功地扮演了孙悟空，并一举成名。从此，"六小龄童"章金莱又有了一个"美猴王"的绰号。

章金莱实现了二哥的遗愿，成名后，他专程回到故乡绍兴，来到二哥的墓地，将美酒和鲜花放到墓前，默默念想着二哥临终前的遗言，告慰二哥，他的遗愿实现了，他们的猴王世家又多了一个"美猴王"。

## "舞台千面人"——袁牧之

袁牧之，原名袁家莱，浙江宁波人，是我国现代享誉中外的艺术大师。

袁牧之从小就表现出了与众不同的表演天分。很小的时候他就喜欢演戏，而且是自编自演，自己做主角，演的时候，还千方百计地要大人们来看。13 岁时，他参加了"辛西剧社"，当了一名小演员。当时他寄住在大姐家中，有一次，大姐带着女儿来看他演戏，走到剧场后面，远远地看到一个梳着长辫子、穿着花衣裳的女孩对着墙根撒尿，大姐感到很奇怪，待走近一看，原来竟是自己的小弟袁牧之，当时他扮演的是一个小女孩的角色。

后来，袁牧之成了一名著名的话剧演员。当电影开始进入中国时，袁牧之便投身于电影艺术之中，他集演员、编剧、导演于一身，创造了中国电影史上的多个"第一"。

他编剧和主演的《桃李劫》，是中国第一部真正的有声电影。片中的主题歌，便是由田汉作词、聂耳作曲的《毕业歌》，这首歌曾鼓舞了无数革命青年走上报效祖国的战场。

他自编自导和参演的《都市风光》，是中国电影史上第一部音乐喜剧故事片。

由他编导的《马路天使》，是一部标志着我国有声电影艺术走向成熟的经典影片。这部电影反映的是生活在社会底层的人们的悲惨命运。袁牧之运用其独特的构思和导演技巧，把悲剧内容和喜剧手法和谐地统一到一起，使影片既明快幽默，又寓意深刻，揭露了旧社会的黑暗，深受广大观众的喜爱，在国际上也有重要影响。

抗日战争爆发后，袁牧之积极参与抗日题材的电影和话剧作品的创作和演出。在影片《八百壮士》中，他主演团长谢晋元。另外，他还编导了解放区第一部大型历史纪录片《延安与八路军》。

袁牧之在其一生的表演艺术生涯中，表演过无数性格、形象各异的人物，且都表演得淋漓尽致。在《生死同心》电影中，他一人扮演两个不同性格的人物，表演得非常成功，人物形象鲜明，人们也因此送他一个"舞台千面人"的绰号。

说起这个绰号，还有一件趣事。有一段时间，袁牧之每个星期都要自己动手在脸上塑造一个人物形象，化好妆后，便去照相馆拍照留念，一连10个星期，拍了10张不同造型的形象照片。没想到，照相馆的老板竟然将这10张形象各异的照片装订成册，并在相册封面放了一张化妆造型照和一张"依然故我"的便装照，对外出售。有一位有心人在上海买到这个相册后，又自己动手将10张化妆照合印在一张相纸上，并写了一篇《"千面人"袁牧之》的文章，连同这张照片一起在报纸上发表，引起了轰动。从此，袁牧之"舞台千面人"的绰号便广为流传了。

## "喜剧大师""老顽童"——谢添

谢添是一位在国内外享有盛誉的演员和导演，他曾是中国影协第三、四、五届的理事，第六届和第七届全国政协委员。

谢添具有卓越的艺术天分和表演才能。他在影片中扮演过老教授、老工人、老和尚、商店老板、恶霸地主、"地头蛇"等多种性格迥异的角色。他对每一种角色都把握得非常准确，表演得淋漓尽致、入木三分，给人留下了难忘的印象，尤其是喜剧角色，表演得更是幽默风趣，给人带来了欢乐和笑声。他曾应邀在一座礼堂做过一次"表演艺术"讲座。当时他带了三样"道具"：一顶鸭舌帽、一个烟斗和一副墨镜。他就是用这三件简单的生活用品，连说带演，塑造出喜悦、愤怒、悲伤、欢乐、平和、严肃、慈祥、儒雅、高傲、狂野等 30 多个不同人

谢添有"银幕上的千面人"称号。这是他的一张剧照

物的形象、表情和造型，表演得出神入化，令在座的听众如痴如醉。人们因此送他一个"银幕上的千面人"的绰号，称他是影视界的"四大名丑"之一。

谢添还因成功地导演了喜剧故事片《甜蜜的事业》《锦上添花》《七品芝麻官》而被人誉为"中国的卓别林""喜剧大师"。

谢添原名叫谢洪坤。洪坤两字的第一个拼音为 H、K，谢洪坤发现，将这两个字母连在一起，成为 HK，再将其侧转过来，便成了"天"字，将"天"和自己的姓"谢"连在一起，就是"谢天"。用此作名，有"谢天谢地"之意，这是一个多么有趣的名字，与其喜剧大师的称号又是何等相称。于是，"谢天"便成了他的名字，后来取其谐音，将"天"改为"添"，更名为"谢添"。不过，有时他还喜欢用"谢天"两字。

谢添还因此名有过一段趣事。在一次电影界的茶话会上，谢添为一朋友斟酒，朋友起身谢道："谢谢谢添添酒。"众人一听，这不是一句对联的句子吗？可下联没人能对得出来。后来，马萧萧将下联对上了。说来也巧，有一天，马萧萧正在午睡，忽然被楼上的一阵响声惊醒，楼上住的是蒙古族诗人查干，查干平时一向起居安静，这次为何有此响声？出于对诗人的关切，马萧萧准备上楼去询问一下。刚起身，忽然想到了

"谢谢谢添添酒"那联，说了句"有了"。随口说出了一个下联"查查查干干啥？"就这样，一副以人名为联的有趣对联产生了："谢谢谢添添酒，查查查干干啥？"此事一时被传为佳话，广为流传。

谢添生性乐观幽默，即使在"文化大革命"的艰难岁月中，也保持着豁达乐观的态度，善于从苦难生活中寻找乐趣。他常说："人生就几十年，哭丧着脸寿命短，笑开了怀寿就来。"他常常表现得像一个顽童一样，所以，人们送他一个"老顽童"的绰号。有一次，北京电视台"东芝动物乐园"请他做嘉宾。主持人问他最喜欢什么动物，谢添竟像顽童一样，俏皮地说："我最喜欢的动物是高级动物，就是我老婆。"谢添非常喜欢和夫人逗乐，直到老年还在逗。他逗夫人说："我属虎，你属兔，虎兔相逢，本应相克，可你偏偏跑到庙会买来兔骑老虎的年画，而且一买就是三套，可见是亡我之心不死。幸亏我是一只善良的老虎，不然我非转转看有没有卖老虎吃兔的。"夫人也风趣，回敬道："少来这套，我当初是年幼无知，才被你骗上'贼船'的，后悔着呢。"还有一次，有人采访谢添，问他喜欢什么花。谢添对花没有研究，平时也不喜欢花草，但又不能不回答，这时他顽童般的幽默劲又来了，他故作沉思状，然后，慢条斯理地说道："花嘛，我还真喜欢过几种，这几种花实在是太香了，它们依次是腰花儿、韭菜花儿，还有天津十八街的大麻花儿。"说得大家都笑了起来。

谢添就是生病住进医院，也还是那么幽默爱逗。有一次住院，北影厂的厂长去看望他，他很神秘地从夹子里拿出一张照片给厂长看，让他猜照片上的人是谁。厂长看了看说："这不是五六十年前的你嘛。"谢添得意地说："错！这是我儿子谢钢。"再现一副老顽童的神态。

2003年12月13日，一代喜剧大师与世长辞，临终前，谢添还对前来看望他的亲人、朋友、医生们幽默地说："我要走了，我要到一个最热闹的地方去了。"

# "艺术之牛"——牛得草

牛得草是我国著名豫剧丑角表演艺术家。他在《七品芝麻官》中，用"丑角正演"的表现手法，成功地塑造了一名廉正为民、不畏强暴的县官，幽默而不庸俗，备受观众的喜爱，尤其他那句"当官不为民做主，不如回家卖红薯"的台词，更是广为流传、深入人心，成了人们指责不作为官员的经典用语。

牛得草，1933年出生于河南开封，从小师从豫剧名丑李小需，专攻丑角。那时候他连个名字也没有，大家都叫他"小牛"。后来，团里一位老艺人给他起了个名字叫牛俊国。

牛俊国热爱豫剧艺术，演戏认真，为了博采众长，他还曾向京剧名角萧长华学过戏，萧长华对他说："剧本好比是肉，演员好比厨师，要把肉做成各种各样的菜，才算本事。"这句话对牛俊国影响很大，从此，他细心观察生活，虚心向各方面学习。他与吆唱叫卖的摊贩交朋友，学习吆唱；他向唱莲花落的、说相声的请教，学习他们生动幽默的语言和表演艺术。经过努力，新中国成立前夕，他的丑角艺术已颇具特色，有了一定的影响，但此时，他仍叫牛俊国，还没有一个合适的艺名。

开封有一个叫李春芳的八十多岁的老人，一辈子清贫，知识渊博，他爱听牛俊国的戏，有时散了戏还到后台找他聊天。牛俊国对他很尊敬，常向他请教。一天，牛俊国向老先生请教："人家都说我的名字不符合我的丑角行当，我又想不出好名字来，请老先生指点。"李春芳想了一下说："起名字因姓而宜，姓侯的有叫侯得山的，猴子得了山可以攀登；姓于的有叫于得水的，鱼儿得了水可以畅游；姓朱的有叫朱得康的，猪得了糠（康）膘肥体壮。你姓牛，何不叫牛得草呢？牛儿得了草，能负重远行，韧力无穷啊！"

牛得草这名字实在起得好，又诙谐，又好记，还寓意深刻。牛俊国听完老先生一番说明后，高兴地说："好！俺就叫牛得草。共产党把俺

从苦海中救了出来，让俺当了人民演员，这不是小牛得到青草了么！"

李春芳还为他起了个字叫"料足"，起了个别号叫"饮水"。这样，这头牛有草、有料、有水，可以充分发挥才能了。人们因此戏称他为"艺术之牛"，牛得草也以此为自豪，他在日记中写道，他就是要"立志成牛，艺为人民"。他自从得了"牛得草"之名后，变得更加勤奋和刻苦，真的像牛一样一直在表演艺术的园地里默默地耕耘和开拓，最终使自己由一头不起眼的"小牛"变成了一头名闻中外、大名鼎鼎的"艺术之牛"。

## "小牛""三牛""四牛"

在我国电影界，有一位著名的演员，他的名字很有趣，叫牛犇。牛犇原名叫张学景，牛犇这个名字是电影艺术家谢添给起的。就是因为这个名字，张学景得到了好几个绰号。

张学景和谢添都是天津人。张学景小时候聪明机灵，很有艺术天分，接受能力很强，谢添很喜欢他。在张学景十多岁时，中央电影企业股份有限公司三厂要拍一部《圣城记》电影，需要一位演村童"小牛子"的演员。谢添认为张学景演这个角色很合适，就将他推荐给了著名导演沈浮。沈浮让他试拍了几个镜头，发现这个孩子很有演戏才能，就决定录用他。结果，他表演得很成功，导演沈浮很满意，还表扬了他，他也因此受到了人们的喜爱。张学景因演了"小牛子"，所以，大家都亲切地称他为"小牛"，这是他因"牛"得到的第一个绰号。

张学景成功地表演了村童"小牛子"这个角色后，深深地爱上了表演，从此开始了银幕生涯。

张学景演戏很认真，对艺术的追求有一股韧劲，进步很快。谢添看到他的进步很高兴，想到这个孩子是从演"小牛子"这个角色开始演员生涯的，人们又称他为"小牛"，他对艺术又有一股牛一样的韧劲，就想围绕"牛"字，再给他起一个有激励性的艺名。于是，他想到了"犇"

这个字，这可是由三个"牛"组成的字，它是"奔"的异体字，是急走和跑的意思。三个牛在一起奔，进步肯定快。谢添以此激励他使足牛劲、努力拼搏、不断进取。人们得知后，便风趣地说："这下，小牛变成三牛了。"于是，他又有了一个"三牛"的绰号。"牛犇"也从此成了他的艺名。

开始时，人们因为谢添为他选了由三个牛组成的"犇"字为名，而称他为"三牛"。待他的艺名"牛犇"叫响了之后，人们开始认识到叫他"三牛"还不够，应该叫"四牛"，因"犇"字前面还有一个"牛"。于是"四牛"便成了他最后的绰号，他也很喜欢这个绰号，视其为自己的昵称。"四牛"像牛一样在影坛上跑了一辈子，还因此得了一个"影坛常青树"的绰号。

谢添一直很关心牛犇，1995 年，他在上海探望病中的白杨时，还专门将牛犇召来。师生相见格外高兴，谢添当场泼墨为牛犇写了"春风无价"的题词，并在上面题写了一段小字："小牛子长大了，也有了很大成绩，但大羊（白杨）说，在我们跟前，你还是小牛子，所以你还得继续努力，更要珍惜你的成绩，它是无价的。"写完之后，风趣幽默的谢添说，没带印章，就当杨白劳按个手印吧，便在字上按了个手印。白杨说，我有印章，借你一用。于是在落款处，既有谢添的手印，又有白杨的印章。白杨还在旁边加写了"我们的真情也无价"八个字。这一题词，牛犇一直珍藏着，成为激励他奋斗的动力。

## 京剧名角"汪笑侬"之名是一个绰号

汪笑侬是清末民初上海一位很有名的京剧演员。

汪笑侬原名德克金，自号隐伶，满族人，1858 年出生于一个官宦人家。他自幼聪慧，琴棋书画、诗词骈对，样样皆通。他酷爱京剧，很有表演才能。他父亲希望他在仕途上发展，但他对此了无兴趣，后来，他父亲

集资为他捐了一个河南太康知县的官职。任官期间，他虽仍喜欢操琴弄弦、评戏论剧，但也能为百姓办事，且不畏强权，为此受到一些豪绅的忌恨。后豪绅以他购买一名满族宗室之女为侍妾为由，参了他一本。从此，他离开官场，到上海当了一名演员。

当时京剧界的汪桂芬是极负盛名的老生，其演唱流派被誉为"汪派"。德克金非常仰慕他，一直是他的戏迷，并精心揣摩和研究他的演技，模仿他的唱腔和作派，学得很像。到上海演出时，德克金便挂牌"汪派"老生，演得很出色，颇受欢迎。汪桂芬听说有人在学他，并以"汪派"自称，便想看个究竟。一日，他来到德克金演出的戏院后台，掀起帘子看了看正在舞台上演唱的德克金，不以为然地说："这是学我呀？像蚊子叫嘛！"说完扬长而去。当时，该剧院的后台管理是个上海人，德克金演完回后台后，这位后台管理用上海话对德克金说："刚才汪桂芬笑侬是蚊子叫。"上海话"侬"是"你"的意思。周围的人听了颇为不服，德克金却泰然处之。他把汪桂芬的讥笑当成对自己的鞭策，并因此给自己起了个"汪笑侬"的绰号。后来这个绰号成了他的艺名，他以此艺名红极一时，最终形成了自己特有的艺术风格，被人称为"小汪派"。

"爱国伶圣"汪笑侬

汪笑侬是一位充满爱国激情的演员。他所处的时代，正是列强入侵中国，甲午战争战败，八国联军攻陷京津，国家处于危亡的时候。为了唤起民众，宣传爱国精神，汪笑侬在舞台上相继演出了表现古代爱国志士悲壮故事的戏目，像《哭祖庙》《易水寒》等。他在演《哭祖庙》时，在唱词中加进了许多慷慨激昂的句子，加上他充满激情的演唱，听众深受感动。他还创作和改编了一些剧本，这些剧本多是嘲讽昏君、权奸，赞颂爱国志士，鼓舞人民斗志的剧本，对动员民众、弘扬爱国反帝精神起到了积极作用。人们有感于此，誉称他是"爱国伶圣"。

1918年，汪笑侬在上海病逝，葬在上海真如。1957年，在纪念他诞辰一百周年时，中国戏剧出版社出版了《汪笑侬戏曲集》，中国戏剧家协会修缮了他的墓，墓碑上刻着田汉题写的"爱国艺人汪笑侬之墓"。

## 趣说姚明的绰号

姚明1980年9月12日出生于上海的一个篮球之家，父母都是篮球运动员。父亲姚志源原是上海队的中锋，身高2.08米，母亲方凤娣曾是中国女篮的队长，身高1.88米。姚明继承了父母身高的优势，4岁时身高就超过了1米，13岁时超过了2米，21岁时达到了2.26米。姚明自幼受篮球之家熏陶，又具有篮球运动员的身高和天赋，注定要成为篮球巨星。

姚明曾是中国国家篮球队队员，2009年成为上海东方篮球俱乐部老板，是中国第一位拥有球员和老板双重身份的篮球运动员，曾效力于NBA的休斯敦火箭队。

姚明曾是两届奥运会中国运动队的旗手，是中国的形象大使，他为国家赢得了荣誉，是中国人民的骄傲。

姚明在球队很引人注目。他虽然年龄不大，球技却很出色，尤其他那高大的身材，更为突出，所以，有人就给他起了一个"小巨人"的绰号，人们很喜欢这个绰号，一叫就是十几年。2007年，姚明在和人谈起这个绰号时说，他也喜欢这个绰号，但那是他十六七岁时人们给他起的，那时还小，叫"小巨人"很贴切，现在自己都已27岁了，再叫"小巨人"似乎不合适了。姚明风趣地说，应该换个绰号了。此话一出，立即引起球迷们的兴趣，一个为姚明起绰号的行动如火如荼

般地展开了。许多球迷开动脑筋，挖空心思，决心为姚明起一个精彩的绰号。

有一球迷说，奥尼尔把自己称为“大亚里士多德”。亚里士多德是古希腊的著名哲学家和科学家。那姚明为什么不能叫“大孔夫子”呢？孔夫子是中国古代的思想家、教育家，被称为“圣人”。姚明用这个绰号，既能显示中国几千年的灿烂文化，也能说明姚明的智慧。

还有一个球迷把姚明与我国古代神话传说中开天辟地的盘古联系起来，说姚明凭借着自己的球技在美国打出了一片新天地。用“盘古”做绰号很合适，也有气势。

长沙的一家报纸甚至专门开展了一个“我为姚明起绰号”的活动，参加者非常踊跃，收到的绰号有数百个之多。其中“擎天柱”“上海舞步”“空中一号”三个被选为最佳绰号。这三个绰号，不必细说，大家细细琢磨一下，就会感到很精彩。人们这么踊跃地为姚明起绰号，正说明了对他的认可和喜爱。

在人们为姚明起的众多的绰号中，还有两个很有趣的绰号，一个是“麦当劳叔叔”，一个是“松鼠”。叫姚明“麦当劳叔叔”，是因为他总是不停地应付拥到面前索要签名和合影留念的球迷，跟麦当劳叔叔一样忙。叫他“松鼠”，是因为在一次比赛中，他跳起投篮的动作很像一只小松鼠。有人拍下了这个镜头，还找来了一张与此动作相似的小松鼠的照片，两相类比，非常有趣。

可以肯定，今后还会有更精彩、更有趣的绰号起出来。

趣谈刘翔的绰号

刘翔 1983 年 7 月 13 日出生于上海，他从小活泼好动，显现出不同于一般孩子的体育天分。后来进了体校，开始是练习撑杆跳，成绩也不错，但在接受骨骼检查后，医生认为他长不了太高，作为撑杆跳运动员

来说有些矮，于是改行去练跨栏。刘翔跨栏很有天分，成绩迅速提高，可以说是突飞猛进。正式转练跨栏仅仅 3 年，就打破了 13 秒 12 的亚洲纪录。不久，又以 13 秒 06 的成绩再次刷新亚洲纪录，更令人震惊的是，在 2004 年的雅典奥运会上，他跑出了 12 秒 91 的惊人成绩，平了世界纪录，夺得了奥运会 110 米跨栏这个项目的金牌。不久，又以 12 秒 88 的成绩打破了世界纪录，再创奇迹，成为中国田径赛场上神话般的人物。

刘翔在赛场上矫健的身影、完美的跨栏动作，无人能比，风驰电掣般飞一样的速度，使他获得了"飞人""刘天王"的绰号。此后，"飞人"的称号不胫而走，名闻世界。

在日本，刘翔也很受崇拜。2007 年，世界田径锦标赛在日本大阪举行时，日本著名主持人板仓孝一在介绍刘翔时，又给他起了个绰号"黄金升龙"。板仓孝一在解释这一绰号时说："中国的强大象征是龙，而对于龙，最好的愿望是他能够飞升起来超越自己。在 2004 年奥运会上，刘翔作为亚洲人，第一次在直道短距离项目中获得冠军，希望他能在大阪飞得更高。"这个绰号随着日本电视台的转播传向了世界各地。刘翔又多了一个"黄金升龙"的绰号。

2008 年的奥运会上，刘翔因脚伤被迫退场。后来转到美国去治伤，治伤时，医生为他特制了一只铁鞋，让他穿在受伤的脚上，以保护伤口，加快恢复。一开始刘翔不适应，穿着它走路一瘸一拐的，人们看着当年赛场上的飞人如今好笑的走路姿势，便给他起了"铁拐刘"的绰号。

刘翔受伤后，沉寂了好长一段时间，终于在 2010 年第十六届广州亚运会赛场重返巅峰，以 13 秒 09 的成绩再次夺得亚运会这个项目的冠军，成为亚运会上夺得该项目三连冠的第一人。

刘翔还有一个绰号叫"雨神"，这是他自己起的绰号。刘翔说，他参加比赛时，经常遇到下雨，坐飞机有时也因下雨而延误。刘翔说他喜欢下雨，只要一下雨，自己必胜。所以，他称自己是"雨神"。

# 聂卫平还有个绰号叫"兵马俑"

聂卫平，生于 1952 年，河北深县（今河北深州）人。聂卫平 9 岁起随父学下围棋，他学棋很有天赋，据说，他 10 岁时和陈毅元帅下棋，竟赢过一盘。13 岁时便获得全国少年儿童围棋比赛冠军，1982 年被定为围棋的最高段位——九段棋手。

聂卫平在 1985 年至 1987 年三届中日围棋擂台赛中，连续战胜日本的多名一流围棋高手，为中国队夺得了"三连胜"，表现出非凡的围棋技艺，在世界棋坛引起巨大的轰动。为此，中国围棋协会授予他"棋圣"的称号。"圣"是对功勋卓著的人的尊称，"棋圣"是棋手的最高荣誉。当时的国务委员方毅说，聂卫平是中国围棋界的"孔夫子"，他获此殊荣当之无愧。从此，聂卫平便有了一个"聂棋圣"的称号。

聂卫平在与日本的三届擂台赛中，力克日本一流高水平棋手，尤其是在第一届擂台赛中，连续战胜了日本超一流棋手小林光一、加藤正夫和被日本授予"终身棋王"称号的藤泽秀行，令日本棋坛大为震惊。为此，他们给聂卫平起了一个"聂旋风"的绰号，认为聂卫平在棋坛上犹如一股巨大的旋风，叱咤风云，无可阻挡。"旋风"也是聂卫平行棋机敏快捷、气魄宏伟的一种体现。人们还给他起了一个"铁大门"的绰号，意思是聂卫平就像一座无比坚固的钢铁大门，挡住了日本棋手夺冠的道路。

中国人民为聂卫平所取得的成就感到自豪和骄傲。围棋源于中国，可在此之前，围棋霸主的地位一直被日本占据着。如今聂卫平为中国取得了"三连胜"，这使全国人民感到兴奋，欢欣鼓舞，北京大学、清华大学的学生因此组织游行庆祝。著名画家范曾专门画了一幅《神童仙翁对弈图》送给聂卫平，还写了一首赞美他的诗："东土一盘未了棋，千秋胜负岂能期。诗人昨夜闻战鼓，小聂今晨举锦旗。扇外清风如有意，枰中激电信惊奇。欢欣满座传佳酿，我醉良宵请莫疑。"范曾曾指着画中手执芭蕉扇的神童对聂卫平说："这神童就是你！"

聂卫平也喜欢打桥牌，并经常和国家领导人邓小平、胡耀邦、万里、丁关根一起打。他们打牌的地点多在人民大会堂的118厅，有时也在家中打。有一次，邓小平约聂卫平打牌，结束后还请他在家中吃了一顿饭。

除了"聂棋圣""聂旋风""铁大门"的绰号，聂卫平还有一个有趣的绰号叫"兵马俑"。这是当时的女排队长郎平给他起的。当年郎平和聂卫平一样，都是体坛上的名人，经常一起参加一些活动，交流也很愉快。有一年，全国体育十佳颁奖典礼在西安举行。典礼之后，他们曾一起去参观秦兵马俑，参观的时候，郎平、李宁、李玲蔚看着这些出土的文物，颇有感慨地说："我们这些吃青春饭的人，是越老越不值钱，这些兵马俑可是越老越值钱。"李宁听后接着说："不对呀，我们这些人将来干不动了，老聂可还能接着下棋呀，他可是越老越值钱！"当时聂卫平是十佳运动员中年龄最大的。郎平觉得这个比喻很有趣，于是，从那以后，就管聂卫平叫"兵马俑"了。当时聂卫平并没和他们一起交谈，所以对郎平等叫他"兵马俑"始终不知为什么。

顺便说一下郎平"铁榔头"的绰号。郎平在接受凤凰卫视陈鲁豫采访时，陈鲁豫曾问她这个绰号的来历。郎平说，这是著名的体育运动解说员宋世雄给她起的。她说，为此她还找过宋世雄，说也没跟她商量，就给她起了一个这么刚的名字，还风趣地说："以后对象都找不到了，铁榔头谁敢找你，把人打死，家庭暴力。"说得大家都笑了起来。

## 棋坛上的"妖刀"和"钝刀"

20世纪90年代，在我国棋坛，除了"棋圣"聂卫平，还有两位顶尖高手，一位是马晓春，一位是钱宇平。他们都有一个响亮的绰号，马晓春是"妖刀"，钱宇平是"钝刀"。这是人们根据他俩的下棋风格给起的。

"妖刀"马晓春,浙江嵊州人,自幼喜爱围棋,14岁进国家围棋集训队,19岁就成为围棋最高段的九段棋手。马晓春是一位天才型的棋手,他下棋不以用功著称,而以灵气闻名。一次,马晓春随棋坛元老陈祖德到外地参加比赛。在火车上有人对陈祖德说:"有个孩子,不得了。"这孩子指的就是马晓春。陈祖德听说后,在车上和马晓春下了一盘授子棋,授三子。下棋时,马晓春的眼睛溜溜直转,一副孩子气,对棋却很有悟性,结果胜了陈祖德。这使陈祖德大为惊讶,从此对他重视起来。陈祖德还专门给嵊县体委写信,要他们"不要忽视培养马晓春"。日本棋坛高手藤泽秀行也对马晓春的才气大加赞赏,曾专门写文章向日本棋界推荐他。后来,在一次比赛中,两人相遇,结果秀行只用了几十手棋就制服了马晓春。赛后他说:"马晓春用功不够,进步不快。"陈祖德也看到了这一点,开始对他严格要求,让他刻苦训练。马晓春有"过目不忘"的超强记忆本领。有一个小故事,说他坐火车时,对火车的每一个停靠站的时间都能准确地说出来。同伴们夸奖他,他说:"这不算什么,时刻表上的任何车次的时间我都能说出来。"有同伴拿出一张时刻表考他,他果然对答如流。

也许是因为这超强的记忆力和特有的下棋灵气,马晓春形成了一种飘逸轻灵、变化无常的棋风,在与对手交锋时,他往往像"妖刀"一样,神出鬼没般地将对手斩杀,取得胜利。著名棋手杨晖与他下了一手棋,吃惊地说:"呜哇,这手棋太妖了!"另一高手刘小光与他下棋,总是输,刘小光感叹地说:"人到底下不过妖啊。"他的学生罗洗河也受他"妖刀"棋风的影响,被人称作"鬼刀"。

马晓春也正是凭着自己独特的棋风,过关斩将,取得了骄人的成绩,横扫日本、韩国棋坛高手,为中国夺得了第一个职业围棋世界冠军,并最终战胜了聂卫平。

"钝刀"钱宇平的棋风与马晓春的"妖刀"棋风迥然不同,他的棋风是浑厚扎实,后发制人,用钝刀子杀人。他和对手下棋,不是一棍子将对手打死，而是让对手在苟且中作"困兽犹斗"状，然后在痛苦中败下阵来。

当时，人们把马晓春的"妖刀"和钱宇平的"钝刀"称为中国棋坛的双绝。

钱宇平与马晓春相比，虽也有天分和灵气，但他更为突出的是刻苦用功。他6岁就开始学棋，13岁就进了国家围棋集训队。在国家队，他只要一有空，就坐下来独自打谱。所谓打谱，就是照着别人的棋谱在棋盘上演习。钱宇平打谱的方法与别人不同，别人是浏览性的，希望从中获得信息，所以打一局的棋谱，最多也不过是一二十分钟，而钱宇平却要花上几个小时。有人形容他打谱就像喝茶，要仔细品味，几次之后，才能渐入佳境。为此，人们给他起了个"打谱机"的绰号。

钱宇平还有一个"钱大"的绰号。刚入队时，他在队里不仅年龄小，个子也小，可人们还是称他"钱大"。这是因为他脑袋比别人大。说起他脑袋大，有人调侃，说他父亲认为让血涌到脑子里，人才会变聪明，所以，自6岁起，每天早晚他都要在床上贴墙倒立五分钟，久而久之，他的头就比别人大了。此说可能是笑话，但也说明他为学棋是下了功夫的。正是凭借着这种毅力，他最终成为棋坛的顶尖高手，并形成了自己独特的"钝刀"棋风。他在棋坛上叱咤风云，连创奇迹，不仅在国内的比赛中获得了"全国个人赛冠军""中国棋王赛冠军"，还在国际比赛中多次击败日本超一流的棋手。

1990年4月，在第五届中日围棋擂台赛东京之战中，钱宇平迎战日本老将坂田荣男九段。坂田棋风极为锐利，擅长攻击和治孤，有"剃刀"之称。"剃刀"与"钝刀"交战，谁胜谁负，当时大家心里都没有底，可钱宇平信心十足。他充分发挥了自己的钝刀棋风，步步为营，在各个局部争夺实地，用小刀割肉般的办法不断搜刮坂田，最终取得了大优势的胜利。人们戏说，这是"钱宇平钝刀斩坂田"。

1991年，钱宇平在富士通杯世界职业围棋锦标赛中连胜了有"电

子计算机"之称的石田芳夫和林海峰等高手后，又战胜了被称作世界围棋第一人的日本超一流高手小林光一，进入了决赛。决赛即将开始时，他却因"头痛"退出决赛，将围棋世界冠军的称号拱手让给了有"钻地鼹鼠"之称的日本棋手赵治勋。

1994年，钱宇平因病休养，退出了棋坛。

## 棋坛上的"拼命三郎"江铸久

江铸久是中国棋坛的一位传奇人物，被人称作"怪才"。

江铸久出生在一个围棋世家。其祖父以行医为生，却是一位围棋高手，对棋理棋道深有研究，省内外的高手常登门求教。江铸久3岁时，爷爷病逝，临终前托付几位老棋友辅导孙子学棋。江铸久学棋很有悟性，6岁时便能与大人对弈，12岁时便一举取得十一省市儿童围棋赛的冠军。

江铸久的棋艺多是从业余的围棋高手那里学来的，他还常到公园和大街小巷领教民间高手的千奇百怪的战法。这使他的棋艺一开始就打上了"野路子"的烙印，并逐渐形成了一种桀骜不驯、敢冒任何风险的另类风格。后来，他进了国家围棋队，也没有磨去他"野路子"的棱角。其奋不顾身、舍命搏击的精神反而更加突出，越是在激烈的时候，越敢出险招、怪招。所以，人们称他为"拼命三郎"。有人评论说，他像是一位手持匕首、善于近身搏击的斗士。当对手一剑刺来时，他不像其他棋手那样先把剑荡开进行防守，而是突然欺身而上，用匕首向对手刺去，与对手比拼生死的速度，这是一种赌生死的极端战法。这种战法，奏效时，会令一切对手望而生畏，但失败时，也会成为对手的"刀下之鬼"。所以，用"拼命三郎"来形容他是再恰当不过的了。

"拼命三郎"最典型的一次战绩是在第一届中日围棋擂台赛上获得的。当时，日本派出了极强的阵势，主帅是有"前五十步天下第一"之称的藤泽秀行九段，副帅是加藤正夫九段，三将是小林光一九段，以下是石田章九段、片冈聪七段、淡路修三九段、小林觉八段和依田纪基五段。中国队则由主帅聂卫平、队员马晓春九段、曹大元九段、刘小光九段、邵震中八段、钱宇平七段、江铸久七段和汪见虹六段组成，实力显然低于日本队。当时，有人甚至担心会被日本人"剃光头"。

中国队第一个出场的是汪见虹，对手是依田纪基。汪见虹是中国队的一位年轻选手，没有参加过国际比赛，初临大赛，有些紧张，更令人意想不到的是，在关键时刻，他突然流起鼻血。结果，这场比赛以日方获胜而收场。

接下来出场的就是"拼命三郎"江铸久。江铸久一上场便发挥了他那桀骜不驯、敢拼敢闯的拼命精神，干净利索地打败了依田纪基，随后又一路凯歌将小林觉、淡路修三、片冈聪、石田章拉下马。江铸久一人接连拿下日本棋坛的五员顶尖大将，引起轰动。面对日本媒体的指责，藤泽秀行、加藤正夫和小林光一向日本媒体表示，如果不能取得最后胜利，他们三个就削发以谢国民。

后来的比赛，虽小林光一接连击败了中国棋手，但最终还是败在聂卫平手下。后来，聂卫平又轻松地战胜了加藤正夫。此时，日本只剩主帅藤泽秀行了。对弈前，藤泽秀行风趣地对聂卫平说："我的头发已经掉了一半了，我从家里出来时，已经和理发师说好了，请他为我准备最好的剃刀。"结果，他也败在了聂卫平的手下。

江铸久连胜日本五名顶尖棋手，其中与片冈聪的比赛是在中国进行的。当时在离赛场不远的长江剧场摆了讲棋现场，讲棋时，聂卫平、邵震中、曹大元等名将都在现场。当时，他们看到江铸久在关键时刻不按常路出棋，而突然使用了怪招，大家都为他捏一把汗，认为这样太危险了。聂卫平叹息："条条阳关道他不走，偏偏要走独木桥。"曹大元也说："我下棋首先想到的是怎么安全第一，铸久下棋则首先考虑怎么能跟对手拼命。"邵震中则说："江铸久就是喜欢玩悬的，要不怎么叫他拼命三郎呢？"而正是因为江铸久出了这一怪招，使片冈聪不知所措，

最后败下阵来，人们也因此为江铸久欢呼叫绝。

中国棋院表彰江铸久的出色发挥，破格将其由七段升为九段。

后来，江铸久和妻子芮乃伟九段移居海外，先后到过日本、美国、韩国。这对全世界绝无仅有的"十八段夫妇"，如今是韩国棋院的客座棋手。

## 趣说棋坛高手的绰号

在棋坛，凡有点名气的棋手都有绰号，不光在中国，世界各国都是这样。

棋手的绰号，有的是媒体起的，有的是棋手间相互起的。媒体多是根据棋手的棋风、战绩、影响来起绰号，而棋手之间则多是根据棋手的相貌特征、行为举止来起，生活气息很浓，多幽默风趣。如王磊长得精瘦，活泼好动，人们便给他起绰号叫"猴子""猴王"。罗洗河长得白白胖胖，又特喜欢睡觉，人们便称他"小猪"；成名后，称他"神猪"。刘菁因动作敏捷，动如脱兔，因此，人们称其为"兔兔"。彭荃因为脸大，被人称作"大脸猫"。陈耀烨因长得像《智取威虎山》中的钻山豹，故有"钻山豹"之称，又因脑袋圆圆的像个葫芦，被人叫作"葫芦娃"。古力因身体健壮，又因棋风狂野，被人称作"古大力"。孔杰则因长得俊秀，气质不凡，而有"小美"之称。汪见虹更是因为长得帅气，被称作"围棋帅哥"。常昊的绰号叫"鸭子"，这倒不是因为他走路的姿势像鸭子。这是因为集训比赛时，胜者记 2 分，负者记 0 分，"2"字通常叫"鸭子"，"0"则称鸭蛋。常昊在每次比赛时，总是要在桌上放一个小鸭子的装饰物，以求吉利。由于他有这个习惯，时间久了，人们便亲切地称他"鸭子"了。

以棋风而起的绰号，大都很传神。如马晓春的"妖刀"、钱宇平的"钝刀"、罗洗河的"快刀""鬼刀"、杨晖的"薄刀"、日本棋手宫泽吾朗的"怪刀"、日本老将坂田荣男的"剃刀"，等等，都是赞美他们棋风特殊、威力无比，形象而又传神。而江铸久"拼命三郎"的绰号，则是对他棋风和斗志的概括，充满了豪气和威力，令人望而生畏。

以成就和影响而起的绰号，则庄重而响亮。如聂卫平的"棋圣""聂旋风""聂铁门"、邵震中的"江苏棋王"、钱宇平的"上海神童"、刘小光的"大力神"等。

日本和韩国的围棋高手更热衷于起绰号，他们为自己能拥有一个理想的绰号而自豪。日本的棋院和媒体也非常重视棋坛高手的绰号，他们都曾公开为高手们征集过绰号。

日本和韩国棋坛高手的绰号与中国棋坛高手的相比，更加丰富多彩、花样繁多。

日本和韩国的棋手很喜欢用动物作为绰号，如日本高川秀格的"狐狸"、依田纪基的"老虎"、赵治勋的"钻地鼹鼠"、宫下秀洋的"福岛猛牛"，韩国选手徐奉洙的"鬣狗""野豹"、李熙星的"水蛭"、崔哲瀚的"毒蛇"。这类绰号，多是取其凶猛顽强之意。如崔哲瀚的"毒蛇"绰号，就是因为当年他与小棋手下棋时，十分狠毒，常常杀得对方溃不成军，毫不留情。所以，小棋手们给他起了这么一个"毒蛇"的绰号。崔哲瀚自己在评论这个绰号时说："毒蛇有两面性，一方面给人的印象不好，令人毛骨悚然，一方面又很厉害。"他说："我以前不喜欢这个绰号，但现在已经习惯了，我希望自己在棋盘上能有厉害的一面。"

日本和韩国的棋手也喜欢用棋风起绰号，如日本棋手武宫正树的"宇宙流""自然流"、山城宏的"渗透流""中部小钻石"、石田芳夫的"电子计算机"、加藤正夫的"刽子手""天煞星"，韩国棋手李昌镐的"神算""石佛""少年姜太公"、曹薰铉的"燕子""柔风快枪手"、尹赫的"慢郎中"、元晟溱的"重拳手"、宋泰坤的"暴风"、刘昌赫的"盘上一枝梅"，等等，都生动形象地表现了他们特有的棋风和战斗力。如山城宏的绰号"渗透流"，就是比喻他下棋时无孔不入，极尽渗

透之能事，全面控制对手，而不给对手以机会。

还有的棋手的绰号是随着时间的推移而变化的。如韩国最著名的棋手李昌镐，年轻时的绰号叫"少年姜太公"。随着年龄的增长、棋艺的成熟，人们又给他起了"石佛"的绰号，"石"是因为他表情木讷，同时也因为棋风稳重，"佛"则是指他在棋坛的地位。韩国还有一名叫朴永训的棋手，很年轻时就夺得了冠军称号，又因他长得白净秀气，人们便给他起了个"小王子"的绰号，随着年龄的增长，人们又改称他为"围棋皇太子"。

棋手的绰号是他们形象的鲜明写照，生动而又传神，人们能忘记棋手的姓名，但忘不掉他们的绰号。棋手的绰号不仅让人们深深地记住了他们，同时还带来了无限的乐趣。

# 敬　告

　　本书编写过程中，我们与书中所收图片的作者进行了广泛联系，得到了他们的热心指导和大力支持。众多图片作者慷慨授权，嘉惠后学，使我们深受感动。在此，我们表示衷心感谢。由于种种原因，部分图片作者无法取得联系，未能事先取得授权，谨此表示歉意。敬请相关作者见书后及时与我们联系，提供相关身份与作品证明，以便我们支付相应稿酬。